汉译世界学术名著丛书

尼耳斯·玻尔哲学文选

〔丹麦〕N. 玻尔 著

戈革 译

商务印书馆

2018年·北京

汉译世界学术名著丛书
出版说明

我馆历来重视移译世界各国学术名著。从五十年代起,更致力于翻译出版马克思主义诞生以前的古典学术著作,同时适当介绍当代具有定评的各派代表作品。幸赖著译界鼎力襄助,三十年来印行不下三百余种。我们确信只有用人类创造的全部知识财富来丰富自己的头脑,才能够建成现代化的社会主义社会。这些书籍所蕴藏的思想财富和学术价值,为学人所熟知,毋需赘述。这些译本过去以单行本印行,难见系统,汇编为丛书,才能相得益彰,蔚为大观,既便于研读查考,又利于文化积累。为此,我们从1981年至1997年先后分七辑印行了名著三百种。现继续编印第八辑。到1998年底出版至340种。今后在积累单本著作的基础上仍将陆续以名著版印行。由于采用原纸型,译文未能重新校订,体例也不完全统一,凡是原来译本可用的序跋,都一仍其旧,个别序跋予以订正或删除。读书界完全懂得要用正确的分析态度去研读这些著作,汲取其对我有用的精华,剔除其不合时宜的糟粕,这一点也无需我们多说。希望海内外读书界、著译界给我们批评、建议,帮助我们把这套丛书出好。

商务印书馆编辑部

1998年3月

译　　序

本书是我在三十多年前译的三本小册子的合订本，此次重印对译文进行了修订。

三本小册子标志了我翻译玻尔著作的开端，现在回想起来真个恍如隔世了。三十多年以前，中国人会英文的比现在少许多倍，除专业工作者(例如外交界)外大多是些“旧社会”遗留下来的“残渣余孽”。可想而知，这种人在当时日子很不好过，每天都被别人侧目而视，不断找碴儿(说你“崇洋媚外”、“假洋鬼子”之类)。若不但会英文而且还胆敢“搞翻译”，那就毛病更大，你肯定是为了“贪图名利”、“个人主义思想严重”等等。更有甚者，若是你不但“搞翻译”(＝捞稿费?)，而且胆敢翻译早被当年的“老大哥”定性为“资产阶级唯心主义者”的尼耳斯·玻尔的著作，那就更加大逆不道，早晚会被“打翻在地再踏上一万只脚”了。因此，当翻译那三本小册子时，本人为了得过且过，便用了一个笔名——郁韬(这是另一别号“玉饕”的谐音)，其实这也不过是掩耳盗铃而已，根本救不了命的。

当年那三本小书，最初问世的是现在印在这里的“第二卷”。这其中也有一些“说法”，今不赘述。该书交稿后，由编辑部转请馆外人士写了“译序”，按照当时的口径把玻尔大批一通。这在当时也是应有之义，因为我们出版那三本小书的“理由”是向广大学术界提供"批判资料",而"译序"则起了"引导"的作用。我学会了这一招。当另外两册先后完稿时就东施效颦地自己写了同样口径的译序。后来这三篇译序成了我的包袱。当我在1985年把三册小书寄给丹麦的"尼耳斯·玻尔文献馆(Niels Bohr Archive,NBA)"时,这三篇译序就显得极不得体,结果我只好在寄书之前先把译序撕去,并致函丹麦友人说明情况和表示歉意。现在出版合订本,那些"译序"当然应该删去。除此以外,我们尽量保持了原书的面貌(只修订译文)。

当年那三册小书的前两册出版于"十年动乱"以前,而其第三册则属于我所谓的"牛棚译",那是在九死一生、众叛亲离、朝不保夕、饱受折辱的非人生活中偷偷译成的。在那样的悲惨心情中译书,只是用来作为一种"镇痛剂",绝对不曾想到还有问世的可能。今日痛定思痛,仍觉触目惊心而感慨系之也!

* * *

本书"基本上"涵盖了玻尔一生所撰的哲学论文,其大多数都是根据在各种场合下发表的演讲修订而成。这些文章从立意到属稿到修改到最后问世,都有一些有趣的过程和转折;不了解这些发展情况,将影响人们对这些文章内容的理解。在这方面,读者可以参阅《尼耳斯·玻尔集》中已出版的第五、六、七卷和即将出版的第十卷。那几卷中也含有一些本书未选的作品。

我们知道,玻尔哲学的中心思想就是"互补性"这一概念。后人把这种思想称为"互补原理",但是玻尔本人很少用"原理"一词,他总是更谦虚地使用"互补性"和"互补关系"等说法。

就我这种"哲学外行"看来,本世纪最重要、最难懂和受到误解、歪曲及诬蔑最多的一种科学哲学思想乃至一般哲学思想，就是玻尔的“互补性”这一概念。

它是重要的，因为它直接“冲击”了千百年来作为人类思维之金科玉律的因果原理，深刻影响了几代科学家的理论思维方式，成了多数物理学家诠释量子物理学之数学表述形式的基本依据（“哥本哈根诠释”），也成了几十年来量子力学国际大辩论的争论焦点。

它是难懂的。第一，因为它逸出于传统思维逻辑之外。玻尔的阐述当然是合乎逻辑的，但是他所要阐述的结果却是一种全新的关系。按照玻尔的意见，彼此互补的两种事物，除了他所指出的既互斥又互补的那种“史无前例的”特殊关系以外，不可能再有任何别的内在联系，特别是，不可能用任何方式把它们结合成一个无矛盾的统一体（统一图景），这是一般人很难想象和很难接受的一种全新的关系。第二，尽管“互补性”的萌芽式概念早已存在于玻尔的思想之中，但是它的公开提出却是在新量子力学的数学表述形式已经基本上完成，而海森伯也已提出了他的测不准原理以后（1927 年）。玻尔受到量子力学的诞生和发展的很大鼓舞（他自己正是这一惊人发展的“总指挥”），才重新整理了自己的思路，向国际物理学界发表了著名的“科莫演讲”，正式提出了“互补性”的概念。因此，这一新概念从一开始就是和量子物理学结合得很紧的，它在量子理论（包括量子力学和量子场论）的物理诠释中得到了最成功的应用。玻尔在以后的许多场合下都曾着重指出，“互补性”这一思想在量子力学中有其最简明的应用。因此，不熟悉量子理论那一套形式表述，就连最简明形式的“互补性”观念也理解不了，而一般的“专业哲学家”对量子理论的熟悉程度大概充其量也就和我这种外行家伙对“传统哲学”的熟悉程度不相上下。他们也许看过一些量子力学的书，但是到底理解多少却是很难说的。在这样的背景下去接近“互补性”思想，就如同一个武功一点儿也没有根基的小伙子去迎敌一位武林高手，其不被对手戏弄得眼花缭乱、晕头转向者几希哉！第三，玻尔的说理风格向来是高度“非公理化的”，是非常平易近人的、循循善诱的和“辩证式的”（真正意义下的“辩证”）。他总是抓住一个话头儿就一路谈下去，从来不先列下什么“定义”、“假设”之类，他只是娓娓而谈，谈到最后就告诉你，这就是“互补性”。他从来不肯把自己的和别人的思想纳入一个死硬的“构架”中——他也谈论“构架”，但他对“构架”的理解却显然和“专业哲学家”们的理解很不相同。他坚持自己的风格，以致谈论了一辈子“互补性”却从未给出“互补性”的明确的、普遍的成文定义。这种情况，使那些习惯于“公理化”思维方式的人们大为困惑。然而，很可能玻尔却认为，用“公理化”的方式去理解“互补性”，不可能达到真正的理解！玻尔的得力助手之一，比利时物理学家 L. 罗森菲耳德曾经说“互补性”观点是研究如何适当使用语言的学问，他讥笑那些利用“符号逻辑的手术刀”来解剖这种学问的人们。他平生对玻尔的思想进行过许多很有见解的阐述。但是有一次我在哥本哈根提到罗森菲耳德可算互补哲学中的“亚圣”，却受到奥格·玻尔的反对。他说罗森菲耳德太武断、太“教条”，算不得“亚圣”。请想，连悟性那样深邃、思想那样圆通的罗森菲耳德都不免“教条”之讥，那些挥舞“符号逻辑手术刀”的高明人物岂不永世也进不了“互补之门”乎？

玻尔风格的另一特点是从来不追求“出奇制胜”，从来没有那种“语不惊人死不休”的习气。我国古人论诗文，原也有“冲淡”一境，例如陶渊明的诗，向来是备受推崇的，只是后人渐难领会而已。玻尔的文章多用长句，那是他不肯把意思说“死”，力求把各种的条件都讲明白的原故。但是他文章中的每一句话，都绝无那种学究“掉书袋”的倾向。他不用怪名词，不说俏皮话，绝不卖弄花腔，更不大言欺世。他只是闲闲说来，一步一步把你引向他的结论。这种办法有如武技中的“内功”门派，看似不甚费力，挥洒自如，其实内中包含着绝顶的功夫——玻尔写文章时的反复修改是非常有名的。因此我总是认为，玻尔的文章其实非常难以读懂，他说出来的东西比他所想的东西少了许多，若不反复体会、细心追索，你就根本不能理解文章的精髓所在。至于说用“符号逻辑”之类的东西去“套”它，那几乎肯定会是非徒无益而又害之的。当年孔子早就说过：“学而不思则罔，思而不学则殆。”这确实讲出了十分重要的“治学”道理。非常粗浅地说来，这意思就是：如果只是囫囵吞枣地学习许多东西，而不去认真思索它，消化它，你就会搞得糊里糊涂（“罔”），成为书呆子；如果只顾天天胡思乱想而不去吸收具体的知识，你就有成为精神变态的“狂人”的危险（那样的狂人我们也见过许多）。古人论“禅”，也有名言曰：“譬如人载一车兵器，弄了一件，又取出一件来弄，便不是杀人手段。我则只有寸铁，便可杀人。”这也是说，浮光掠影地发表各种议论，花花哨哨，不得要领，那并不是作学问的正道，重要的是理解事物的实质。现在，互补性概念提出了 70 余年了，各派学者与非学者与非非学者所写的关于玻尔哲学的书籍和论文也颇有汗牛充栋之概，其中真正有所阐发的固然不能说没有，但是扪烛扣盘、郢书燕说、向壁虚造、以讹传讹者却实在俯拾即是，所以我们才说互补性观点也是一种最常受到歪曲和枉指的观点。

我国儒家的“经书”在传世图书中形成一“库”，亦不可谓不多矣。但是其中最基本和最权威者应该得算《四书》中的《论语》。那是古人作学问、应科举的基本教科书。至于后世之经生小儒为求蜗名蝇利而强扭出来的那些八股文和试帖诗，则只能和今日报刊上的许多破烂文字具有同样的烟消云散、归于无何有之乡的命运。现在我们在本书中提供出来的这些材料，都是玻尔本人的原始著作。因此，对于“互补哲学”而言，本书的地位有如儒家典籍中的《论语》。八股文必然归于尘土，而《论语》则永世长存。习儒学而不读《论语》，当然是天大的笑话。论“互补”而不读玻尔原著，只凭道听途说就来乱发许多诞妄不经的言论，当然只能算得野狐参禅，绝对难成“正果”。这也是十分明显的道理，绝非我们之耸人听闻也。

* * *

古今中外之书，都各自有其等级和品格。小说就是小说，永远当不得正史。正史就是正史，绝不能把它写成小说。同样是纪史之书，也因作者的身份、见识、文笔之不同而有不同的价值，不可把它们摆错了地位。这本是作学问的基本常识和入门功夫，可惜我们许多“著名学者”却连这个也不懂。随便抓到一本地位低劣的外文书就把它当作枕中秘本，动不动引证出来以骄人惑众，这也是我国知识界常见的衰退败坏之象，老夫常为之扼腕而叹！

中外各人之言“互补”者也有各种身份，我们先取其上者。有一些外国很有功力的正派学者，写了一些完全正经的书，绝不是那种市井谣传、哗众取宠的东西所能比拟。但是，即使在这一类真正学术性的著作中，一谈到玻尔及其哲学，也往往出现一些皮相之言与耳食之论。例如所谓互补性的“根源”问题，连许多真有学问的大教授也常常停止在人云亦云的水平上，而译者本人当年也误信过他们的轻率结论，实在惭愧之至！

在几部非常正式的量子力学史的著作中，几位国际闻名的学者异口同声地指称玻尔的互补性观念可以在某些先辈哲学家那里找到“根源”。哈佛的霍耳顿教授也在一篇长文《互补性的根源》中开列了一张似乎很全面但也有点杂乱的名单。所有这些可敬的人们当然也举出了“证据”，尽管全都说得语焉不详。在这样的形势下，后学者们也难免信了他们的话。译者在第二次（1991—1992）访问丹麦时，曾系统地检视过“尼耳斯·玻尔文献馆（NBA）”中所藏的各国大学中的博士研究生们所作的关于互补原理的论文，发现他们几乎无例外地依据了以上所提到的那些权威著作，有的作者甚至像咱们中国一些“（伪）学者”一样作了荒唐的外推。在这方面，人们谈论得最多和最肯定的“互补哲学的先驱者们”，是丹麦的神学—哲学家基尔凯郭尔和玻尔上大学时的哲学老师赫弗丁。但是，在这儿，人们所举的“证据”却都是间接的和片段的，只根据了玻尔和别人通信时的几句偶尔提及的话。这原因也很简单。丹麦是一个小国，从而丹麦文在国际上甚不通行（以“发音奇特”著称），而那几位权威作家又都是学物理的出身，对一般哲学和哲学史并不十分内行。他们不可能直接认真阅读过基尔凯郭尔和赫弗丁的书（他们有许多别的事要做，而且也不是研究玻尔的专家）。因此，他们在别的问题上虽然各有专长，高名并非倖致，但是谈到“玻尔的哲学”，他们也许比初学者和外行人高明不了多少。

丹麦奥登塞大学的大卫·否尔霍耳特教授(丹麦的教授必为“系主任”),没有例如霍耳顿那样的国际声望,但是丹麦语是他的母语,他又是精通哲学史的专家,一生在丹麦工作,对本国的文化背景当然比外国人熟悉许多倍;当人们开始编辑出版《尼耳斯·玻尔集》时,他应邀担任了第十卷(一般哲学卷,即将出版)的分卷编辑,已经为此工作了十几年。因此,在有关玻尔的哲学渊源的问题上,他比别人有大得多的优势和发言权。他从1985年以来发表了一系列文章,后来写了一本小书叫作《尼耳斯·玻尔的哲学背景》(汉译本于1993年由科学出版社出版)。他把关于玻尔思想“起源于”某某人的说法称为“神话”,在书中举出了有说服力的证据反驳了几个流行最广的“神话”。他批评说(译本第81页):

> “斯坎普看到了相似性,只是因为他对哲学所知甚少。对艺术毫无所知的人们要区分巴洛克派、洛可可派和古典派是困难的。同样,对哲学所知甚少的人们也会到处都看到‘相似性’。”

这真是洞中时弊、一针见血的批评。在我国,也有许多人写了许多“编造”玻尔的劣文,他们不但对哲学、物理学和人文科学所知甚少,而且是完全地无知,因此他们那些胡言乱语只能算是影响甚坏的文化垃圾!

否尔霍耳特又引了也很著名的约翰·霍纳的《自然的描述:尼耳斯·玻尔和量子力学的哲学》中的一段话来说明他自己的观点:

> 把玻尔和这一位或那一位哲学家等同起来的尝试已经多次做过了。他的道路曾经被分别追溯到基尔凯郭尔、赫弗丁、马赫、詹姆士,而特别是追溯到康德。这样地搜索是可以原谅

> 的，但猎获物却曾经肯定是很可怜的。尽管在玻尔的笔记中有时可以找到关于古希腊人、斯宾诺莎、笛卡尔、休谟、贝克莱、玻斯考维契、马赫乃至康德的顺便提及，但却没有任何证据表明这些哲学家曾对玻尔的工作发生过任何直接的影响。也有过一些努力，想把玻尔分类为实用论者、唯心论者、实证论者，如此等等。胡克尔在玻尔身上试穿了不下七种哲学外衣，结果却承认了错误鉴定的危险性。只要人们还把玻尔说成一位哲学家，人们就必须从一开始就承认他的哲学是独家的(sui generis)。

霍纳也很有趣。他写过一篇长文，只因听到海森伯一句话(说玻尔primarily是哲学家)就找了许多证据来力图把玻尔定性为“超验论者”。我对他那篇长文甚不同意(尽管曾经翻译了它)，因此当在丹麦看到他这本书时就根本没有注意它，想不到他竟大大改正了自己的观点。

否尔霍耳特表示完全同意霍纳的观点。就是说，他认为“互补性”概念完全是玻尔本人的独创，在以前的任何哲学流派中都找不到可信的“根源”，别的哲学家们在玻尔的“互补性”思想的发生和发展中也没有对他发生过任何值得一提的“影响”。例如基尔凯郭尔，玻尔在上大学时确实读过他的书，但那只是欣赏了他的文笔和机智，而不是欣赏他的观点，而且从那以后就不曾提到过他。这一点曾经得到玻尔夫人的亲口证实。至于玻尔和赫弗丁的来往，否尔霍耳特认为那只是师生和世交的往还(赫弗丁是玻尔父亲的好友)，而不是哲学观点上的共鸣。这一点，有人却不同意。译者曾亲眼看到否尔霍耳特和一位丹麦青年在玻尔研究所的午餐室中展开了辩论。但我觉得，那是他们对于什么是“影响”抱有不同的理解。如果只考虑对于“互补性”思想的影响，恐怕否尔霍耳特还是对的。

否尔霍耳特承认自己不懂物理学，但他还是写了一本论述玻尔的物理学的书。那本书用的是丹麦文，我看不懂，但我相信他又一次强调了玻尔在物理学方面的“独创性”。这也完全是对的。如果物理学家们认真考虑一下，我相信多数人也会相信这种独创性。现在人们对玻尔的原子结构理论已经习以为常了，不觉得那里边有什么“了不起”了。但是如果任何稍微有点头脑的人结合当时的历史形势仔细想一想，而又并未抱有极端的偏见的话，他就会承认那种理论确实是十分“独创的”（与众不同而没有先例）。这表明玻尔很善于“独创”，因此如果认为他在哲学方面也会搞出些“独创”的东西来，那也不会是什么大言欺世的。

至于说玻尔是唯心论者、实证论者还是什么别的“论者”，那也应该是一个不成问题的问题。按照霍纳的说法，有一位胡克尔先生曾经让玻尔试穿了七种“哲学外衣”，结果发现全都不合体。那么，当年我们那种在玻尔头上乱扣帽子的做法也就越发感到汗颜不已了。在这方面，有一段爱因斯坦的言论很能说明问题。他在晚年写的一篇“自述”中谈到了“科学家”（他）的哲学体系，那其实是他的“夫子之自道”。他写道：

> “他〔即科学家，或爱因斯坦自己〕在系统的认识论学者眼中必然显现为一个无原则的机会主义者：他显现为一个**实在论者**，因为他企图描述一个独立于知觉动作的世界；显现为一个**唯心论者**，因为他把概念和理论看成人类精神的自由创造

（而不是从经验上给出的东西中逻辑地导出）；显现为一个实证论者，因为他认为他的概念和理论只在它们给感官经验之间的关系提供一种逻辑表象的程度上才能解释得通。他甚至可以显现为一个柏拉图主义者或毕达格拉斯主义者，因为他认为逻辑简单性的观点是他的研究工作的一种不可缺少的行之有效的工具。”

在这里，爱因斯坦给“科学家”或他自己穿上了至少四套“哲学服装”，它们都有一定的合体性，但又不完全合体。这也许是绝大多数自然科学家的通例（但有程度上的差别，见否尔霍耳特的书），他们仿佛是一些“业余画家”，其画作中兼有巴洛克、洛可可和古典的诸派作风。至于认为概念和理论是人类精神的“自由创造”，这是爱因斯坦从来就明白宣布的观点，但是玻尔却很少提到这一点，他总是说人们在科学工作中是向自然提出问题。这倒使我又回忆起一些往事来。当年我们搞“批判”时，也有人组织力量“批判”过爱因斯坦，当然把他说得“唯心”得不得了。但是当人们“批判”玻尔时，又因为完全不懂量子力学到底是怎么回事而假借了爱因斯坦和玻尔的争论来诋毁玻尔，这时爱因斯坦便似乎是很“唯物”的了。其实，如果只用从前那种断章取义的办法，而且是处于一种不许对方开口的政治—社会气氛之下，我完全能够举出许多貌似肯定的“证据”来证明玻尔比爱因斯坦“唯物”得多。然而那有什么意义呢？一切都是“瞎掰”！

否尔霍耳特同意霍纳等人的看法，认为不能唯一地把玻尔划入任何一个单独的哲学流派。但是他却情不自禁地指认玻尔是一个“实在论者”，因为玻尔一直确信原子的实在性。这话也是对的。

例如，在他的“诺贝尔演讲”《原子的结构》的开头处，玻尔说：

> 原子理论的当前状况是以一个事实为其特征的，那就是，我们不但相信原子的存在已经不容置疑地得到证明，而且我们甚至相信自己具有了关于个体原子的组成部分的详细知识。

假如玻尔像我们当年所诬指的那样是一个“马赫主义者”（“实证论者”），他能说出这种自打嘴巴的话来吗？

但是，当年咱们还有一个很自信的观点，认为外国人说的“实在论”就是当时中国人（和苏联“老大哥”）说的“唯物论”。这话对吗？外国人说的“实在”到底是什么意思？我觉得那似乎不仅仅包含那种死硬的“物质”而还包含一些别的什么。不过我自认是“哲学门外汉”，所以不敢乱发谬论，也希望比我更加门外汉的“著名学者”们今后尽可能忍着点儿，不要随随便便地就闹太多的“信口雌黄”的大笑话才好！因为那太丢人了！

* * *

不过，在咱们中国，还有一个“神话”比否尔霍耳特所批驳的那些“神话”更流行得多和更荒唐得多，那就是玻尔哲学和东方文化的关系问题。

当60年代中“亚圣”罗森菲耳德访问日本时，他曾在京都见到日本物理学家汤川秀树。他问汤川，日本物理学家们曾否像他们的西方同道们那样在接受和领会“互补性”方面感到困难。据说汤川作了否定的答复，他说，在“我们”看来，玻尔的论点一直是相当清楚的。他并且笑着说，“你知道，在日本，我们不曾受过亚里士多德的腐蚀。”

美国物理学家J. A. 惠勒，也算是玻尔的知音，他在1981年访华时曾经说过：

> “一路上我都似乎在感到我是用两双眼睛在看，用两双耳朵在听。一双眼睛和耳朵是我自己的，而另一双眼睛和耳朵则是玻尔的。”

当谈到1937年玻尔的访华时，他提到了玻尔用“阴阳符号”来象征性地表示互补性。他说：

> “在西方，互补性观念似乎是革命性的。然而玻尔非常高兴地发现，在东方，互补性观念却是一种自然而然的思想方法。”

我真庆幸咱们中国那些最爱无事生非、大吹大擂的街头混混儿们竟是如此地孤陋寡闻，以致他们没听说过这两段掌故。不然的话，这岂不会成了他们那惊人混乱的头脑中的两大硬块，至死也不得痊愈吗？汤川是得了诺贝尔奖的人物。惠勒没得过诺贝尔奖，但他是一代奇才费曼的老师。他们两位“老人家”说的话还会有错吗？

然而不然，汤川的话也许可以代表他本人，而绝不能代表别的日本物理学家，而且就连他本人到底懂得多少互补哲学，我们也不掌握任何资料。至于惠勒的说法，那恐怕只能算是全出误会，而且大有对中国文化“过誉”的意味。假如玻尔真在1937年“非常高兴地发现”了那样美妙的现象，他一定会在文章中、演讲中、通信中明显地提到。然而就我们所知他从来没有提过这种事情，我们和惠勒先生怎么会知道他曾否“发现”过呢？

问题主要出在那个“阴阳符号”即我们所说的“太极图”（俗称

"阴阳鱼")上。关于这个问题,译者在一段小文中做过国内最详细的介绍,但是混混儿们竟不肯寓目,却单单选中最荒唐的错误材料作为他们"立论"的依据,真乃天下之大怪事!

窃以为,人们并不能排除玻尔在1937年在南京、上海、杭州或北平看到过"阴阳鱼"的可能性。那时中国大街上许多店铺门口都有这种符号(药铺、卖"坎离砂"的铺子等等),而对事物感受很敏锐的玻尔注意到这种东西的可能性是很大的。然而此事并无文献证据,我们也只能存疑而已。

1947年,玻尔62岁时,丹麦政府决定授予玻尔以"宝象勋章"。那是一只金质的长鼻子象,大小略如人的手掌。这是丹麦最高的勋章,一般只授予王室人员或外国元首,连首相都得不到它,老百姓得到者更加少见。因此,获得这种勋章就意味着被封为贵族,受勋人应有自己的族徽。所谓族徽是小桌面大小的一个竖着的椭圆,上面的花纹叫做"纹章",其体裁必须遵守"纹章局"的规定。玻尔亲自设计了族徽上的纹章。这时他遇到了一个"两难问题"。一方面,"互补性"思想是他平生最得意的成就,他当然希望把它在族徽上表示出来。但是,按照他在各种场合下的反复阐述,互补关系中的两个方面是绝不可能结合成一种统一的、无逻辑矛盾的图景(picture)的;也就是说,任何图案都不可能正确地表示互补性。另一方面,族徽上的纹章只能是一个图案。这不是很难两全的问题吗?当时玻尔的亲密助手是罗森塔耳,罗森塔耳的夫人是研究中国史的专家,汉名柯汉娜。正当玻尔踌躇不决时,汉娜向他推荐了中国的"阴阳符号"(太极图)。玻尔觉得这个图案还算好看,就采用它作了自己族徽的中心图案。

这一来造成了极大的误解。包括物理学家在内的全世界的人们，有几人真正理解玻尔的互补哲学？人们看到这个“阴阳符号”，觉得好玩；又因为它来自“东方”，先入为主地使人觉得它充满了“神秘”气味。于是人们立即把“互补哲学”和“阴阳符号”联系了起来。其实二者十分不同。中国人头脑中的“阴”与“阳”绝不是“互补的”。故宫中有“交泰殿”，为皇帝“大婚”之所，取“阴阳交泰”之意。既然可以“交泰”，就不可能有互补的含义。

但是人们不管那一套，还是硬把互补性和“阴阳符号”联系起来，甚至等同起来。你走在哥本哈根的大街上，随时可以看到“阴阳符号”。它出现在人们的戒指或耳坠上，出现在卡车的车厢板上或超级市场的销售广告上。玻尔文献馆中藏有许多照片，其中一张上有一个美国人在演讲，他在黑板上画了各种形式的“阴阳符号”，有闭合的，有开放的，还有的周围衬着火光，真像中国神怪小说上的插图。1995 年 5 月，“石油大学(北京)”建立了一座玻尔铜像，这是世界上第一座玻尔全身塑像。我们邀请了玻尔的次子汉斯·玻尔(和他的儿子克里斯蒂安·玻尔)来参加塑像的落成典礼。汉斯在致辞中也提到了“阴阳符号”。我在丹麦，每当有人介绍新朋友，当说到我是中国人时，对方也往往提起“你们中国的‘阴阳符号’”之类。这一切都常使我大感尴尬。我不便向人家仔细解释(那要费很多时间)，多数情况下只好含糊答应。

幸好，所有这一切只是说说而已。丹麦的对玻尔稍微做过一点研究的人全都不把它当真。多数人都用所谓“丹麦人的幽默”来对待它。例如，玻尔也有一次提到过“中国的”一句谚语，但是经过考证，人们认为那很可能是出于玻尔的误记。至于那本神乎其神的"易经",玻尔在他的全部著作中确确实实一个字也没有提到过。

但是,许多东西一到咱们中国人手中,往往就会发生"本质的变化"。近几十年来,中国的许多"伪学术"得到了"蓬蓬勃勃的发展"。于是谬说纷呈,梦话连篇,全都假"研究"之名出而现世。在这种是非不明的情况下,玻尔和他的族徽也倒了霉。

有一位先生,自称"本着物理学的思维和方法,科学地探讨"什么问题。他单单选中了一本书的汉译本,那里把"族徽"错认成了"勋章"。这是我所见过的唯一错误实例,而那位先生偏偏就选中了它。他并且绝对无根据地写道:"按惯例,在勋章上应该镌刻受奖人的'族徽'。"这实在连梦话、醉话也不如了!今按玻尔得到的是勋章,不是奖章,他是"受勋人",不是"受奖人"(二者意义大不相同)!在君主国家中,勋章的事情关系到国家制度,一切都有确定的条令,不是按什么"惯例"办事的。至于在手掌大小的勋章上"镌刻小桌面大小的"族徽,那更是连最善于造谣的文章作者也办不到的。连一点起码的常识也没有,竟敢挥笔为文,其胆大妄为的程度,实足惊人!

我相信,他从来没读过(也绝不可能读懂)任何一篇玻尔的文章。只凭道听途说、胡思乱想就来大谈玻尔的"互补原理"(他称为"并协原理")。谈到"太极图",他更是大说昏话,把"光速"说成"动极",把"绝对零度"说成"静极"。如果这样的胡乱编排也算得什么"物理学的思维和方法",那物理学家们不如趁早自杀吧!

他又说,"彼消此长,此消彼长,一对矛盾着的双方既对立而又相互补充……谁也离不开谁,绝对不能截然分开。"看样子,这就是他所"理解"的互补原理了。然而,假若玻尔的思想竟然能够总结成这样几句陈词滥调，那还有什么学术可言！事实上，他的这几句自鸣得意的咒语，恰恰和"互补性"的思想"绝对"相反，可以说是一种"反互补性"的思想，如果这也配称为"思想"的话。那么，既然你压根儿就没梦见过什么是"互补性"或称"并协原理"，你的那些滔滔不绝、纠缠不清，自我欣赏、混乱视听的絮语，岂不成了"绝对"毫无意义（而却很丢脸和很有害）的一堆废话？（而且"一对……双方"云云也绝对不通！）

你所标榜的古本"八卦太极图"明明早已受到人们的厌弃，所以才有"今本"太极图出世。那种古本，乃出诸神秘主义的理学家的故弄玄虚，实为伪学术的一例，和今天许多胡乱宣扬"易学"的东西如出一辙。你现在非要抱残守阙、死灰复燃，把"古本"封为"家珍国宝"，也不觉得太糊涂、太狂妄、太对不起真正的中国文化吗？

多少年来，头脑稍微清醒的人们都对那种念念有词的"道学家"没有好感，所谓"太极圈儿大，先生帽子高"，就是说的他们——当然，此点也是你那混乱"思维"中不可能想到过的！

另一位"著名学者"写道："玻尔认为，量子论的认识问题在中国古代哲学家——老子那里早已碰到了。"我们要说，这样的言论全属无中生有，栽赃诬赖。你应该去查玻尔的全部著作，就可以知道玻尔从来不曾这样地"认为"。另外，什么叫"量子论的认识问题"？那无论如何总应该是和"量子"有点关系的"问题"吧？"古代哲学家"梦见过"量子"吗？这岂非天外奇谈的大笑话乎？

这样的例子也十分不胜枚举。

近年以来，中国的"伪学者群落"大见兴盛。他们妄自尊大，眼高于顶，自许"精英"，大言欺世，故弄玄虚，色厉内荏，头脑空洞，逻辑混乱，制造假货，自作广告，大大污染了我国的学术空气。然而，“尔曹身与名俱灭，不废江河万古流”，让我们希望本书的出版能起一点“正视听”的作用吧！

* * *

当年出版三本小册及其他几种书籍时，曾得到商务印书馆的高崧兄和吴儁深兄的热情支持，我至今感之。可惜高兄已于数年前谢世，不能亲见此书的问世，思之泫然！此次出新版，预先得到丹麦友人奥格·玻尔(Aage Bohr)教授的正式授权，出版过程中得到商务印书馆郭继贤先生的多方协助，统此志谢！

1998年2月25日，戈革记于京郊。

目　　录

第一卷　原子理论和自然的描述

作者原序……………………………………………………………… 3
1961 年重印本序 ……………………………………………………… 4
绪论…………………………………………………………………… 5
量子理论和力学 ……………………………………………………… 23
量子公设和原子理论的晚近发展 …………………………………… 44
作用量子和自然的描述 ……………………………………………… 74
原子理论和描述自然所依据的基本原理 …………………………… 82

第二卷　原子物理学和人类知识(1932—1957 年)

原序 …………………………………………………………………… 97
引言 …………………………………………………………………… 98
光和生命……………………………………………………………… 100
(1932 年 8 月在哥本哈根国际光疗学会议开幕式上的演讲,刊于 *Nature*,**131**,421(1933)。)
生物学和原子物理学………………………………………………… 111
(1937 年 10 月在波洛尼亚纪念路·伽瓦尼的物理学和生物学会议上的演讲。)

自然哲学和人类文化 …………………………………… 123
（在哥本哈根人类学和人种学国际会议上的演讲，1938 年 8 月在爱耳辛诺的克伦堡宫中的一次会议上发表，刊于 *Nature*，**143**，268(1930)。）
就原子物理学中的认识论问题和爱因斯坦进行的商榷 ……… 134
（为《阿尔伯特·爱因斯坦：哲学家—科学家》一书而作，“当代哲学丛书”，Inc.，Evanston，Illinois，Vol. 7，p. 199。）
知识的统一性 …………………………………………… 177
（1954 年 10 月在纽约纪念哥伦比亚大学二百周年的一次集会上的演讲，刊于《知识的统一性》一书，Doubleday and Co.，New York，1955，p. 47。）
原子和人类知识 ………………………………………… 196
（1955 年 10 月在哥本哈根丹麦王国科学院的一次会议上的演讲。）
物理科学和生命问题 …………………………………… 209
（脱稿于 1957 年，根据 1949 年 2 月在哥本哈根丹麦医学会召开的一次纪念斯提诺的集会上的演讲改写而成。）

第三卷　原子物理学和人类知识论文续编
（1958—1962 年）

原编者序 ………………………………………………… 221
量子物理学和哲学——因果性和互补性 …………………… 224
（为 R. 科里班斯基所编《世纪中叶的哲学》一书而作 Philosophy in the Mid-Century, La Nuova Italia Editrice, Florence，1958。）

人类知识的统一性 ………………………………………………… 232
(1960 年 10 月,应欧洲文化基金会(La Fondation Européenne de la Culture)的邀请在哥本哈根的一次会议上发表的演讲。)
各门科学间的联系 ………………………………………………… 243
(1960 年 8 月,在哥本哈根国际制药学会议上的演讲。)
再论光和生命 …………………………………………………… 250
(1962 年 6 月,在科隆实验遗传学研究所的开幕式上的演讲,未完成稿。)
1958 年度卢瑟福纪念演讲——关于原子核科学的奠基人和以他的工作为基础的若干发展的一些回忆 ………………… 259
(1958 年 11 月在伦敦物理学会的一次集会上的演讲,1961 年完成增订稿。原载《物理学会会刊》(Proceedings of Physical Society),**78**,1961。)
量子力学的创立 …………………………………………………… 319
(为《沃尔纳·海森伯和当代物理学》一书而作,Werner Heisenberg und die Physik unserer Zeit, Verlag Vieweg und Sohn, Braunsch-weig, 1961。)
索耳威会议和量子物理学的发展 ………………………………… 325
(1961 年 10 月在布鲁塞尔第十二届索耳威会议上的演讲。载于《量子场论》一书,La Théorie Quantique des Champs, Interscience Publishers, New York, 1962。)
附录　尼耳斯·玻尔年谱简编 ………………………………… 353

第 一 卷

原子理论和自然的描述

作者原序

在本书所收的四篇文章中，前两篇原系英文，于1925年和1927年发表于《自然》(Nature)；第三篇原系德文，于1929年发表于《自然科学》(Die Naturwissenschaften)；第四篇原系丹麦文，于1929年发表于《物理期刊》(Fysisk Tidsskrift)。绪论原系丹麦文，与前三文的丹麦译文同刊于《哥本哈根大学1929年年鉴》；绪论的附志最初出现于所有四文的德文版中，该书于1931年由柏林的施普灵格公司(Jul. Springer)出版。我很感谢Rud Nielsen教授和Urquhart博士，他们在准备本书的英译方面给了我很可贵的帮助；感谢剑桥大学出版社的各位委员们，他们对本书表示了亲切的关怀，并惠然同意在本书之后安排另一书的出版，该书将包括以后发表的同类论题的几篇文章，在那些文章中一般性的观点将得到进一步的发展。

N.玻尔

1934年2月于哥本哈根

1961 年重印本序

我感谢剑桥大学出版社建议重印这本已经售罄多年的文集。

各文是在一个时期内写成的，当时在普朗克普适作用量子之发现的基础上发展一种对原子问题的综合处理的程序曾经通过适当数学表述形式的建立而获得了坚实的基础。

众所周知，在后来的年月中，量子物理学之认识论方面的讨论是继续进行了的，而且现在也还没有达成普遍的一致意见。在这种讨论的过程中，在各文中提出的态度得到了进一步的发展，特别是引用了一种更合适的术语来表示对普通的形象描述和物理解释的习见要求方面的激烈背离。在这一讨论阶段中写出的一本文集已经在《原子物理学和人类知识》的标题下出版了。

此处所印各文中包括一些说法，它们现在是可以用更确切的方式来表述的，但是，熟悉一下更早的讨论对充分理解物理学的现代发展所摆在我们面前的那种自然哲学中的新局面还是可能有帮助的。

尼耳斯·玻尔

1961 年 1 月于哥本哈根

绪　　论

(1929)

科学的任务是既要扩大我们的经验范围又要把我们的经验条理化，而这种任务就表现着各种各样的彼此不可分割地联系着的一些方面。只有通过经验本身，我们才会认识到那些使我们能够对于现象的多样性有一个概括看法的规律。因此，当我们的知识变得更加广泛时，我们就应该经常有准备地期待最适用于整理我们经验的那些观点会有所改变。在这方面我们必须首先记得，理所当然，一切的新经验都是在我们习见观点和习见知觉形式的框框里显现出来的。和科学探究的各个方面相适应的那种相对显著性，依赖于被研究事物的本性。关于我们知觉形式的本性问题，在物理学中一般将不如在心理学中那样尖锐；在物理学中，我们的问题在于标示(to coordinate)我们有关外在世界的经验；在心理学中，作为研究对象的却恰恰是我们自己的心理活动。但是，有时候，正是物理观察的这种"客观性"，会变得特别适用于强调一切经验的主观性。科学史上有许多这样的例子。我只要提到声学现象及光学现象——我们的感觉的物理媒介——的研究在心理分析学的发展中所一贯具有的重大意义也就够了。作为另一个例子，我们可以提到力学规律的阐明在一般认识论的发展中所曾起的作用。在物理学的一些最近发展中，科学的这一根本特点曾经是特别显著的。近年以来我们知识的巨大扩充,曾经揭示了我们的简单力学观念的不足,其结果就动摇了习惯上诠释观察结果时所依据的基础,于是就刷新了一些古老的哲学问题。这一点,不但对于相对论所带来的对时空描述方式的基础的修正来说是正确的,而且对于由量子理论所引起的对因果原理的重新讨论来说也是正确的。

相对论的起源,是和电磁概念的发展有着密切联系的;通过将力的概念加以扩展,这一发展曾经带来了力学基本思想的一种如此深刻的变革。关于依赖于观察者的运动现象之相对性品格的认识,在经典力学的发展中已经起了重大的作用;在那里,这种认识曾经成为表述普遍力学定律的有效助手。暂时,人们对于所讨论的问题成功地提出了一种表面上令人满意的处理,不但从物理学观点看来是如此,而且从哲学观点看来也是如此。事实上,使得问题达到高潮的,首先就是电磁理论所带来的关于一切力效应的有限传播速度的认识。诚然,在电磁理论的基础上建立一种因果描述方式曾是可能的,这种描述方式可以将能量守恒和动量守恒的基本力学定律保留下来,如果人们赋予力场本身以能量和动量的话。然而,在电磁理论的发展中曾经如此有用的宇宙以太观念,是作为时空描述中的一个绝对参照系而出现于这一理论中的。证明地球相对于这种假说性宇宙以太的运动的一切尝试都失败了,这种失败有力地强调了从哲学观点看来这一概念不能令人满意的性质;而且,认识到所有这些尝试的失败和电磁理论完全相符,是并不能使情况有所改善的。爱因斯坦曾经阐明,包括辐射在内的一切力效应,其有限传播速度会对观察的可能性加以限制,从而也会对时空概念的应用加以限制；正是这种阐明，就第一次将我们引到了更加灵活地对待这些概念的态度；这种态度在关于同时性概念之相对性的认识中得到了最突出的表现。我们知道，采用了这种态度，爱因斯坦在电磁理论能够确切适用的那一领域之外也成功地找出了很有意义的新关系，而且，在引力效应已经不再在各种物理现象中间占有特殊地位的广义相对论中，爱因斯坦已经在一种颇为意外的程度上接近了自然描述中的统一性；这种统一性是经典物理理论的理想。

量子理论起源于原子观念的发展；在上一世纪的过程中，这种发展曾经有增无已地给力学和电磁理论的应用提供了一个有成果的领域。然而，在接近本世纪开端的几年中，这些理论对原子问题的应用却注定要揭示出一向不曾被人注意的一种限制；这种限制在普朗克(M. Planck)关于所谓作用量子的发现中表现了出来；作用量子对个体原子过程加上了一种完全超出经典物理学基本原理之外的不连续性要素，而按照经典物理学的基本原理，一切作用量是可以以一种连续方式发生改变的。对于整理我们关于原子属性的实验知识来说，作用量子已经变得越来越不可缺少了。然而，与此同时，我们已经一步一步地被迫放弃关于个体原子在空间和时间中的行为的因果描述，并一步一步地被迫处理大自然在各种可能性之间的自由抉择，对于这些可能性是只能应用几率考虑的。在最近，经过一系列的发展阶段之后，借助于经典理论概念的适当有限度的应用来表述一些适用于这些可能性和这些几率的普遍定律的那些努力，已经导致了一种合理的量子力学的创立；利用这种量子力学，我们能够描述一个很广阔的经验范围，而且，在每一方面看来这种量子力学都可以认为是经典物理理论的一种推广。此外，关于量子力学描述中对于因果性的放弃以及受到作用量子不可分性的制约的现象及其观察的可区分性方面的限制，我们对于二者之间的密切联系已经逐步得到全面的理解。这一情况的认知，意味着我们对待因果原理以及对待观察概念的态度上的一种根本变化。

尽管在相对论中所遇到的问题和在量子力学中所遇到的问题有着很多不同之点，但是二者之间却有一种深刻的内在相似性。在这两种情况下，我们所涉及的都是一些物理规律的认知，这些规律超出于我们普通经验的领域之外，而给我们的习见知觉形式带来了困难。我们体会到，这些知觉形式是一些**理想化**；这些理想化在把我们的普通感官印象条理化时的适用性，依赖于实际上可以认为无限的光速，并依赖于作用量子的微小性。然而，在评价这一形势时我们必须记得，尽管习见知觉形式带有局限性，我们却绝不能废弃这些知觉形式——它们濡染了我们的全部语言，而且一切的经验归根到底必须借助于它们来表达的。恰恰是这样一种情况，就在根本上使得所讨论的问题具有了普遍的哲学兴趣。相对论给我们的世界图景所带来的结局，已经被吸收在一般的科学意识之内，但是，对于已由量子理论阐明了的那些一般性的认识论问题来说，却还很难说事情已经发展到同样的地步了。

当我应约为《哥本哈根大学 1929 年年鉴》写一篇文章时，我起初本想从分析我们描述自然所依据的基本概念开始，用尽可能简单的形式来说明一下量子理论所带来的那些新观点。然而，我所负责的其他工作使我没有足够的时间来完成这种说明;而且,这些新观点在不断发展也给这种说明带来不小的困难。理解到这种困难,我放弃了准备一篇新文章的想法,而开始考虑用为此场合所准备的某些文章的丹麦译文来代替,这些文章是我在近年以来作为讨论量子理论问题的投稿而在外国刊物上发表的。这些文章属于一系列的演讲和论文,在这些演讲和论文中,我一直企图对当时原子理论的状况提出一种首尾一贯的概观。这一系列中若干早期的文章,在某些方面形成此处重印出来的这三篇文章的一种背景。尤其是题名为《原子结构》的一篇演讲词,更是如此;那篇演讲是在1922年12月在斯德哥尔摩发表的,当时曾作为《自然》的增刊而出版。然而,这儿重印的几篇文章,在形式上显得是完全独立的。它们都是讨论的原子理论发展中的最新形势,在这种形势中基本概念的分析已经变得如此重要;在这方面,这几篇文章是密切地相互联系着的。这些文章追随了发展的进程,从而对于逐渐阐明概念的过程提供了一个直接的印象;这一事实也许可以在某种程度上有助于文章的论题,使它比较容易为那些不属于物理学家狭窄圈子的读者们所接受。下面是关于这些文章出现时的那些特定情况的说明;在这种说明中,通过增加一些引导性的注释,我曾经企图帮助人们对文章内容得到一种普遍看法,并企图尽可能地弥补或许会给较广泛范围中的读者们造成困难的一些阐述上的缺点。

第一篇文章由一篇演讲修订而成,该演讲是在1925年8月在哥本哈根召开的斯堪的纳维亚数学会议上发表的。这篇文章以简练的形式提供了关于量子理论发展的概观,直到海森伯(Werner

Heisenberg)的论文预示了一种新形势的来临时为止；在文章的末尾，曾经讨论了海森伯的那篇论文。这篇演讲处理的是力学概念在原子理论中的应用，它并且指示出来，借助于量子理论来整理大量的实验数据，已经如何给新发展开辟了道路；这种新发展以合理的量子力学方法的创立为其特征。最重要的是，以前的发展已经引导人们认识到对原子现象进行首尾一贯的因果描述是不可能的。这方面的一种自觉放弃，已经蕴涵在文中所提到的那些公设的形式中了；这种形式从经典理论的观点看来是不合理的，而这些公设则是作者在应用量子理论来解决原子结构问题时所依据的。符合着作用量子不可分性的要求，一个原子的态的一切变化，都被描述为一些个体性的过程；通过这种过程，原子将从一个所谓的定态变到另一个定态，而且，对于这种过程的发生只能进行概率的考虑。一方面，这一事实必然会大大地限制了经典理论的适用领域。另一方面，仍然需要广泛地使用诠释一切经验所最终依赖的那些经典概念，这种必要性就导致了所谓对应原理的表述；所谓对应原理，表现着我们通过赋予经典概念以适当的量子理论再诠释来利用这些概念的那种努力。然而，用这种观点来对实验数据进行详细分析，却注定要越来越清楚地表明我们并没有足够适当的办法来完成一种以对应原理为基础的严格描述。

因为演讲是在特殊场合发表的，所以文中曾经特别强调了理论物理学所特有的那种数学手段的应用。在这里，符号化的数学表示形式，不但是描述定量关系的不可缺少的工具，而且，在阐明一般的定性观点方面这些表示形式也同时提供了一种不可缺少的手段。在文章的末尾曾经表示，希望数学分析将再次证实能够帮助物理学家克服困难;在过去的一段时间内,这种希望已经超出一切预料地得到了满足。不但抽象代数学注定要在文中提到的海森伯量子力学的表述中起一种决定性的作用,而且,就连微分方程——经典物理学的最重要的方法——的理论也几乎紧跟着就在原子问题中得到了广泛的应用。这种应用的出发点,就是力学和光学之间的独特类比;哈密顿(Hamilton)对于发展经典力学方法的重要贡献,就已经是以这种类比为依据了。这种类比对于量子理论的重要性,是由德布洛意(Louis de Broglie)所首先指出的;联系到众所周知的爱因斯坦光量子理论,德布洛意曾将一个粒子的运动和一些波系的传播进行了比较。正如德布洛意所指出的,这种比较使我们能够对于本文所提到的适用于原子定态的量子化法则给出一种简单的几何意义。通过进一步发展这些考虑,薛丁谔(E. Schrödinger)在把量子力学问题归结为某一微分方程即所谓薛丁谔方程的求解方面得到了成功,于是就给我们提供了一种方法,在近几年来原子理论所经历的巨大发展中,这种方法起了一种决定性的作用。

第二篇文章是一篇论文的修订本,该文是在 1927 年 9 月为纪念伏打逝世百周年而在科莫(Como)召开的国际物理学会议上宣读的。在当时,上述那些量子力学方法已经达到一种高度的完善,而且已经在很多应用中显示了它们的有成果性。但是,关于这些方法的物理诠释却出现了意见分歧,而且这种分歧曾经引起很多讨论。尤其是薛丁谔波动力学的巨大成功,曾经使很多物理学家的希望重新抬头;他们希望能够按照和经典物理理论路线相类似的路线来描述原子现象，而不引入一直作为量子理论之特征的那种“不合理性”。与此观点相反，在本文中曾经坚持指出，从经典的观点看来，作用量子的不可分性这一基本公设，本身就是一种不合理的要素；这种要素不可避免地要求我们放弃因果描述方式，而且，由于现象及其观察之间的耦合，这种要素就迫使我们采用一种新的描述方式，叫做互补描述方式；互补一词的意义是：一些经典概念的任何确定应用，将排除另一些经典概念的同时应用，而这另一些经典概念在另一种条件下却是阐明现象所同样不可缺少的。文中指出，当考虑光的本性问题和物质的本性问题时，我们马上就会遇到这种特点。在第一篇文章中就曾经强调过，在我们关于辐射现象的描述中，我们在电磁理论的波动描述和光量子理论中光传播的颗粒观念之间面临着一种选择上的两难推论。同时，关于物质，德布洛意波的概念已由众所周知的电子在金属晶体上反射的实验所证实；这种证实使我们面临了一种颇为相似的两难推论，因为这里不可能有什么放弃基本粒子个体性思想的问题。因为，这种个体性形成一种稳固的基础，原子理论的全部新发展就是依赖于这种基础的。

文章的主要目的是要证明，为了无矛盾地诠释量子理论的方法，这种互补性特点是不可缺少的。不久以前，海森伯曾经对这种讨论作出了非常重要的贡献，他指出了力学概念的有限适用性和下述事实之间的密切联系：以追踪基本粒子的运动为目的的任何测量，都会对现象的进程引起一种不可避免的干涉，从而就会包括一种决定于作用量子之量值的不确定因素。这种不确定性，确实显示着一种独特的互补品格；这种品格妨碍着时空概念和能量守恒定律及动量守恒定律的同时应用，而这种应用乃是力学描述方式的特征。然而，要理解因果描述何以不能实施就必须记得：正如文章中所指出的，由测量所引起的那种干扰，其大小永远是无法知道的，因为这种限制能够适用于力学概念的任何应用，从而也就同样适用于观察器械和所研究的现象。恰恰是这一情况导致了下述事实：任何观察的进行，都以放弃现象的过去进程和未来进程之间的联系为其代价。如上所述，**作用量子的有限量值，使我们完全无法在现象和观察现象所用的器械之间划一明确分界线**；这种分界线是习见的观察概念的依据，从而也形成经典的运动概念的基础。注意到这一点，下述事实就不足为奇了：量子力学方法的物理内容，被限制为一些统计规律性的表述，这些规律性存在于那样一些测量结果之间的关系中，各该结果表征着现象的各种可能进程。

在文章中曾经强调，这种方法的符号化的外貌，是和有关问题根本无法形象化这一特性密切适应的。当我们用到定态的概念时，我们就遇到加在应用经典概念之可能性上的那种限制的一个特别典型的例子；如上所述，甚至在量子力学方法发展以前，定态概念就已经作为一种不可缺少的要素包括在量子理论对原子结构问题的应用中了。正如文中所指出的，这一概念的任何应用，都会排除追踪原子中个体粒子的运动的可能。在这儿，我们涉及的是一种特征互补性，和我们在考虑光的本性问题及物质的本性问题时所遇到的那种互补性相类似。正如文章中详细阐明的，在它的适用范围之内，定态概念确实可以说和基本粒子本身具有同样多的"实在性"，或者，如果我们愿意，也可以说二者具有同样少的"实在性"。在每一种情况下，我们都是涉及的一些手段，它们使我们能够用一种无矛盾的方式来表示现象的一些重要方面。此外，当我们用到定态概念时，我们就以一种很有教育意义的方式面临着一种必要性：在量子理论中必须注意现象的分划，而且，正如在文章第一段中已经强调的，必须严格区分闭合体系和非闭合体系。因此，在原子的情况，当阐明辐射过程的发生时，我们就遇到因果描述方式的一种特别引人注目的失败。当追踪自由粒子的运动时，考虑到我们并不同时具备关于包括在经典力学描述中的那些量的知识，我们就可以具体想象因果性的欠缺；而在我们关于原子行为的说明中，经典概念的有限适用性也是一下子就很清楚的，因为单独一个原子的态的描述绝对没有包括关于跃迁过程之发生的任何要素，从而在这一情况下我们几乎无法避免谈到原子在各种可能性之间的抉择。

联系到基本粒子的基本属性问题，注意到最近揭示出来的一种独特互补性也许是不无兴趣的。有一些实验，过去一直是通过赋予电子一个磁矩来加以解释的，而文章最后一段所简单讨论了的狄喇克(P. A. M. Dirac)理论却对这些实验作出了自然的诠释；这一事实，确实就和另一种说法等效：利用以直接观察电子的运动为根据的实验来探测一个电子的磁矩，是不可能的。我们在这儿遇到的自由电子和原子之间的不同，和这样一件事实有关：原子磁矩的测量，要求放弃追踪基本粒子的运动的一切企图，这种放弃和应用定态概念时所应满足的普遍条件相适应。

在文章的末尾，谈到了在量子理论构架中满足相对性普遍要求的工作；这种重要工作迄今还不曾令人满意地得到完成。事实上，虽然上述的狄喇克理论在这方面前进了一大步，但这一理论却揭露了一些新的困难。然而，认识到这些困难，却可能在基本粒子的存在所引起的那些深奥问题方面导致新观点的发展。现在的量子力学的描述与对经典电子理论的重新解释有关，这种解释是以对应原理为依据的，而经典电子理论却没有提供理解基子粒子本身的存在及其特有质量与特有电荷的任何线索。因此，我们必须准备发现，这一领域中的进一步进展，将要求我们更广泛地放弃习惯上认为时空描述方式所应具备的那些特征，比用量子理论来处理原子问题时所应放弃的还要广泛，而且，关于动量概念和能量概念的应用，我们也必须有准备地预期新的惊人情况。

数学符号的广泛应用是量子力学方法的特点；这种应用使我们很难撇开数学细节而对这些方法的优美性及逻辑无矛盾性提供一个真实的印象。尽管我在准备这篇文章时曾经设法尽可能地避免用到数学工具，但是，这一演讲是在一群物理学家面前发表的，其目的在于开展一种关于当时量子理论发展趋势的讨论，这一目的使我们必须涉及细节，这些细节无疑地会给以前对于这一论题并不怎样熟悉的读者们造成困难。然而，我愿意指出，在整篇文章中，主要的力量是用在纯粹的认识论态度上的，这一点在第一节和文章结尾处表现得尤其明显。

第三篇文章是为一本庆祝性的小册子撰写的，该书出版于1929年6月，目的在于纪念普朗克获得博士学位五十周年。在这篇文章中，我曾经更加详细地讨论了量子理论的一般性的哲学方面。对于放弃原子现象的严格因果描述方式，人们广泛地表示了感到遗憾；部分地由于注意到这种情况，作者就企图证明，因为作用量子的不可分性而在原子理论中引起的有关我们知觉形式的那些困难，可以看成一种很有教益的召唤，它使我们想到人类概念产生时所凭借的那些普遍条件。不可能按照我们的习见方式来区分物理现象及其观察；这种不可能性确实就使我们所处的地位和在心理学中所处的如此熟悉的地位非常相似；在心理学中，我们不断地需要想到区别主体和客体的困难。初看起来也许以为，对待物理学的这样一种态度，会给和自然科学精神相反的神秘主义留下余地。但是，不面对出现在概念的形成中和表达媒介的应用中的那些困难，我们在物理学中得到一种清楚理解的希望就不比在其他人类研究领域中得到这种理解的希望更大。例如，按照作者的看法，相信最终用一些新的观念形式来代替经典物理概念就可以避开原子理论的困难，那或许是一种误解。事实上，正如已经强调过的，认识到我们的知觉形式的局限性，绝不意味着在把我们的感官印象条理化时可以不必用到我们的习见概念或这些习见概念的直接文字表述。同样，经典理论的基本概念，看来在描述物理经验时是永远不会成为多余的。作用量子不可分性的认知，以及作用量子量值的确定，不但依赖于以经典概念为基础的对于测量的分析，而且，一直是只有应用这些概念才能把量子理论符号体系和经验资料联系起来。然而，我们同时必须记住：单义地应用这些基本概念的可能性，仅仅依赖于这些概念所由导出的那些经典理论的自身无矛盾性，因此，对这些概念的应用所加的那些限制，自然就取决于我们在说明现象时能够在多大程度上忽略不属于经典理论而以作用量子来表示的那种要素。

在关于光的属性和物质的属性的那种屡经讨论的两难推论中

显得如此明显的,恰恰就是上述这种情况。只有依据经典电磁理论,才能给光的本性和物质的本性问题提供一种可以理解的内容。诚然,光量子和物质波,在表述一些统计规律时是一些非常有价值的手段,那些统计规律支配着诸如光电效应和电子射线的干涉之类的现象。然而,这些现象事实上是属于那样一个领域的;在该领域中必须考虑作用量子,在该领域中,单义的描述是不可能的。在这种意义上,上述数学工具的符号性品格也就变得很显然了,因为电磁波场的详尽描述不会为光量子留下余地,因为在应用物质波的观念时绝不存在和经典理论的描述相类似的那种完备的描述问题。事实上,正如在第二篇文章中所强调的,当诠释实验结果时,波的所谓周相的绝对值是永远用不到加以考虑的。在这方面也必须强调指出,对于物质波的波幅函数来说,“几率幅”一词是属于这样一种表达方式的:它虽然往往是方便的,但却不能认为是具有普遍有效性的。如上所述,只有借助于经典概念才有可能赋予观察结果以单义的含义。因此,我们将永远涉及几率考虑对可以依据经典概念来加以诠释的那种实验结果的应用问题。由此可见,符号化方法的应用,在每一个体事例中都将依赖于和实验装置有关的特定情况。现在,赋予量子理论的描述以独特的特征的恰恰就是这样一件事实:为了避开作用量子,我们必须应用分别的实验装置来得到不同物理量的精确测量,这些量的同时知识是以经典理论为依据的那种完备描述所要求的,而且,尤有甚者,这些实验结果并不能通过重复的测量来得到增益。事实上,作用量子的不可分性就要求着,当利用经典观念来诠释任一个别的测量结果时,在我们关于客体和观察工具之间的相互作用的说明中必须允许有一定大小的活动范围。这就意味着，随后的一次测量，将在一定程度上使得前一次测量所提供的信息失去其预言现象之将来进程的意义。显然，这些事实不但会对可由测量获得的信息的范围有所限制，而且也会对我们所能赋予这些信息的意义有所限制。在这儿，我们遇到一条新形式下的老真理：在我们关于自然的描述中，目的不在于揭露现象的实在要素，而在于尽可能地在我们的经验的种种方面之间追寻出一些关系。

我们正是必须在这种背景上来评判我们所遇到的困难，如果我们企图提供一种有关量子理论内容及量子理论和经典理论的关系的正确印象的话。正如在讨论第二篇文章时已经强调的，这些问题只有依据一种数学符号体系才能得到充分的阐明；这种数学符号体系，已经使我们有可能将量子理论表述成经典理论的以对应性思想为依据的严格再诠释。有鉴于这一符号体系中经典概念的用法所特有的反比对称性，作者在本文中采用了“反比性”一词而没有采用“互补性”一词；在前一篇文章中，“互补性”一词曾被用来表示量子理论在各种经典概念和经典想法的应用方面所特有的那种互斥性的关系。同时，作为进一步讨论的结果，我曾经注意到前一名词可能是容易引起误解的，因为“反比性”一词常常在一种很不相同的意义下在经典理论中被人应用。“互补性”一词已经逐渐得到采用；这一名词也许可能更适用于使我们记起下述事实：终于使我们能够把量子理论看成经典物理理论的一种合理推广的，正是一些特征的汇合，这些特征在经典描述方式中是结合的而在量子理论中则显得是分离的。此外，这样一个术语的目的，是要尽可能地避免一般论证的重复，同样也使我们经常记起一些困难；如上所述,这些困难起源于一件事实:我们所有的一切普通的语言表达法,都带有我们的习见知觉形式的烙印,从这种知觉形式的观点看来,作用量子的存在就是一种不合理性。确实,由于有这种情况,甚至像"存在"和"认知"之类的字眼都失掉了单义的意义。在这方面,有一句用来表示因果描述方式之失败的话,对于我们语言用法的歧义性提供了一个有趣的例子:那就是人们所说的"大自然的自由选择"。事实上,确切地说,这样一句话就要求有一个关于外在选择者的想法,然而,这种选择者的存在却已经被大自然一词的用法所否定了。在这儿,我们遇到一般认识论中的一种根本特色;而且我们必须知道,由于事物的本性如此,我们最后永远要依靠一种字句图景,在这种图景中,字眼本身是不能进一步加以分析的。正如文中所强调的,我们确实必须记得,我们的意识的本性,将在一切知识领域中在一个概念的分析和该概念的直率应用之间带来一种互补关系。

在文章的后一部分,谈到了某些心理学问题;这种做法有着双重的目的。心理学规律所显示的和某些量子理论基本特点之间的类似性,不但可能使我们比较易于适应物理学中的新形势,而且,这样一种希望也许不算过分:我们从简单得多的物理问题中得到的教益,在我们企图对于更加微妙的心理学问题得到一种概观的那些努力中也会是有价值的。正如文中所强调的,作者感到很清楚的是,目前我们必须满足于适切程度不等的一些类比。但是,相当可能的是,不但在这些类比的后面存在着和一些认识论方面有关的一种联属,而且在和双方都有直接联系的生物学根本问题后面也隐藏着一种更深的关系。虽然现在还不能说量子理论已经对于阐明这种问题有了重大的贡献，但是，很多迹象都指示出来，在生物学中，我们涉及的是和量子理论的概念范围非常接近的一些问题。事实上，表征着生命机体的，首先就是个体和外界之间的截然区分以及各机体反应外界刺激的巨大能力。很有启发性的是，这种能力已经发展到物理学所允许的最大限度，起码在视觉印象方面是如此的；因为，正如人们常常指出的，只要很少几个光量子就足以引起视觉印象了。尽管如此，我们得到的关于描述着原子现象的那些定律的知识是否已经为我们准备了处理生命机体问题的充分基础，或者说，是否还有一些未经探讨的认识论方面隐藏在生命之谜的后面，这显然还是一个完全悬而未决的问题。

正如在文章的末尾所强调的，不论这一领域中可能有什么发展，我们都有一切理由欢迎这一事实：在比较客观的物理学领域中，情绪因素是被大大地压低了的，而就在这一领域中我们却遇到一些问题，它们可以重新使我们想起一切的人类理解所依据的那些普遍条件，这些普遍条件从难以记忆的时候起就已经吸引着哲学家们的注意了。

附志(1931)。 第四篇文章由一篇演讲修订而成；该演讲是在1929年在斯堪的纳维亚自然科学家会议上发表的。这篇文章和其他三篇文章密切有关，因为它力图在同一背景上对原子理论在自然描述中所处的地位提供一种概观。特别说来，我的希望是要强调这一点：尽管伴同原子构成物的发现——一种依赖于经典概念的应用的发现——而来的是巨大的成功，但是，原子理论的发展已经首先使我们认识了一些规律，它们不能被包括在由我们的习见知觉方式所形成的那一构架之内。正如上面已经指出的，我们从作用量子的发现中得到的教益，对我们展示了一些新的前景；这些前景或许是有着决定重要性的，尤其对于生命机体在我们的世界图景中所处地位的讨论来说更是如此。

如果我们按照普通语法说一个机器是死的，这不过是意味着，我们可以依据经典力学的观念形态来对该机器的工作给出一种满足我们的目的的描述。然而，因为现在认识到经典概念在原子理论领域中的不足性，所以，只要谈到的是原子现象，上述这种无生物的判据就不再适用了。但是，为了能够通晓生命的特征规律，甚至量子力学也并不能充分地离开经典力学的描述方式。然而，在这方面我们必须记得，正如文章中所强调的，生命现象的研究不但把我们引导到那样一个原子理论的领域中，在那里，现象及其观察之间的明确划分这一普通理想化不复成立，而且，除此以外，在依据物理概念来分析生命现象方面也还存在着一种根本性的限制，因为，要从原子理论的观点来尽可能完备地进行观察，就必然会引起一种造成机体死亡的干扰。换句话说：严格应用我们在描述无生界时所采用的那些概念和考虑生命现象的规律，这二者之间的关系可能是互斥的。

只有根据原子态概念的适用性和原子级粒子的时空标示之间的根本互补性，才能用一种合理的方式来说明原子属性的特征稳定性；完全同样，生命现象的特点，特别是机体的自身稳定能力，也可能是不可分割地和详细分析发生生命时所处物理条件的根本不可能性相联系着的。简单一点，我们也许可以说，量子力学所涉及的是确定数目的原子在明确规定的外界条件下的统计行为，而我们却不能用原子尺度来定义一个生物的状态;事实上,由于机体的新陈代谢,我们甚至不能断定哪些原子确实属于生命个体。在这方面,以对应论证为基础的统计量子力学的领域,在因果时空描述方式这一理想的适用领域和以目的论论证为其特征的生物学领域之间占据着一种中间性的地位。

虽然用上述方式表达出来的这种想法只牵涉到问题的物理方面,但是,对于整理生命的各个心理方面,这种想法或许也适于形成一种背景。正如在第三篇文章中曾经阐明而且在以上也曾经接触到的,一切心理经验的内省所引起的不可避免的影响,是以意志感为其特征的,这种影响和在原子现象的分析中造成因果性的失败的那些条件非常相似。首要的是,正如那里所指出的,我们对于心理—物理平行论的诠释,原先是以物理因果性为根据的,这种诠释的一种本质改进,应该是由于我们考虑了心理经验的无法预言的变更,这种变更是客观地追索中枢神经系统中的伴生物理过程的任何企图所要引起的。然而,在这方面我们不应该忘记,当把生存的心理方面和物理方面结合起来时,我们所涉及的是一种特殊的互补关系,这种关系是不能通过物理学定律或心理学定律的单方面的应用来全面地加以理解的。在考虑我们从原子理论得来的一般教益时,看起来很可能的是,只有放弃这种单方面的应用,才会使我们有可能在第四篇文章所更加充分地阐述了的意义上理解那种作为自由意志而被人体验并依据因果性来加以分析的和谐性。

量子理论和力学

(1925)

1. 经典理论

物体平衡和物体运动的分析，不但形成物理学的基础，而且也给数学推理提供了一个丰富的领域；对于纯粹数学方法的发展来说，这一领域曾经是非常富有成果的。力学和数学之间的这种联系，在很早的时期就已经出现于阿基米得、伽利略和牛顿(Archimedes，Galilei，Newton)的著作中了。在他们的手中，适用于分析力学现象的那些概念的形成暂时得以完成。从牛顿时代起，力学问题处理方法的发展就是和数学分析的进展携手同行的；我们只要提到欧勒、拉格朗日和拉普拉斯(Euler，Lagrange，Laplace)这样一些名字也就够了。以哈密顿的工作为基础的较晚期的力学发展，是和数学方法——变分法及不变量理论——的进展很密切地联系着来进行的，这一点最近以来在彭加勒(Poincaré)的一些论文中也表现得很明显。

也许，力学的最大成功是属于天文学领域的，但是，在上一世纪的过程中，力学在热的机械论(mechanical theory of heat，即热的唯动说——译者)中也得到了一种很有趣的应用。由克劳修斯和麦克斯韦(Clausius,Maxwell)所创立的气体分子运动论,在很大程度上将气体的属性诠释成了无规飞行着的原子和分子的力学相互作用的结果。我们愿意特别地提到这种理论对两条热力学原理所提出的解释。第一原理是能量守恒这一力学定律的直接结果,而按照玻尔兹曼(Boltzmann)的理论,第二原理即熵定律则可以根据大数目力学体系的统计行为推导出来。这儿有趣的是,统计考虑不但允许我们描述原子的平均行为,而且也允许我们描述起伏现象;通过布朗运动的研究,起伏现象的描述曾经导致了测定原子数目的意外可能性。系统发展统计力学的适当工具,是由正则微分方程组的数学理论提供出来的;对于这种发展,吉布斯(Gibbs)曾经特别有所贡献。

在上世纪的后半世纪中,跟随在奥斯特(Oersted)和法拉第(M. Faraday)的发现之后,电磁理论的发展带来了力学概念的一种深远的推广。虽然在开始时力学模型在麦克斯韦电动力学中是起了重要作用的,但是,相反地从电磁场论来导出力学概念的好处却很快就被人们领会到了。在电磁场论中,是通过将能量和动量看成定域于物体周围的空间之内的方法来解释守恒定律的。特别说来,辐射现象的自然解释就可以用这种方法来得到。电磁场论是发现今天在电气工程中起着如此重要作用的电磁波的直接原因。此外,麦克斯韦所创立的光的电磁理论,也为惠更斯(Huygens)所倡始的光的波动理论提供了合理的基础。在原子理论的协助下,光的电磁理论对于光的起源以及当光通过物质时发生的那些现象给出了普遍的描述。为此目的,人们假设原子是由带电粒子构成的,这些带电粒子可以在平衡位置附近进行振动。各粒子的自由振动就是辐射的原因,我们在元素的原子光谱中所看到的就是这些辐射的组成。此外,在光波中力的作用下,各粒子将发生受迫振动,从而各粒子就会变成次级子波的中心;这些子波将和初级波发生干涉并引起众所周知的光的反射现象和折射现象。当入射波的振动频率和原子自由振动中某一振动的频率相近时,就会发生一种共振效应,这种效应将使各粒子发生特别强烈的受迫振动。用这种方式,可以很自然地说明共振辐射现象和实物在它的一条光谱线附近的反常色散现象。

正如在气体分子运动论中一样,光学现象的电磁诠释也不只是考虑大数目原子的平均效应而已。例如,在光的散射中,原子的无规分布就使个体原子的效应以一种适当方式而出现,这种方式使得原子的直接计数成为可能。事实上,瑞利(Rayleigh)根据天空的散射蓝光的强度估计了大气中的原子数,所得结果和柏仑(Perrin)根据布朗运动的研究而得到的原子数符合得很好。电磁理论的合理数学表示,是以多维流形中的矢量分析学或更普遍地说是张量分析学为基础的。这种由黎曼(Riemann)所创立的分析学,给根本性的爱因斯坦相对论的表述提供了适当的工具;这种相对论引用了超出伽利略运动学之外的概念,这种相对论或许可以看成经典理论的一种自然的完备化。

2. 原子构造的量子理论

不管力学的思想和电动力学的思想对原子理论有多少成功的应用,进一步的发展却揭示了一些深远的困难。如果这些理论确实能够为热骚动以及和运动有关的辐射提供普遍的描述，那么，热辐射的普遍定律就应该具有直接的解释。然而，和一切的期望相反，建筑在这种基础上的计算并不能解释经验定律。超出这种基础而保留了对于热力学第二定律的玻尔兹曼解释，普朗克就曾证明，热辐射定律要求原子过程的描述中有一种完全超出经典理论之外的不连续性要素。普朗克发现，对于在平衡位置附近作着简谐振动的一些粒子，在它们的统计行为中必须加以考虑的只是那样一些振动态，各该振动态的能量等于一个“量子”ωh 的整数倍，这儿的 ω 是粒子的频率而 h 是一个普适恒量即所谓普朗克作用量子。

然而，当我们想到以前各种理论中的一切概念都是以一些要求着连续变化可能性的图景为基础时，量子理论内容的较精确表述就显得极端困难了。这一困难曾受到爱因斯坦的基本研究的特别强调；按照这种研究，光和物质的相互作用的一些重要特点暗示着，光的传播并不是通过扩展着的波而是通过“光量子”来进行的，这种集中在一个很小空间域中的光量子含有一个能量 $h\nu$，其中 ν 是光的频率。这种说法的形式化的性质是很明显的，因为这一频率的定义和测量是完全以波动理论的概念为基础的。

经典理论的不适用性，由于我们的原子结构知识的发展而得到了突出的表现。人们起先希望，根据在很多方面都曾经很有成果的经典理论来分析元素的属性，就可以逐渐扩大关于原子结构的知识。在量子理论诞生以前不久，这种希望曾经由于塞曼(Zeeman)发现了磁场对光谱线的效应而得到支持。正如洛仑兹(Lorentz)所证明的，这一效应在很多情况下都恰恰和依据经典电动力学来预期的磁场对振动粒子之运动的那种作用相对应。此外，这种说明使我们可以得出有关振动粒子之本性的一些结论，这些结论和勒纳德(Lenard)及汤姆孙(Thomson)在气体放电领域中得到的实验发现符合得很好。结果，很小的带有负电的粒子即电子，就作为一切原子的公有单位而被认知了。诚然，很多光谱线的所谓"反常"塞曼效应，引起了经典理论的深远困难。这些困难和企图借助于电磁模型来解释光谱各频率间的简单经验规律时所出现的困难相仿，这种经验规律是通过巴耳末、黎德伯和里兹(Balmer、Rydberg、Ritz)的工作而被发现的。特别说来，光谱定律的这样一种说明，是很难和原子中电子数目的估计相协调的；这种估计曾由汤姆孙通过经典理论的直接应用而根据 X 射线散射的观察求出。

在一个时期中，这些困难曾经能够被认为是由于我们对于将电子束缚在原子中的那些力的起源理解得不够完全。然而，这种形势已被放射性领域中的实验发现所完全改变了；这些发现提供了研究原子结构的新方法。例如，根据关于放射性物质所放射的粒子在物质中的穿透的一些实验，卢瑟福得到了对于有核原子概念很有说服力的支持。按照这种概念，原子质量的绝大部分是定域于一个带正电的原子核中的，这个原子核比原子的整体要小得多。在原子核的周围，有一些轻的带负电的电子在运动着。就这样，原子结构问题就和天体力学问题很相似了。然而，更详细的考虑很快就显示出来，在一个原子和一个行星体系之间是存在着一种根本的区别的。原子必须具有一种稳定性，这种稳定性显示出一些完全超出力学理论之外的特点。例如，力学定律允许可能的运动有一种连续变化，这种变化和元素属性的确定性是完全矛盾的。当人们考虑被发射的辐射的组成时，一个原子和一个电磁模型之间的区别也会显现出来。因为，在所考虑的这种模型中，运动的自然频率是随能量而连续变化的；在这种模型中，辐射的频率将在发射过程中按照经典理论而连续变化，从而也就是和元素的线光谱没有任何相似之处的。

曾经寻求量子理论概念的能够克服这些困难的较精确表述，这种寻求导致了下列公设的提出：

（1）一个原子体系具有某些态，即“定态”；和这些态相对应的，一般是能量值的一个分立系列，而且这些态都具有一种独特的稳定性。这种稳定性表现于这样一件事实中：原子能量的每一改变，必然是由原子从一个定态到另一个定态的一次“跃迁”所引起的。

（2）原子发射辐射和吸收辐射的可能性，由原子能量改变的可能性规定如下：辐射的频率通过一个形式化的关系式

$$h\nu = E_1 - E_2$$

来和初态及末态之间的能量差相联系。

这些不能用经典概念来加以解释的公设，似乎可以提供一般地说明所观察到的元素物理属性和元素化学属性的适当基础。特别说来，已经对光谱经验定律的一个基本特点提出了直截了当的解释。这种特点就是光谱线的里兹并合原理；这一原理表明，光谱中每一谱线的频率，都可以写成一组光谱项中两项之差的形式，这一组光谱项是元素的特征；事实上我们看到，可以认为这些光谱项等同于各原子定态的能量值除以 h。此外，这种有关光谱起源的

说明，对于吸收光谱和发射光谱之间的基本区别也提出了直截了当的解释。因为，按照上述那些公设，对于和两个谱项的并合相对应的一个频率，它的选择吸收的条件是要求原子处于能量较小的态中，而要想发射这种辐射原子就必须处于能量较大的态中。简短地说，所描述的图景是和有关光谱激发的实验结果很密切地符合的。这一点，特别表现在弗朗克和赫兹(Franck 和 Hertz)关于自由电子和原子之间的碰撞的发现中。他们发现，只有当被传递的能量恰好等于由谱项算得的定态能量差时，从电子到原子的一次能量传递才有可能发生。一般地说，这时原子将同时被激发到能够发光的状态。同样，根据克来恩和罗西兰(Klein 和 Rosseland)的发现，受激原子可以通过一次碰撞而失去其发射本领，而参加碰撞的电子则得到一个对应的能量增量。

正如爱因斯坦所证明的，上述公设也为一些统计问题的合理处理提供了适当基础，特别是为普朗克辐射定律的一种非常简洁的推导提供了适当基础。这种理论假设说，可以在两个定态之间发生跃迁而又处于较高态的一个原子，具有某一在给定时段内自发地跃迁到较低态的“几率”，这一几率只依赖于原子本身。此外，这一理论又假设，用频率和跃迁相适应的辐射来照射，就将使原子得到一个从较低态进入较高态的几率，这一几率和辐射的强度成正比。这种理论还有一个重要特点就是，用这一频率的辐射来照射，就使得处于较高态的原子除了它的自发几率以外还得到一个跃迁到较低态的诱发几率。

在爱因斯坦的热辐射理论支持了上述公设的同时，它也强调了上述频率条件的形式化的性质。因为，根据完全热平衡的条件，爱因斯坦得出了这样一个结论：正如光量子概念所提示的，每一个吸收过程或发射过程，都伴随着一个等于 $h\nu/c$ 的动量传递，此处的 c 是光速。这一结论的重要性，曾经在一种很有兴趣的方式下被康普顿(Compton)的发现所强调；康普顿发现，单频 X 射线的散射，是和被散射辐射中依赖于观察方向的一种波长改变相伴随的。这样一种频率改变，可以很简单地从光量子理论推出，如果我们在量子的偏射中将动量守恒和能量守恒同样考虑在内的话。

光的波动理论是解释光学现象所显然需要的，光量子理论则很自然地代表着光和物质相互作用的如此多的特点，二者之间与日俱增的对立就暗示着，经典理论的失败甚至会影响能量守恒定律和动量守恒定律的正确性。那么，在对于原子过程的描述中，这些在经典理论中占有如此中枢地位的定律就将只是统计地正确了。然而，这种想法并不能令人满意地避免上述的两难推论，这已经被最近用很优美的方法进行的 X 射线散射实验所证实；这种实验使我们能够直接观察个体的过程。因为，盖革和玻特(Geiger 和 Bothe)已经能够证明，伴随着散射辐射的产生与吸收而出现的反冲电子和光电子，恰恰是像人们根据光量子理论图景所预期的那样一对一对地配合着的。除了这种配合以外，利用威耳孙云室法，康普顿和西门(Simon)也成功地演示了散射辐射效应的观察方向和伴随散射而出现的反冲电子的速度方向之间的联系，这种联系正是光量子理论所要求的。

由这些结果似乎可以推知，在量子理论的一般问题中，我们所面对的不是力学理论和电动力学理论的一种可以用通常物理概念来描述的修正，而是时空图景的一种本质上的失败；时空图景，这是描述自然现象所一向依据的。这种失败也出现在对于碰撞现象的较详细考虑中。特别说来，如果碰撞时间远小于原子的自然周期，而按照通常的力学概念又会预期到很简单的碰撞结果，那么，对于这样的碰撞来说，定态公设就会显得是和根据公认的原子结构概念而在空间和时间中对碰撞进行的任何描述都不相容的。

3. 对应原理

尽管如此，却仍然可能建立定态的力学图景，这些图景是以有核原子的概念为基础的，而且在诠释各元素的特有属性时是不可缺少的。在只有一个电子的原子这种最简单的情况，例如在中性氢原子的情况，电子的轨道在经典力学中将是服从开普勒（Kepler）定律的闭合椭圆；按照开普勒定律，椭圆的长轴以及运转的频率，是以一种简单方式和使这两个原子级粒子（按即核和电子——译者）完全分离所需的功相联系着的。现在，如果我们认为氢光谱的谱项就决定着这种功，我们就将在该光谱中看到跨步式过程的证据；通过这种过程，电子在辐射的发射中越来越紧固地被键合于一些态中，这些态被具体想象为越来越小的一些轨道。当电子尽可能紧固地被键合住，从而原子不可能再发射辐射时，原子就已经达到正常态了。对于这个态来说，根据光谱项估计出来的轨道线度的值，是和根据元素的力学属性得出的原子线度具有相同的数量级的。然而，根据这些公设的本性可知，像运转频率和电子轨道形式这一类的力学图景特点，是不能和观察结果相比较的。这些图景的符号化的性质，或许可以最有力地用下述事实来强调：

在正常态中是没有辐射被发射出去的，虽然按照力学图景电子仍然是在运动着的。

尽管如此，用力学图景来使定态形象化，却揭示了量子理论和力学理论之间的一种影响深远的类比。这种类比是通过考察上述键合过程中各初始阶段的条件而发现的；在这些初始阶段中，和各个相继定态相对应的那些运动是彼此相差较小的。在这里，可以指明光谱和运动之间的一种渐近一致性。这种一致性建立了一个定量关系式；通过这一关系式，可以利用普朗克恒量和电子电荷及电子质量的值将出现于氢光谱巴耳末公式中的那一恒量表示出来。这一关系式的本质正确性，通过后来检验关于光谱对核电荷的依赖性的理论预言而得到了清楚的证明。这种结果可以看成完成有核原子概念所提出的纲领的最初步骤；该纲领是，仅仅利用代表原子核上单位电荷数的那一整数来说明元素各种属性之间的那些关系，该整数就是所谓"原子序数"。

光谱和运动之间渐近一致性的证实，导致了"对应原理"的表述；按照这一原理，和辐射的发射有关的每一跃迁过程，其可能性是受到原子运动中一个对应谐和分量的存在的制约的。不但是各个对应谐和分量的频率在定态能量所趋近的极限下将渐近地和由频率条件得出的数值相符，而且，在这一极限下，各力学振动分量的振幅，也给各跃迁过程的几率提供了一种渐近式的量度，而各个可观察谱线的强度就是依赖于这些几率的。对应原理表现着一种倾向：当系统地发展量子理论时，要在一种合理改写的形式下利用经典理论的一切特征，这种改写应该适应所用公设和经典理论之间的根本对立性。

这种发展受到下述事实的很大推动:似乎可以表述出某些普遍规律,即所谓"量子化"法则,利用这些规律,可以从力学运动的连续集合中挑选出和定态相对应的那些运动。这些法则涉及一些原子体系,它们的力学运动方程的解是单周期的或多周期的。在这些情况下,每一粒子的运动可以表为一些分立谐振动的叠加。量子化法则被认为是适用于一个谐振子之可能能量值的那种普朗克原始结果的合理推广;按照这些法则,表征着力学运动方程的解的某些作用量分量,被认为等于普朗克恒量的整数倍。利用这些法则,得到了定态的一种分类;在这种分类中,对于每一个态,都指定了一套整数,即所谓"量子数"("quantum indices")。这些整数的数目,等于力学运动的周期性的阶数。

在表述量子化法则时,处理力学问题的数学方法的近代发展是具有决定重要性的。我们只要提到索末菲(Sommerfeld)所特别利用了的相角积分理论,以及爱伦菲斯特(Ehrenfest)所强调了的这些积分的浸渐不变性也就够了。由于施台克耳(Stäckel)引入了匀化变量(uniformizing variables),理论得到了一种非常优美的形式。在这种形式中,确定着力学解的各种周期属性的那些基频,表现为能量对需要量子化的那些作用量分量的偏导数。由频率条件算出的运动和光谱之间的渐近联系,就这样得到了保持。

借助于量子化法则,光谱的很多较精致的细节似乎可以很自然地得到说明。特别使人感到兴趣的是索末菲的这样一种演证:相对论要求我们对牛顿力学加以修改,结果就得到对于开普勒运动的一些微小偏差,这种偏差就给氢光谱线的精细结构提供了一种解释。此外,我们愿意在这儿提到艾普斯坦(Epstein)和施瓦兹柴耳德(Schwarzschild)对于外电场中氢光谱线的劈裂现象所提出的解释;这种现象是斯塔克(Stark)发现的。我们在这儿涉及的是这样一个力学问题,它的处理在欧勒和拉格朗日一流的数学家手中得到了很大的改进,直到雅可俾(Jacobi)叙述了他那有名的利用哈密顿偏微分方程求解的优美方法时为止。特别是当利用了对应原理之后(这一原理不但可以用来解释斯塔克效应中各成分谱线的偏振,而且,正如克喇摩斯(Kramers)所证明的,还可以用来解释这些成分谱线强度的独特分布),我们就可以说,在这一效应中,雅可俾解的每一特色都是可以看到的,尽管它们隐藏在一种量子理论的面具下面。在这一方面,指出下列事实是很有兴趣的:借助于对应原理,磁场对氢原子的效应可以如此地加以处理,以便在这种处理和洛仑兹根据经典电动力学对塞曼效应所作的说明之间,尤其是和拉摩(Larmor)所提出的那种形式的说明之间,显示出一种影响深远的相似性。

4. 元素之间的关系

上述的一些问题代表着量子化法则的直接应用,但是,在多电子原子结构的问题中,我们却遇到这样一种情况:力学问题的通解,并不具备似乎是定态的力学图景所必需的那种周期性。然而,我们可以设想,在研究多电子原子属性时所遇到的这种应用力学图景的进一步限制,是和定态稳定性的公设直接联系着的;这种限制不属于研究单电子原子时所遇到的限制之列。事实上,原子中那些电子的相互作用提出了一个问题,这是和一个原子及一个自由电子之间的碰撞问题颇为类似的。正如不能对一个原子在碰撞中的稳定性提出任何力学解释一样，我们也必须假设，在原子定态的描述中，每一电子在和其他电子的相互作用中所起的特定作用，已经是用一种完全非力学的方式来得到保证的了。

这种观点是和光谱学的证据普遍相容的。这种证据的一个重要特点就是黎德伯的发现：尽管其他元素的光谱结构比氢光谱结构更加复杂，巴耳末公式中所包含的同一恒量却出现于一切元素的线系光谱经验公式中。这一发现可以简单地加以解释，只要认为线系光谱表现了将一个电子加入原子中而使它的键合随着辐射的发射一步一步变为紧固的一些过程就可以了。当其他电子的键合性质保持不变时，这一个电子的键合的跨步式的加强，可以通过一些轨道来得到形象化；这些轨道起先比通常的原子要大，后来则越变越小，直到达到了原子的正常态为止。在一种情况，当原子在俘获电子以前只具有单独一个正电荷时，按照上述键合过程的图景，原子的其他部分对这个电子的引力，在起初将是和氢原子中二粒子的引力密切重合的。因此，代表着电子键合的光谱项为什么会和氢光谱的谱项表现一种渐近式的趋近，这就是很清楚的了。同样，关于线系光谱对于原子电离态的那种普遍依赖关系也可以得到一种直接解释，这种依赖关系是通过否勒（Fowler）和帕邢（Paschen）的工作而如此优美地揭露出来的。

电子被键合于原子中的那种方式，在X射线谱的研究中也得到了典型的证据。一方面，莫斯莱（Moseley）发现，一种元素的X射线谱，和对应于一个电子受到原子核键合的过程的光谱有一种惊人的相似性；如果我们记得，在原子内部，原子核对于每一个别电子之键合性质的直接影响是远远超过电子之间的相互影响的，那么，莫斯莱的这一基本发现就是很容易理解的。另一方面，X射线谱又和线系光谱有着某些特征性的区别。这些区别起源于这种情况：在X射线谱中，我们所看到的不是一个附加电子在原子中的键合，而是当取走一个早先被键合着的电子时其余各电子的键合的重新改组。考塞耳(Kossel)所曾特别强调的这一情况，是相当适用于揭示原子结构稳定性的新式而重要的特点的。

当然，为了说明光谱的一些细节，更详细地研究原子中各电子的相互作用是必要的。忽略了力学的严格应用，曾经通过为每一电子指定一种具有适当周期属性的运动来处理了这一问题，这种周期属性使我们能够利用量子数来完成光谱项的分类。特别说来，在索末菲的手中，一些光谱规律曾用这种办法得到了简单的解释。而且，这些考虑也给对应原理提供了一个丰富的适用领域。事实上，这一原理可以解释合并光谱项的可能性方面的独特限制，亦即解释所谓光谱线的选择法则。

就这样，利用由线系光谱得到的以及由X射线谱得到的证据，最近以来已经能够得出关于原子正常态中的电子分组的结论。这种分组解释了元素周期系的一般特征，和J. J. 汤姆孙、考塞耳以及路易斯(G. N. Lewis)所特别发展起来的原子化学活性的概念相容。这一领域中的进步，曾经是和过去几年中光谱学资料的巨大丰富化密切有关的，而且，主要的是，通过赖曼(Lyman)和密立根(Milikan)的研究，光学谱域和X射线谱域之间的空隙几乎已经填补起来了；在X射线谱域中，塞班(Siegbahn)及其同事们在近年以来曾经得到巨大的进展。在这方面，可以提到考斯特(Coster)在重元素X射线谱方面的工作;这种工作对说明周期系的基本特征提供了美好的支持。

5. 力学图景的不足

然而,光谱的较精致细节的分析曾经揭示了若干特点,它们是不能依据周期性运动体系的理论来用力学图景加以诠释的。我们这儿特别指的是谱线的多重结构以及磁场对这种结构所发生的效应。后一种现象通常称为反常塞曼效应,而且,如上所述,这种现象在经典理论中已经会引起一些困难了;确实,这种现象是可以很自然地纳入量子理论基本公设的方案中的。因为,正如朗德(Landé)所证明的,每一谱线在场中劈裂而成的那些成分谱线的频率,也和原有谱线的频率一样可以用一些谱项的并合来表示。这些磁性谱项的集合,可以通过将每一原有谱项换成另一套谱项值来求得;这些值和原谱项之间有着依赖于场强的微小差。事实上,施特恩(Stern)和盖拉赫(Gerlach)的那些优美的实验,可以认为是量子理论基本思想的一种最直接的支持;通过这些实验,在作用于非均匀磁场中一个原子上的力和由磁性谱项算出的场中定态能量值之间建立了一种直接的联系。

然而,朗德的分析,却揭示了原子中电子的相互作用和力学体系的耦合之间的奇异区别。事实上,我们不得不假设,在电子的相互作用中出现着一种在力学上无法描述的"胁变";这种"胁变"使人无法依据力学图景来唯一地指定各个量子数。在这一问题的讨论中,爱伦菲斯特所引入的一个热力学稳定性的普遍条件起了重要的作用。当应用于量子理论的公设时这一条件就表明，人们给一个定态所指定的统计权数是一个量，它不能由于原子体系的连续转变而有所变化。此外，近来已经认识到，甚至对于只有一个电子的原子来说，这同一个条件也会引起困难；这些困难指示着周期性运动体系理论的正确性的界限。事实上，点电荷的运动问题可以有一些奇解；这些奇解必须从定态集合中排除掉。这种排除很牵强地限制了量子化法则，但这种限制起初并不曾明显地和实验证据发生矛盾。然而，通过克来恩和楞茨(Lenz)关于交叉电磁场中的氢原子问题的有趣分析，揭示了一些性质特别严重的困难。在这儿，人们发现无法满足爱伦菲斯特条件，因为外力的适当变化将逐渐把描绘着一些定态的轨道转变成使电子落入原子核中的轨道，而那些被描述的定态并不永远是能够从定态集合中排除掉的。

且不说这些困难，光谱的较精致细节的研究曾经相当大地推进了关于元素间关系的那些规律的量子理论诠释。事实上，量子理论导致了关于电子分组的想法，这些想法的一种推广，最近曾由道维里(Dauvillier)、梅因·斯密(Main Smith)和斯通纳(Stoner)提出；他们考虑了各种的证据。尽管这些建议具有形式化的性质，它们却和朗德的分析所揭示的光谱规律性显示了密切的联系。最近在这方面曾经得到了重要的进步，特别是泡利(Pauli)所得到的进步。尽管这样得到的一些结果构成了上述纲领的一个重要步骤，该纲领是要仅仅依据原子序数来说明元素的属性，但是，必须记得，这些结果并不能和一些力学图景单值地结合起来。

在最近几年中，通过更详细地研究光学现象，已经开始了量子理论发展中的一个新时代。如上所述，经典理论在这一领域中得到了如此巨大的成功，但是，各公设在起初却并未提供任何直接线索。诚然，根据实验可以得出结论：一个原子，当受到照射时就会引起光的散射，这种散射和经典上算出的弹性键合带电粒子所引起的散射基本上相同，各该粒子的自然频率等于和原子在外来辐射影响下所能完成的跃迁过程相对应的那些频率。事实上，按照经典理论，当这样一些谐振子受到激发时，它们就会发出一种辐射，其组成和被转移到较高定态中的原子的辐射组成相同。

利用这种和跃迁共轭的振子概念来得到光学现象的统一描述的可能性，主要是由斯累特(Slater)的一种想法得来的；按照这种想法，辐射从一个激活原子的发出，可以看成自发跃迁的"原因"，和入射辐射在引起跃迁方面的效应相类似。拉登堡(Ladenburg)提出，在振子的散射本领和爱因斯坦理论中的对应跃迁几率之间，可能有一种确定的联系，这样，他就向着色散的定量描述迈出了重要的第一步。然而，决定性的进步是由克喇摩斯作出的，他把一些效应巧妙地改写成了和对应原理相协调的形式，按照经典理论，这些效应是在一个电动力学体系中由光波的照射所引起的。正如辐射频率一方面用经典理论来计算而另一方面又用量子理论来计算一样，作为这种改写的特点的，是把一些微商适当地用一些差式来代替，以便在最后的公式中只出现可以直接观察的量。于是，在克喇摩斯理论中，一个原子在某一定态中的散射，是既同那些和到达其他定态的不同跃迁过程相对应的频率有着定量联系，又同这些跃迁在照射的影响下出现的几率有着定量联系的。

理论的一个重要特点是，在推算一条光谱线附近的反常色散时，人们必须考虑两种相反的共振效应，随这一谱线是和原子到达较高能态的还是和原子到达较低能态的一个跃迁相对应而定。只有前者才和以前根据经典理论来说明色散现象时所用到的共振效应相对应。也非常有兴趣的是,克喇摩斯和海森伯对理论的进一步发展,也给具有既变频率的附加散射效应提供了一种自然的定量描述;这种效应的存在,曾由史麦卡(Smekal)根据建筑在光量子理论基础上的考虑预见到,于是光量子理论就再一次显示了它的丰富性。

尽管光学现象的这种描述是和量子理论的基本概念完全协调的,但是很快地就发现,这种描述和以前用来分析定态的那种力学图景是奇特地矛盾着的。首先,不可能依据色散理论所要求的被照原子的散射本领,来把一个原子在频率越来越小的交变场中的反应和根据周期运动体系理论中的量子化法则算出的原子在恒定场中的反应渐近地联系起来。这种困难加强了对这一理论的怀疑;以上说过,交叉电磁场中的氢原子问题,就曾经引起过这种怀疑了。其次,必须认为特别不能令人满意的是,在依据定态的力学图景来定量地确定跃迁几率的问题中,周期运动体系的理论显然是无能为力的。这一点越来越被人觉察到了,因为,在许多情况下,利用分析电磁模型的光学行为而推得的观点,对于有关这些跃迁几率的对应原理的一般说法就可以得到一种定量的表述。这些结果和光谱线相对强度的量度符合得非常好;这些结果最近几年曾在乌得勒支(Utrecht)得到特别的发展,但是,它们只能非常牵强地被概括在受到量子化法则支配的那些方案中。

6. 一种合理的量子力学的发展

最近，曾经特别强调过这些困难的海森伯，通过用一种新奇方式表述这些量子理论问题而采取了或许是有着根本重要性的一个步骤；利用这种表述方式，希望能够避免和力学图景的应用有关的那些困难。在这一理论中，曾经企图将力学图景的每一应用都用可以和量子理论的性质相适应的方式加以改写，并且要改写得在计算的每一阶段中都仅仅引入可以直接观察的量。和通常的力学相反，新的量子力学并不处理原子级粒子的运动的时空描述。它用一些量的集合来进行运算，这些量代替了运动的谐振动分量，并且适应着对应原理而代表着定态间的跃迁几率。这些量满足某些关系式，这些关系式代替了力学运动方程和量子化法则。

这种手续确实导致一种和经典力学足够类似的自足的理论，这种情况主要地依赖于一件事实：正如玻恩(Born)和约尔丹(Jordan)已经能够证明的，在海森伯的量子力学中，有一个和经典力学的能量定律相类似的守恒定律。理论是这样建立起来的：它和量子理论的公设能够自动地协调。特别说来，由量子力学运动方程导出的能量值和频率值，是满足频率条件的。虽然在代替了量子化法则的那些基本关系式中包含着普朗克恒量，但是量子数却并不明显地出现于这些关系式中。定态的分类完全以跃迁可能性的考虑为依据，这种考虑使得这些态的集合可以一步步地被建立起来。简单地说，量子力学的整个工具，可以认为是包含在对应原理中的那些倾向的一种精确表述。这儿必须提到，这种理论是满足克喇摩斯色散理论的那些要求的。

由于所涉及的数学问题非常困难，现在还不能将海森伯理论应用于原子结构问题。然而，根据上面的简单描述可以理解，有一些结果将仍然是正确的；这些结果过去是在对应原理的协助下依据力学图景来得出的，例如黎德伯恒量的表示式就是如此。此外，最有兴趣的是，在迄今为止已经依据海森伯理论进行了处理的那些最简单的事例中，新理论已经导致了跃迁几率的一种定量计算，并导致了一些定态能值；这些能值和由旧理论的量子化法则得出的能值有着系统化的差别。因此，人们可以希望，海森伯理论将有助于和上述那些在研究光谱的较精致细节时所遇到的费解的困难进行斗争。

在本论文的前一部分，曾经提到在建立原子之间的相互作用图景时所涉及的根本困难；不论这种相互作用是通过辐射还是通过碰撞来实现，困难都是存在的。这些困难，似乎恰恰要求我们放弃空间和时间中的力学模型，这种放弃是新量子力学中如此典型的一个特色。然而，这种新量子力学的表述仍然没有照顾到在那些相互作用中显示出来的跃迁过程的配对耦合。事实上，只有依赖于定态的存在和定态间跃迁可能性的那些量才会出现于新理论中，这种理论肯定地避免了发生跃迁的时间问题。然而，这一限制只能揭示量子理论和经典理论之间的类比的若干方面，而这一限制又是依据量子理论公设来处理原子结构问题时的一种典型的限制。上述类比的这些方面主要属于原子的辐射性质之列，而海森伯理论恰恰就在这种地方代表着一种真正的进展。特别说来，在散射现象中，这一理论使我们能够认识到用一种和经典理论完全类似的方式键合在原子中的电子的存在;如上所述,在J.J.汤姆孙手中,这些经典理论已能使我们能够根据测量X射线的散射来计算出一个原子中的电子数了。但是,原子相互作用中守恒定律的正确性所引起的那些问题,却涉及量子理论和经典理论的对应性的一些完全不同的方面。这些方面在量子理论的普遍表述中是同样不可缺少的,而且,当更加详细地研究原子对高速运动粒子的反应时,避免讨论这些方面是不可能的。事实上,正是在这儿,经典理论曾经对我们的原子结构知识作出了如此根本性的贡献。

将使数学界感兴趣的是,高等代数学所创立的数学工具,在新量子力学的合理表述中起着不可缺少的作用。例如,玻恩和约尔丹所得出的海森伯理论中守恒定律的普遍证明,是以矩阵论的应用为其基础的;矩阵论,这是溯源于凯雷(Cayley)并由厄米(Hermite)所特别发展了的理论。应该希望,一个力学和数学互相促进的新阶段已经到来。对于物理学家们来说,起初似乎很悲惨的是我们在原子问题中已经明显地遇到我们习见的形象化手段的一种很大的局限。然而,这种抱怨将不得不让位于一种感激:在这一领域中,数学也给我们提供着为更大的进步准备道路的工具。

量子公设和原子理论的晚近发展*

(1927)

虽然我很高兴地接受本会主席的亲切邀请来对量子理论的现状作一次说明，以便就这一在近代物理科学中占有如此中枢地位的论题开展一种普遍的讨论，但是，我是不无踌躇地来开始这一工作的。不但可尊敬的理论创始人本人出席了这次会议，而且，在听众中也有很多人，他们由于亲身参加了最近的惊人发展，所以他们对于高度发展的表述形式的细节肯定是比我更为精通的。但是，我仍然愿意试着只利用简单的考虑而不涉及任何专门的数学性的细节，来对诸位描述某种一般的观点；我相信，这种观点适于使我们对于从刚刚开始时起的理论发展的一般趋势得到一种印象，而且，我希望，这种观点将有助于调和不同科学家们所持的那些外观上相互矛盾的观点。事实上，为了标明物理学在此次集会所纪念的伟大天才逝世以来的一世纪中的发展，没有任何论题可以比量子理论更为适当了。同时，在这种领域中，我们正在沿着新的道路摸索前进，而且只能依靠我们自己的判断来躲开我们周围各方面的陷阱，而正是在这样的领域中，我们或许有更多的机会来回想起

---

* 这就是著名的"科莫演讲"，玻尔在这篇演讲中第一次正式提出并阐述了"互补性"观点。——译者注

准备了基础并为我们提供了工具的那些老辈学者们的工作。

1. 量子公设和因果性

量子理论的特征就在于承认，当应用于原子现象时，经典物理概念是有一种根本局限性的。这样引起的形势具有一种奇特的性质，因为我们对于实验资料的诠释在本质上是以经典概念为基础的。尽管因此就在量子理论的表述中引起了一些困难，但是，我们即将看到，理论的精髓似乎可以用所谓量子公设表现出来；这种公设赋予任一原子过程以一种本质上的不连续性，或者倒不如说是一种个体性，这种性质完全超出于经典理论之外而是用普朗克作用量子来表示的。

这一公设蕴涵着对于原子过程之因果时空标示的一种放弃。确实，我们对于物理现象的通常描述，完全是建立在这样一个想法上的：所涉及的现象可以不受显著的干扰而被观察。例如，这一情况很清楚地表现在相对论中；对于经典理论的阐明来说，相对论曾经是如此富有成果的。正如爱因斯坦所强调的，每一观察或测量，最终都以两个独立事件在同一时空点上的重合为基础。正是这样一些重合，将不会因为不同观察者的时空标示在其他方面所可能显示的任何差别而受到影响。现在，量子公设意味着，原子现象的任何观察，都将涉及一种不可忽略的和观察器械之间的相互作用。因此，就既不能赋予现象又不能赋予观察器械以一种通常物理意义下的独立实在性了。归根结底，只要观察概念取决于哪些物体被包括在所要观察的体系之内，这一概念就是不确定的。当然，每一种观察，最终都可以归结为我们的感觉。但是，在诠释观察结果时永远要用到理论概念，这一情况就引起了一种后果：对于每一特定事例来说，到底在什么地方引入和量子公设及其内在“不合理性”有关的观察概念，那只是一个方便与否的问题而已。

这一形势具有深远的后果。一方面，正如通常所理解的，一个物理体系的态的定义，要求消除一切外来的干扰。但是，在那种情况下，按照量子公设，任何的观察就都将是不可能的，而且，最重要的是，空间概念和时间概念也将不再有直接的意义了。另一方面，如果我们为了使观察成为可能而承认体系和不属于体系的适当观察器械之间有某些相互作用，那么，体系的态的一种单义的定义就很自然地不再可能，从而通常意义下的因果性问题也就不复存在了。就这样，量子理论的本性就使我们不得不承认时空标示和因果要求是依次代表着观察的理想化和定义的理想化的一些互补而又互斥的描述特点，而时空标示和因果要求的结合则是经典理论的特征。相对论使我们认识到，截然区分空间和时间的方便性，完全以通常所见速度和光速相比的微小性为基础；与此同样，量子理论使我们认识到，我们的普通因果时空描述的适用性，也完全依赖于作用量子相对于日常感觉所涉及的作用量而言的微小值。确实，在原子现象的描述中，量子公设给我们提出了这样一个任务：要发展一种“互补性”理论，该理论的无矛盾性只能通过权衡定义和观察的可能性来加以判断。

这一观点，已经由光的本性和物质终极组成的本性这一屡经讨论的问题很清楚地显示了出来。关于光，它在空间和时间中的传播是由电磁理论很适当地表达出来的。尤其是**真空中的**干涉现象和物质性媒质的光学属性，它们都是完全服从波动理论的叠加原理的。但是，在光电效应和康普顿效应中显而易见的那种辐射和物质相互作用时的能量和动量的守恒，却恰恰是在爱因斯坦所主张的光量子概念中得到了合适的表达的。众所周知，一方面是叠加原理的正确性，另一方面是守恒定律的正确性，二者的表观矛盾所提示的对于二者的怀疑，已经肯定地被直接的实验所驳倒了。这一形势仿佛清楚地指示着光现象的因果时空描述的不可能性。一方面，当企图按照量子公设来寻索光的时空传播规律时，我们只能应用统计的考虑。另一方面，对于用作用量子来表征的个体性的光过程来说，因果要求的满足就会带来对于时空描述的放弃。当然，不可能存在任何完全独立地应用时空概念和因果概念的问题。这两种关于光的本性的看法，倒毋宁说应该看成诠释实验证据的两种不同的尝试，在这种诠释中经典概念的局限性以一些互补的方式被表现了出来。

关于物质组成的本性问题，给我们提供了一种类似的形势。带电基本粒子的个体性，是由一般的证据强加给我们的。但是，最近的经验，最重要的是电子在金属晶体上的选择反射的发现，却要求我们按照 L. 德布洛意的原始概念来应用波动理论的叠加原理。正如在光的情况下一样，只要我们坚持经典概念，我们在物质的本性这一问题中也就必然地要面对一种不可避免的两难推论，这种两难推论必须认为恰恰是实验证据的表现。事实上，我们这儿所处理的，又不是现象的一些矛盾图景而是一些互补图景；只有所有这些互补图景的全部，才能提供经典描述方式的一种自然的推广。在这些问题的讨论中必须记住，按照上面所采取的观点，真空中的辐射和孤立的物质粒子都是一些抽象;按照量子理论,它们的属性只有通过它们和其他体系的相互作用才是可定义的和可观察的。但是,我们即将看到,对于联系到我们的普通时空观点来描述经验来说,这些抽象却是不可缺少的。

因果时空描述在量子理论中所面临的那些困难,曾经是一种屡经讨论的课题;这些困难,现在被符号化方法的最近发展提到了首要地位。海森伯最近曾对这些方法的无矛盾应用问题作出了一个重要的贡献。特别说来,他曾经强调了对原子物理量的一切测量都有影响的那种独特的反比式的不确定性。在我们开始讨论他的结果之前,很有好处的是来说明这样一个问题:在分析诠释经验所用到的那些最基本的概念时,出现于这一不确定性中的描述互补性已经是不可避免的了。

2. 作用量子和运动学

根据一些简单公式,作用量子和经典概念之间的根本对立就能直接地显现出来了;这种公式构成光量子理论和物质粒子波动理论的公共基础。如果用 h 代表普朗克恒量,那么,众所周知,就有:

$$E\tau = I\lambda = h \tag{1}$$

式中 E 和 I 依次是能量和动量,而 τ 和 λ 则是对应的振动周期和波长。在这种公式中,关于光和关于物质的上述两种概念,是在尖锐的对立下出现的。能量和动量是和粒子概念相联系的,从而是可以按照经典观点用确定的时空坐标来表征的,而振动周期和波长却涉及一个在空间和时间中无限延伸的平面谐波列。只有借助于叠加原理，才有可能和通常的描述方式发生一种联系。确实，波场在空间和时间中的延伸上的一种限度，永远可以看成一群基本谐波相互干涉的结果。正如德布洛意所证明的，和波相联系的那些个体，其移动速度恰恰可以用所谓群速度来代表。让我们把一个平面基本波表成

$$A\cos 2\pi(\nu t - x\sigma_x - y\sigma_y - z\sigma_z + \delta)$$

式中 A 和 δ 是依次确定着振幅和周相的恒量。量 $\nu=1/\tau$ 是频率，σ_x、σ_y、σ_z 是沿各坐标轴方向的波数，它们可以看成沿传播方向的波数 $\sigma=1/\lambda$ 的矢量分量。波速度或相速度决定于 v/σ；而群速度则决定于 $dv/d\sigma$。现在，按照相对论，对于一个速度为 v 的粒子，我们有：

$$I = \frac{v}{c^2}E \quad 和 \quad vdI = dE$$

式中 c 表示光速。因此，由方程(1)可见，相速度就是 c^2/v 而群速度就是 v。一般说来，前者是大于光速的；这一情况强调了这种考虑的符号化的性质。同时，将粒子速度和群速度等同起来的可能性，就指示着时空图景在量子理论中的适用范围。描述的互补性质就出现在这儿，因为波群的应用必然会在周期和波长的定义中引起一种欠明确的结果，从而也会在关系式(1)所给出的对应能量和对应动量的定义中引起一种欠明确的结果。

严格说来，一个有限的波场，只能通过一组和一切 v 值及一切 σ_x、σ_y、σ_z 值相对应的基本波的叠加来得到。但是，在最有利的情况下，群中两个基本波的这些量的平均差的数量级决定于下列

条件：

$$\Delta t\Delta\nu = \Delta x\Delta\sigma_x = \Delta y\Delta\sigma_y = \Delta z\Delta\sigma_z = 1$$

式中 Δt、Δx、Δy、Δz 代表波场在时间中的延伸和在对应于坐标轴的空间方向上的延伸。根据光学仪器的理论，特别是根据瑞利关于光谱仪器分辨率的研究，上述关系式已经是众所周知的了；这种关系式表示着各波列在波场的时空边界上因干涉而互相抵消的条件。它们也可以看成表明了这样一件事实：作为一个整体的波群，并没有和基本波的周相意义相同的周相。于是，由方程(1)即得：

$$\Delta t\Delta E = \Delta x\Delta I_x = \Delta y\Delta I_y = \Delta z\Delta I_z = h \qquad (2)$$

这就确定了在定义和波场相联系的那些个体的能量和动量时所可能达到的最大精确度。一般说来，利用公式(1)来赋予一个波场以一个能量值和一个动量值的条件，是远非这样有利的。即使在开始时波群的组成是和关系式(1)相对应的，在时间过程中，这种组成也会发生很大的变化，以致波群越来越不适于代表一个个体。正是这种情况，就使光的本性和物质粒子的本性这一问题得到了佯谬的性质。此外，关系式(2)所表示的经典概念的局限性，是和经典力学的有限正确性密切地联系着的；在物质波的理论中，经典力学是和用"射线"来描述波的传播的几何光学相对应的。只有在这种极限情况，才能够依据时空图景来单义地定义能量和动量。要想普遍地定义这些概念，我们就只能依靠守恒定律；这些守恒定律的合理表述，曾经是以下即将谈到的符号化方法的一个根本性的问题。

用相对论的语言来说，关系式(2)的内容可以总结为这样一种说法：按照量子理论，对于和各个体相联系的时空矢量和能量—动量矢量来说，在定义二者的最大精确度之间存在着一种普遍的反比关系。这一情况可以看成时空描述和因果要求之间的互补性的一种简单的符号化的表示。然而，与此同时，这一关系式的普遍性，就使我们能够在一定程度上将守恒定律和观察结果的时空标示调和起来；这时，一些明确定义的事件在一个时空点上的重合这一概念，就要换成有限时空域中的一些非明确定义的个体的概念。

这一情况使我们可以避免在企图描述自由带电粒子对辐射的散射以及描述两个自由带电粒子的碰撞时所遇到的那些众所周知的佯谬。按照经典概念，散射的描述要求辐射在空间和时间中有一种有限的延伸，而在量子公设所要求的电子运动的改变中，人们却似乎涉及的是在某一确定空间点上发生的一个瞬时效应。然而，正如在辐射情况中一样，不考虑一个有限的时空域就不可能定义一个电子的能量和动量。而且，守恒定律对过程的应用就意味着，定义能量—动量矢量的精确度，对于辐射和对于电子都是相同的。因此，按照关系式(2)，对于参加相互作用的两种个体来说，所联系的时空域是可以具有相同的大小的。

类似的说法也适用于两个物质粒子之间的碰撞，虽然对于这种现象来说在必须考虑波动概念以前量子公设的重要性是被忽略了的。在这里，这一公设确实就代表着粒子的个体性这一概念；这一概念超出了时空描述而满足因果要求。光量子概念的物理内容是整个地和能量守恒定理及动量守恒定理联系着的，而在带电粒子的情况下，电荷应该考虑在内。几乎毋庸赘言，为了得到个体之间相互作用的一种更加详细的描述，我们不能仅仅考虑公式(1)和公式(2)所表示的那些事实，而是必须依靠一种使我们能够照顾到各个体的耦合的手续;这种耦合表征着所涉及的相互作用,而电荷的重要性正是出现于这种耦合中的。我们即将看到,这样一种手续要求进一步地违背通常意义下的形象化。

3. 量子理论中的测量

在上面提到的关于量子理论方法的无矛盾性的研究中,海森伯提出了关系式(2),来作为同时测量一个粒子的时空坐标及能量—动量分量所能得到的最大精确度的一种表示式。他的观点是以下述考虑为依据的:一方面,例如利用一种光学仪器,就可以测量一个粒子的坐标并达到任意所需的精确度,如果用波长够短的辐射来照明的话。然而,按照量子理论,辐射在客体上的散射永远是和一个有限的动量改变联系着的;所用辐射的波长越短,动量的改变就越大。另一方面,例如通过测量散射辐射的多普勒效应,就可以测定一个粒子的动量并达到任意所需的精确度,如果辐射的波长如此之长以致反冲作用可以忽略不计的话;但是,这时测定粒子空间坐标的精确度就会相应地减小。

这种考虑的精华所在,就是量子公设在估计测量的可能性时的不可避免性。为了表明描述的普遍互补性,看来似乎仍然需要更详细地研究研究定义的可能性。确实,能量和动量在观察中的一种不连续的改变,并不能阻止我们赋予过程前和过程后的时空坐标以及能量—动量分量以精确值。由以上的分析可以看出,对这些量的值永远有影响的反比不确定性,本质上是一种有限精确度的后果:当用来确定粒子时空坐标的波场够小时,定义能量改变及动量改变的可能精确度就是有限的。

在应用一种光学仪器来测定位置时必须记得，成像永远要用到一个会聚光束。用 λ 代表所用辐射的波长，用 ε 代表所谓数值孔径即半会聚角的正弦，那么，显微镜的分辨率就用 $\lambda/2\varepsilon$ 这一众所周知的表示式来确定。当客体是用平行光来照射时，入射光量子的动量 h/λ 在量值和方向上就都是已知的；即使在这种情况下，孔径的有限值也会妨害我们得到关于和散射相与俱来的反冲的精确知识。同样，即使粒子动量在散射过程以前是精确已知的，我们关于观察以后平行于焦面的动量分量的知识也还会有一个不准量 $2\varepsilon h/\lambda$。因此，当测量某一确定方向上的位置坐标及动量分量时，所可能得到的最小不准量的乘积恰恰是由公式(2)来确定的。人们或许会预料，在估计测定位置的精确度时，不但应该考虑到波列的会聚性而且应该考虑到波列的长度，因为在有限照射时间内粒子可能改变位置。但是，因为有关波长的精确知识在上述估计中是无关紧要的，所以可以理解，对于任一孔径值，波列永远可以取得如此之短，以致比起由于显微镜的有限分辨率而引起的位置测定中的内在不确定性来，粒子位置在观察时间内的改变是可以忽略不计的。

当借助于多普勒效应——适当照顾到康普顿效应——来测量动量时，人们将应用一个平行波列。然而，对于测量散射辐射的波长改变所能达到的精确度来说，波列在传播方向上的延伸度却是关系重大的。如果我们假设，入射辐射的方向和所要测量的位置坐标的方向平行，而散射辐射的方向则和所要测量的动量分量的方向相反，那么，就可以取 $c\lambda/2l$ 作为测定速度的精确度的一种量度，此处的 l 代表波列的长度。为简单起见，我们在这儿曾经认为光速是远远大于粒子速度的。如果用 m 代表粒子的质量，那么，观察之后的动量值就有一个不准量 $cm\lambda/2l$。在这一情况下，反冲的量值 $2h/\lambda$ 被认为是足够明确地定义了的，目的在于避免在观察之后的粒子动量值中引入一个显著的不准量。事实上，康普顿效应的普遍理论，使我们能够根据入射辐射和散射辐射的波长算出反冲前后沿辐射方向的动量分量。即使在开始时粒子的位置坐标是精确已知的，我们关于观察之后的粒子位置的知识也仍会有一个不准量。事实上，由于不可能给反冲指定一个确定的时刻，我们就只能在一个精确度 $2h/m\lambda$ 之内得知散射过程中沿观察方向的平均速度。因此，观察之后的位置不准量就是 $2hl/mc\lambda$。于是，在这儿，测量位置和测量动量，二者的不准量的乘积也是由普遍的公式(2)来确定的。

正如在测定位置的情况中一样，对于测定动量来说，观察过程所经历的时间也可以要多短有多短，只要所用辐射的波长够短就可以了。正如我们已经看到的，这时反冲较大这一事实，并不会影响测量的精确度。应该进一步指出，像我们在这儿反复做过的一样谈到一个粒子的速度，其目的只是要和通常的时空描述得到一种联系，这种描述在现有情况下是方便的。正如由德布洛意的上述考虑已经看到的，在量子理论中，永远需要很小心地使用速度这一概念。也可以看到，这一概念的单义定义是被量子公设所排除了的。当比较相继观察的结果时更需要记住这一点。事实上，某一个体在两个已知时刻的位置，可以测量到任意所需的精确度；但是，如果我们要用通常的方法来根据这种测量计算该个体的速度，那就必须清楚地理解到我们是在处理一种抽象，根据这种抽象并不能得到关于该个体的过去行为和将来行为的任何单义信息。

按照关于定义客体属性的可能性的上述考虑，如果所考虑的不是粒子对辐射的散射而是粒子和其他物质粒子的碰撞，那么，在关于一个粒子的位置和动量的测量精确度的讨论中也并不会有什么不同。在这两种情况中我们都看到，所涉及的不确定性是对测量器械的描述和客体的描述同样都有影响的。事实上，在相对于那样一个坐标系而言的个体行为的描述中，这一不确定性是无法避免的，该坐标系是用通常的方式借助于固体和不可干扰的时钟固定下来的。可以看出，实验装置——孔径的启闭等等——只能允许我们得出关于所联系的波场的时空延伸度的结论。

当把观察追溯到我们的感觉时，就再一次地需要联系到观察器械的感知问题来考虑量子公设；至于这种感知是通过对肉眼的直接作用还是通过照相底片、威耳孙云室之类的适当辅助装置来实现，那都是无关紧要的。然而，很容易看出，所引起的附加统计因素，并不会影响描述客体时的不确定性。甚至可以设想，在把什么看成客体把什么看成观察器械这一问题上的任意性，或许会导致完全避免这一不确定性的可能。例如，联系到一个粒子的位置的测量问题，人们或许会问：是否无法根据观察过程中显微镜——包括光源和照相底片在内——的动量改变的测量并利用守恒定理来测定散射所传递的动量呢？但是，更加详细的考察可以证明，这样一种测量是不可能的，如果人们同时要求足够精确地知道显微镜的位置的话。事实上，根据在物质波的理论中得到了表达的那些经验可知，一个物体的重心位置和它的总动量，只能在关系式(2)所确定的反比精确度的范围内加以定义。

严格说来，观察这一概念，是包括在因果时空描述方式中的。但是，由于关系式(2)的普遍性，这一概念在量子理论中也可以得到合理的应用，只要将该关系式所表示的不确定性考虑在内就可以了。正如海森伯所指出的，将这种不确定性和不完善的测量所引起的不确定性相比较，人们甚至可以得到关于原子现象(微观现象)的量子理论描述的一个很有教育意义的例证，而不完善量度所引起的不确定性，是在自然现象的通常描述中被认为本来就包含于任何观察中的。海森伯在这一场合下指出，甚至在宏观现象的情况下，我们也可以在某种意义上说这些不确定性是重复的观察所引起的。但是，不应该忘记，在宏观理论中，任何后继的观察都允许我们越来越精确地预见未来事件，因为这种观察会使我们关于体系初态的知识有所改进。按照量子理论，正是忽略体系和测量器械的相互作用的不可能性，就意味着每一次观察都将引入一个新的不可控制的要素。确实，由上述考虑可见，一个粒子的位置坐标的测量，不但会带来各动力学变量的有限改变，而且，粒子位置的确定就意味着粒子动力学行为的因果描述方面的彻底破坏，而粒子动量的测定则永远意味着关于粒子空间传播的知识方面的一个缺口。正是这种形势，就十分突出地表明了原子现象之描述的互补品格；这种品格表现为客体及测量器械之区分和量子公设之间的对立的必然结果，而客体和测量器械之间的区分则是我们的观察概念本身所固有的。

4. 对应原理和矩阵理论

到此为止,我们只考虑了量子问题的某些一般特点。然而,目前的形势却意味着,主要的力量应该放在支配客体间相互作用的那些定律的表述上,那些客体是我们用孤立粒子和辐射这两种抽象概念来代表的。这种表述的起点,是由原子结构问题所首先提供的。众所周知,在原子结构问题中,已经可以通过经典概念的初等应用而和量子公设相协调地阐明经验的一些重要方面。例如,用电子碰撞和用辐射来激发光谱的一些实验,是依据分立定态和个体跃迁过程的假设来适当说明的。这主要是由于有这样一种情况:在这些问题中,并不要求比较详细地描述过程的时空行为。

在这儿,和通常描述方式的对立,突出地表现在下述情况中:按照经典观点,各光谱线是属于原子的同一个态的,而按照量子公设,这些光谱线则是和分离的跃迁过程相对应的,受激原子在这些跃迁之间有一种选择的余地。然而,尽管有这种对立,却可以在一种极限情况下得到和经典概念的一种形式化的联系;那就是这样的情况:相邻定态的属性相对差渐近地趋于零,从而在统计应用中可以将不连续性忽略不计。通过这种联系,就可以依据我们关于原子结构的概念来在很大程度上诠释光谱的规律性。

把量子理论看成经典理论的合理推广的那种企图,导致了所谓对应原理的陈述。这一原理在诠释光谱学结果方面的应用,是以经典电动力学的一种符号化的应用为基础的;在这种应用中,将个体跃迁过程各自和原子级粒子的一个运动谐分量联系了起来,而原子级粒子的运动是根据普通的力学来预期的。除了在上述那种相邻定态间的相对差可以忽略不计的极限情况以外，经典理论的这样一种片段的应用只有在某些事例中才能导致现象的严格定量描述。这儿应该特别地提到色散现象的经典处理和爱因斯坦所表述的支配着辐射跃迁过程的统计定律之间的联系，这种联系是由拉登堡和克喇摩斯发展起来的。虽然正是色散现象的克喇摩斯处理给对应论证的合理发展提供了重要的暗示，但是，只有通过最近几年所创立的量子理论方法，上述原理中所提出的普遍目的才得到了适当的表述。

我们知道，这种新发展是从海森伯的一篇根本性的论文开始的；在这篇论文中，从一开始就将通常的运动学量和力学量换成了和量子公设所要求的那些个体过程直接有关的一些符号，这样，海森伯就成功地把自己从经典运动概念中完全解放了出来。这种代换是这样完成的：将一个经典力学量的傅立叶展式换成一个矩阵，其矩阵元代表纯粹的谐振动并和定态之间的可能跃迁相联系。海森伯要求，指定给各矩阵元的那些频率必须永远服从光谱线的并合原理，这样，他就能够引入各符号所服从的一些简单运算法则，这些法则使得经典力学基本方程的一种直接的量子理论改写成为可能。原子理论动力学问题的这一巧妙处理，从一开始就证实为一种非常有力和非常富有成果的定量地诠释实验结果的方法。通过玻恩和约尔丹的工作，同样也通过狄喇克的工作，理论得到了一种在普遍性和无矛盾性方面都可以和经典力学相媲美的表述。特别说来，普朗克恒量这一作为量子理论之特征的要素，仅仅在所谓矩阵的那些符号所服从的算法中才会明显地出现。事实上，代表着哈密顿方程意义下的正则共轭变量的那些矩阵，并不服从乘法交换律，而是这样两个变量 q 和 p 必须满足一个交换法则如下：

$$pq - qp = \sqrt{-1}\,\frac{h}{2\pi} \tag{3}$$

确实，这一交换关系式突出地表现了量子理论之矩阵表述的符号化品格。这种矩阵理论常常被称为直接可观察量的算法。然而，必须记得，上述的手续恰恰只能应用于那样一些问题；在该类问题中，当应用量子公设时，时空描述可以大大地忽略不计，从而严格意义下的观察问题也就可以被置于次要地位。

当进一步追究量子规律和经典力学之间的对应时，强调量子理论描述的统计性质曾经是具有根本重要性的；这种统计性质是由量子公设带来的。在这儿，狄喇克和约尔丹对这一符号化方法所作的推广，代表了一个巨大的进步；这种推广使得那样一些矩阵的运算成为可能，各该矩阵并不按照各个定态来编排，而是可以用任一组变量的可能值来作为各矩阵元的标号。在理论的原始形式中，只和单独一个定态有联系的那些“对角元”，被诠释为该矩阵所代表的那一物理量的时间平均值；与此类似，普遍的矩阵变换理论使我们能够表示一个力学量的那样一些平均值；在这些平均值的计算中，表征体系“态”的任一组变量具有定值，而其正则共轭变量则被允许具有一切可能值。依据这些作者所发展起来的程序，并且紧密地联系到玻恩和泡利的概念，海森伯在上述论文中企图更详细地分析量子理论的物理内容，并且特别注意了交换关系式(3)的表观佯谬性。在这方面，他曾经表述了下列关系式

$$\Delta q \Delta p \sim h \tag{4}$$

来作为同时观察两个正则共轭变量所能达到的最大精确度的一种普遍表示。用这种方法,海森伯已经能够阐明出现于量子公设的应用中的很多佯谬,并且能够在很大程度上演证这种符号化方法的无矛盾性。如上所述,联系到量子理论描述的互补性,我们必须随时对定义的可能性和观察的可能性予以注意。我们即将看到,恰恰是对于这一问题的讨论说来,薛丁谔所发展的波动力学方法曾被证实为很有用处。这一方法允许我们在相互作用问题中也普遍地应用叠加原理,于是就可以和有关辐射及自由粒子的上述考虑发生直接的联系。在以下,我们将回到波动力学同用到矩阵变换理论的量子规律的普遍表述之间的关系。

5. 波动力学和量子公设

德布洛意在关于物质粒子波动理论的早期考虑中就已经指出,一个原子的定态,可以具体想象为相波的一种干涉效应;该相波是和一个束缚电子相联系着的。诚然,在定量结果方面,这种观点起初并没有超出早期的量子理论方法之外;对于早期量子理论方法的发展,索末菲是曾经有过如此重要的贡献的。然而,薛丁谔在发展一种波动理论的方法方面得到了成功;这种方法已经打开了新的局面,而且,对于近年以来原子物理学中的巨大进步来说,这种方法已被证实为具有决定的重要性。确实,曾经发现,薛丁谔波动方程的本征振动,可以给原子定态提供一种满足一切要求的表象。每一定态的能量,是按照普遍的量子关系式(1)来和对应的振动周期相联系的。而且,不同本征振动的节面数目,给量子数概念提供了一种简单的诠释；这种量子数概念是根据旧式方法已经为人所知的，但是它起初却似乎并不出现于矩阵表述中。此外，薛丁谔能够将一种电荷及电流的连续分布和波动方程的解联系起来；如果应用于本征振动，这种电荷和电流的连续分布就表现着对应定态中一个原子的静电属性和磁学属性。同样，两个本征解的叠加，就和一种振动的电荷连续分布相对应，按照经典电动力学，这种电荷分布将引起辐射的发射；这样，就很有教益地显示了量子公设的后果以及矩阵力学中所表述的关于两个定态之间的跃迁过程的对应性的要求。在研究原子间及自由带电粒子间的碰撞问题时，玻恩曾经得到了薛丁谔方法的另一应用；这种应用对于进一步的发展来说是重要的。在这方面，玻恩成功地得到了波函数的统计诠释；这种统计诠释使我们能够计算量子公设所要求的那些个体跃迁过程的几率。这种诠释包括着爱伦菲斯特浸渐原理的一种波动力学的陈述；这一原理的富有成果，突出地表现在洪德(Hund)关于分子形成问题的很有成就的研究中。

有鉴于这些结果，薛丁谔曾经表示了这样一种希望：波动理论的发展，终于会消除用量子公设来表示的那种不合理要素，并将沿着经典理论的路线为原子现象的完备描述开辟道路。为了支持这种观点，薛丁谔在一篇最近的论文中强调了这样一件事实：从波动理论的观点看来，量子公设所要求的原子之间的不连续能量交换，将被一种简单的共振现象所代替。特别说来，个体定态的概念或将是一种假象，而该概念的适用性则仅仅是上述共振现象的一种例证。然而，必须记住，我们正是在上述这种共振问题中涉及了一个闭合体系的；按照我们在这儿所提出的观点看来，这种闭合体系是无法观察的。事实上，按照这种观点，波动力学正如矩阵力学一样代表着经典力学运动问题的一种符号化的改写，这种改写和量子理论的要求相适应，从而只能通过明显地应用量子公设来加以诠释。确实，相互作用问题的这两种表述，在一种意义上可以说是互补的，其意义与描述自由个体的波动概念和粒子概念的那种互补意义相同。能量概念在这两种理论中的不同应用之间的对立，正是和这种出发点方面的差别联系着的。

从叠加原理在描述个体粒子行为时的不可缺少性，可以立刻看出相互作用粒子系的时空描述所面对的根本困难。我们已经看到，对于一个自由粒子，关于能量和动量的知识就已经会排除关于粒子时空坐标的精确知识了。这就意味着，联系到体系势能的经典想法来直接应用能量概念，这是被排除了的。在薛丁谔波动方程中，这些困难是这样避免的：通过一个关系式

$$p = \sqrt{-1}\ \frac{h}{2\pi}\frac{\delta}{\delta q} \tag{5}$$

来把哈密顿函数的经典表示式换成一个微分算符，式中的 p 代表一个广义动量分量，而 q 则代表正则共轭变量。在这儿，能量的负值被认为是和时间共轭的。到此为止，在波动方程中，时间和空间，正如能量和动量一样是在一种纯形式化的方式下被应用的。

薛丁谔方法的符号性，并不只是可以从下述情况中看出：正如矩阵理论的简单性一样，薛丁谔方法的简单性也本质地依赖于虚数（数学量）的应用。而最重要的是，这里不可能有什么和我们的通常观念发生直接联系的问题，因为波动方程所表示的“几何学问

题”是和所谓坐标空间相联系的[①]，该空间的维数等于体系的自由度数，从而一般是大于普通空间的维数的。而且，正如矩阵理论所提供的表述一样，相互作用问题的薛丁谔表述也牵涉到对于相对论所要求的力的有限传播速度的一种忽视。

整个说来，在相互作用问题的情况下，看来要求利用通常的时空图景来得到一种形象化是未必有根据的。事实上，我们关于原子内部属性的一切知识，都是根据有关原子的辐射反应或碰撞反应的实验导出的，因此，实验事实的诠释，最后将依赖于自由空间中的辐射和自由物质粒子这两种抽象。因此，我们关于物理现象的整个时空观，正如能量和动量的定义一样，最后也是依赖于这些抽象的。在判断这些辅助概念的应用时，我们只能要求内在无矛盾性；在这种方面，必须对定义的可能性和观察的可能性予以特别注意。

如上所述，在薛丁谔波动方程的本征振动中，我们有原子定态的一种适当表象；这种表象使我们能够利用普遍的量子关系式(1)来得到体系能量的单义定义。然而，这就引起一个后果：在观察结果的诠释中，对于时空描述的根本放弃是不可避免的。事实上，我们即将看到，定态概念的合理应用将排除有关原子中个体粒子行为的任何说明。在必须涉及这种行为的描述的那些问题中，我们必须利用波动方程的通解；这种通解是由本征解的叠加得来的。在这儿，我们遇到定义的各种可能性之间的一种互补性，这和我们

① 坐标空间(co-ordinate space)现在通称位形空间(configuration space)。——译者注

早先在联系到光的属性和自由物质粒子的属性时所考虑过的互补性是非常类似的。例如,个体的能量和动量的定义是附属于基本谐波的概念的,而我们看到,现象描述中的每一时空特征,却是以考虑发生于一群这样的基本波之间的干涉现象为基础的。在现有情况下,也可以直接证明观察的可能性和定义的可能性之间的一致性。

按照量子公设,关于原子中电子行为的任何观察,都会带来原子的态的一种改变。正如海森伯所强调的,在原子处于量子数较小的定态中的情况下,这种改变一般将是电子从原子中的射出。因此,在这样一种情况下,是不可能借助于后继的观察来描述原子中电子的"轨道"的。这一点和下述情况有联系:利用只有少数几个节面的那种本征振动,即使要构成近似地代表着一个粒子的"运动"的波包都是不可能的。然而,描述的互补性特别表现于这一事实中:关于原子中粒子行为的观察,其应用是以在观察过程中忽略粒子间的相互作用而将各粒子看成自由粒子的那种可能性为基础的。但是,这就要求过程的持续时间远小于原子的自然周期,而这又意味着,关于过程中所传递能量的知识,其不准量要远大于相邻定态之间的能量差。

整个说来,在判断观察的可能性时必须记得,只有当波动力学的解可以借助于自由粒子的概念来描述时,这些解才是可以形象化的。在这里,经典力学和相互作用问题的量子理论处理之间的区别,表现得最为突出。在经典力学中,上述这种限制是不必要的,因为"粒子"在这里被赋予了一种直截了当的"实在性",不以该"粒子"是自由的还是束缚的而为转移。联系到薛丁谔电子密度的合理应用,这一形势就是特别重要的;薛丁谔的电子密度,被用来作为电子在原子的确定空间域中出现的几率的量度。回想到上述的限制就可以看到,这种诠释是下述假设的一个简单推论;该假设是:一个自由电子出现的几率,用和波场相联系的电子密度来表示;一个光量子出现的几率,用辐射的能量密度来表示;这两种表示方式是相似的。

正如已经提到的,通过狄喇克和约尔丹的变换理论,已经建立了在量子理论中普遍地无矛盾地应用经典概念的一种手段;借助于这种理论,海森伯曾经表述了他的普遍的测不准关系式(4)。在这种理论中,薛丁谔波动方程也得到了一种很有教益的应用。事实上,这一方程的本征解表现为一些辅助函数,它们定义着从一些矩阵到另一些矩阵的变换,前者的标号表示着体系的能量值,而后者的标号则是空间坐标的可能值。在这方面,提到下列事实也是很有兴趣的:约尔丹和克来恩最近得到了一种用薛丁谔波动方程来表示的相互作用问题的表述;他们以个体粒子的波动表象作为出发点,并应用了一种符号化的方法,这种方法和狄喇克从矩阵理论观点发展起来的关于辐射问题的深入处理密切有关;关于这种处理,我们以后还要谈到。

6. 定态的实在性

如上所述,在定态观念中,我们涉及的是量子公设的一种典型应用。根据它的本性,这一观念意味着对时间描述的一种完全的放弃。从我们此处所采取的观点看来,正是这种放弃,就形成原子能量的单义定义的必要条件。而且,严格说来,定态的观念要涉及对体系和不属于体系的那些个体的一切相互作用的排除。这样一个闭合体系是和一个特定能量值相联系着的;可以认为这一事实直接地表示了包含在能量守恒定理中的因果要求。这种情况支持了关于定态的超力学稳定性的假设;按照这一假设,在一次外界影响的以前和以后,原子永远会被发现处于某种明确定义的态中,而这一假设就形成在有关原子结构的问题中应用量子公设的基础。

在判断这一假设给碰撞反应和辐射反应的描述所带来的那些众所周知的佯谬问题时,重要的是要考虑到定义发生反应的各自由个体的可能性方面的限制;这些限制用关系式(2)来表示。事实上,如果反应个体的能量的定义需要精确到使我们能够谈论反应中的能量守恒的地步,那么,按照这一关系式,就必须赋予该反应一段远大于和跃迁过程相联系的振动周期的时间,而且这段时间是按照关系式(1)来和定态之间的能量差相联系的。当考虑高速运动粒子在原子中的穿透过程时,尤其需要记住这一点。按照普通的运动学,这样一种穿透过程的有效时间,将是远小于原子的自然周期的,而且,看来似乎没有可能将能量守恒原理和定态稳定性的假设调和起来。然而,在波动表象中,反应时间是和关于碰撞粒子能量的知识精确性直接联系着的,因此也就绝不会有和守恒定律发生矛盾的可能。联系到关于所提到的这种佯谬问题的讨论,堪贝耳(Campbell)提出了一种观点:时间观念本身,在性质上可能本来就是统计性的。然而,按照我们这儿所提出的观点,时空描述的基础是由自由个体这一抽象来提供的;从这种观点看来,时间和空间之间的一种根本性的区分似乎是要被相对性要求所排除的。

正如我们已经看到的，在和定态有关的问题中，时间的特殊地位来自这种问题的特性。

定态概念的应用要有一个条件：在使我们能够区分不同定态的任何观察中，例如在利用碰撞反应或辐射反应所进行的观察中，我们可以忽略原子的以往历史。符号化的量子理论方法，赋予每一定态以一个特定的周相，其值依赖于原子的以往历史；初看起来，这一事实似乎是恰恰和定态概念相矛盾的。然而，一旦我们真正地牵涉到一个时间问题，一个严格闭合体系的考虑就被排除了。因此，简谐本征振动在诠释观察结果方面的应用，只不过意味着一种适当的理想化而已；在更加严格的讨论中，这种理想化永远需要用一群分布于有限频率区间中的谐振动来代替。现在，如上所述，叠加原理的一个普遍推论就是：像给构成波群的每一基本波指定一个周相值那样给整个波群指定一个周相值，那是没有意义的。

根据光学仪器的理论，已经很清楚地了解到周相的不可观察性；这种不可观察性，已经在关于施特恩—盖拉赫实验的讨论中用一种特别简单的方式显示了出来；对于考察单个原子的属性来说，这种实验是十分重要的。正如海森伯所指出的，只有当原子注的偏斜大于德布洛意波在狭缝上的衍射时（这种波表示着原子的移动），在场中有着不同取向的那些原子才能被分离开来。正如简单计算所证明的，这一条件意味着：原子通过场中所需的时间，以及由于原子注的有限宽度而引起的原子在场中的能量的不准量，这二者的乘积最少要等于作用量子。海森伯认为，这一结果支持了关于能量值和时间值的反比不准量的关系式(2)。然而，看来我们这儿所涉及的并不单纯地是某一时刻的原子能量的测量。但是，既然场中原子的本征振动周期是通过关系式(1)来和总能量联系着的,那么我们就领会到,上述可分离性的条件恰恰就意味着周相的消除。这种情况也消除了出现在关于共振辐射相干性的某些问题中的各种表观矛盾;这些矛盾曾被人们多次地讨论过,而且也被海森伯考虑过。

像我们以上所作的那样将一个原子看成一个闭合体系,这就意味着忽略了辐射的自发发射;这种自发的发射,即使当没有外界影响时也会使定态的寿命有一个上限。在很多应用中这种忽略是合理的;这一事实和下述情况有联系:应该按照经典电动力学来预料的原子和辐射场之间的耦合,一般是比原子中各粒子之间的耦合小得多的。事实上,在关于原子态的描述中,在相当程度上忽略辐射的反作用是可能的,这样也就忽略了能量值的不准量,这种不准量按照关系式(2)来和定态的寿命相联系。这就是何以能够应用经典电动力学来对辐射属性作出结论的理由。

在开始时,利用新的量子理论方法来处理辐射问题,恰恰就意味着这种对应考虑的定量表述。这正好就是海森伯那些原始考虑的出发点。我们也可以提到,克来恩最近曾从对应原理的观点出发对于辐射问题的薛丁谔处理作出了一种很有教益的分析。在狄喇克所发展起来的更加严格的理论形式中,辐射场本身也是被包括于所考虑的闭合体系之内的。这样,就能够用一种合理的方式将量子理论所要求的辐射的个体性考虑在内,并能够建立一种将光谱线的有限宽度考虑在内的色散理论了。在时空图景方面有所放弃,是这种处理方式的特征;这种放弃似乎提供了量子理论互补品格的一种突出的指示。当判断在辐射现象中所遇到的那种对于大自然因果描述的激烈违背时，就尤其需要记住这一点；联系到光谱的激发，我们在以上曾经提到过这种违背。

注意到对应原理所要求的原子属性和经典电动力学之间的渐近式的联系，定态观念和原子中个体粒子行为的描述之间的互斥性，可能会被认为是一个困难。事实上，所涉及的联系就意味着，在量子数很大的极限情况下，相邻定态之间的相对差将渐近地变为零，这时，电子运动的力学图景是可以合理地应用的。然而，必须强调，对于大的量子数来说，量子公设将失去其重要性，在这种意义上，上述联系是并不能看成向经典理论的逐渐过渡的。恰好相反，借助于经典图景而由对应原理得出的结论，恰恰依赖于这样一种假设：即使在这种极限情况，定态的概念和个体跃迁过程的概念还是要保留下来的。

这一问题，给新方法的应用提供了一个特别有教育意义的范例。正如薛丁谔所证明的，在上述的极限情况，可以通过本征振动的叠加来建立一些远小于原子"大小"的波群；如果量子数选得足够大，这种波群的传播就和运动物质粒子的经典图景无限地接近。在简谐振子这一特例中，薛丁谔已经能够证明，这样的波群甚至在任意长的时间内都不会分散，并且会以一种和运动的经典图景相对应的方式而往返振动。薛丁谔曾经认为，这种情况是对他的希望的一种支持；他希望不涉及量子公设而建立一种纯粹的波动理论。然而，正如海森伯所强调的，振子事例的简单性是一种例外，而且是和对应的经典运动的谐和性密切联系着的。而且，在这一例子中，也没有渐近地趋向于自由粒子问题的任何可能。在一般情况，波群将逐渐扩展到原子的整个区域中，而且只能在几个周期之内追随一个束缚电子的“运动”，这个周期数具有和各本征振动相联系的那些量子数的数量级。在达尔文(Darwin)的一篇最近的论文中，曾经比较详细地研究了这一问题；这篇论文包含着有关波群行为的若干有教益的例子。从矩阵理论的观点出发，肯纳德(Kennard)曾对类似的问题进行了处理。

在这儿，我们又遇到波动理论叠加原理和粒子个体性假设之间的对立；关于这种对立，我们在自由粒子的情况下已经考虑过了。同时，和经典理论的渐近式的联系，提供了特别简单地阐明关于合理应用定态概念的上述考虑的可能；对于经典理论说来，是无所谓自由粒子和束缚粒子的区别的。正如我们已经看到的，利用碰撞反应或辐射反应来鉴定一个定态，就蕴涵着时间描述中的一个缺口；这个缺口的数量级起码等于和定态间的跃迁相联系的那些周期的数量级。现在，在大量子数的极限情况，这些周期可以理解为运转周期。于是，我们立刻就看到，在导致定态之确定的观察和有关原子中个别粒子之行为的较早观察之间，是不可能得出任何因果联系的。

总之可以说，定态的概念和个体跃迁过程的概念，在自己的确切适用范围之内是和个体粒子这一概念本身具有同样多少的“实在性”的。在这两种情况下，我们都牵涉到一种和时空描述互补的因果要求；这种因果要求的适当应用，只受到定义及观察的有限可能性的限制。

7. 基本粒子问题

事实上，当适当地注意到量子公设所要求的互补特色时，就似乎可能借助于符号化的方法来建立起一种无矛盾的关于原子现象的理论；这种理论可以认为是经典物理学因果时空描述的合理推广。然而，这种观点并不意味着经典电子理论可以简单地看成作用量子趋于零时的极限理论。确实，后一种理论和经验之间的联系，是以一些假设为基础的；这些假设几乎不能从量子理论的问题群中分离出来。在这方面的一个暗示，已经由一些众所周知的困难提供了出来；当企图根据普遍的力学原理和电动力学原理来说明终极带电粒子的个体性时，就会遇到这种困难。在这方面，万有引力的广义相对论也并不曾满足人们的期望。所涉及的问题，似乎只有通过广义场论的一种合理的量子理论改写才能得到令人满意的解决；在这种改写中，作为表征着量子理论的那种个体性特色的一种表示，电的终极量子（即电子电荷——译者）应该已经找到它的自然地位。近来，克来恩曾经注意到将这一问题和卡鲁查(Kaluza)所提出的电磁现象和引力现象的五维统一表象联系起来的可能性。事实上，电荷的守恒是作为能量守恒定理及动量守恒定理的一种类比而出现于这一理论中的。正如克来恩所强调的，就像能量概念及动量概念是和时空描述互补的一样，普通的四维描述乃至这种描述在量子理论中的符号化的应用，其适用性似乎都本质地依赖于下述情况：在这种描述中，电荷永远是在明确定义的单位下出现的，结果，共轭的第五维就是不可观察的。

完全撇开这些悬而未决的深入问题不谈，经典电子理论迄今为止一直是对应描述的进一步发展的指导；这种发展和首先由康普顿提出的下述想法有联系：除了它们的质量和电荷以外，终极带电粒子还由于有一个角动量而具有一个磁矩，该角动量决定于作用量子。高德斯密(Goudsmit)和乌冷贝克(Uhlenbeck)曾经特别成功地将这一假设引入关于反常塞曼效应之起源的讨论中；人们发现，正如海森伯和约尔丹所曾特别指明的，联系到新方法，这一假设是最为富有成果的。确实，人们可以说，磁性电子假说和海森伯所阐述的共振问题，已经使得光谱定律及周期系的对应诠释达到了一定程度的完备性；上述共振问题出现于多电子原子行为的量子理论描述中。作为这一处理方式的基础的那些原理，甚至已经使我们能够得出有关原子核属性的一些结论。例如，联系到海森伯和洪德的一些想法，邓尼孙(Dennison)最近曾用一种很有趣的方式成功地说明了一个问题：一直被困难包围着的氢比热的解释，可以如何和一个假设协调起来；该假设就是，质子具有一个和电子动量矩同样大小的动量矩。然而，由于质子的质量较大，所以必须给质子联系上一个远小于电子磁矩的磁矩。

迄今所发展的关于基本粒子问题的那些方法，它们在上述各问题中的不足性可以根据下述事实看出：关于电的基本粒子和通过光量子概念来代表的那种“个体”，泡利所陈述的所谓不相容原理表示了二者行为上的差别，而所发展的方法并不能对这种差别提出一种无歧义的解释。事实上，在这一对于原子结构问题以及对于统计理论的近日发展如此重要的原理中，我们遇到许多种可能中的一种，其中每一种可能都是满足对应性的要求的。此外，联系到磁性电子问题，在量子理论中满足相对性要求的困难也表现得特别突出。确实，联系到对于诠释实验结果如此重要的托马斯(Thomas)的相对论运动学的考虑，要使达尔文和泡利在推广新方法方面所作的很有希望的尝试能够很自然地概括这一问题，这似乎是不可能的。但是，就在最近，通过符号化方法的一种新的巧妙推广，并且不放弃和光谱资料的一致而满足着相对性要求，狄喇克已经能够成功地处理磁性电子问题。在这种处理中，不但涉及了出现于较早方法中的复数量，而且，他的基本方程本身还包含一些复杂性更大的用矩阵来表示的量。

相对性论证的表述，已经本质地蕴涵着时空标示和因果要求的结合了；这种结合是经典理论的特征。因此，当使相对性要求和量子公设相适应时，我们必须准备对通常意义下的形象化有所放弃；这种放弃将比这儿所考虑的量子规律之表述中的放弃更进一步。确实，在这儿，我们发现自己正和爱因斯坦走着相同的道路：要使我们从感觉借来的知觉方式，适应于逐渐深入着的关于自然规律的知识。在这一道路上所遇到的障碍，主要起源于这样一件事实：不妨说，语言中的每一个词，都要涉及我们通常的知觉。在量子理论中，在表征着量子公设的那种不合理性特色的不可避免性这一问题中，我们马上就遇到这一困难。然而，我希望，互补性这一概念是适于表征目前形势的；这种形势和人类概念形成中的一般困难深为相似，这种困难是主观和客观的区分中所固有的。

作用量子和自然的描述
(1929)

在科学史上,很少有什么事件曾经像普朗克基本作用量子的发现那样在短短的一个世代中得到了一些如此不寻常的后果。这一发现,不但在越来越大的程度上形成整理我们关于原子现象的经验的背景,而关于原子现象的知识在最近三十年中已经如此惊人地得到了扩展,而且,与此同时,这一发现也给我们描述自然现象所依据的那些基础带来了全盘的修正。在这儿,我们处理的是观点和思维工具的不间断的发展;从普朗克关于黑体辐射的基本工作开始,近年以来这一发展在符号化量子力学的表述过程中达到了暂时的高潮。符号化量子力学这种理论,可以认为是经典力学的自然推广,在优美性和无矛盾性方面,它都可以和经典力学相媲美。

但是,不放弃作为经典物理理论之特征的因果时空描述方式,这一目的是不曾达到的;通过相对论,经典物理理论曾经经历了一次如此深刻的澄清。在这方面,量子理论可以说是使人失望的,因为原子理论正是起源于这样一种企图:在那些在我们直接感官印象中并不表现为物质客体运动的现象事例中,也要完成这样一种〔因果时空〕描述。然而,从一开始,对于在这一领域中遇到和我们普通感官印象相适应的那些知觉形式的一种失败,人们就不是没有准备的。我们现在知道，诚然，人们对于原子的实在性所常常表示的那种怀疑主义是被夸大了的，因为，确实，实验技术的奇妙发展已经使我们能够研究个体原子的效应了。但是，关于用作用量子来代表的物理过程有限可分性的那种认识本身，却支持了关于我们普通知觉形式对原子现象的应用范围的古老怀疑。既然在这些现象的观察中我们不能忽略客体和观察仪器之间的相互作用，那么，观察的可能性问题也就再一次地突现了出来。于是，在一种新面貌下，我们在这儿遇到了现象的客观性问题；这种问题在哲学讨论中曾是经常吸引着如此多的注意力的。

事态既然如此，在量子理论的一切合理应用中我们都曾经涉及本质的统计问题，这也就是不足为怪的了。确实，在普朗克的原始研究中，导致了作用量子的引用的首先就是修改经典统计力学的必要性。这种作为量子理论特征的〔统计〕特色，突出地表现在最近关于光的本性和物质基本粒子的本性的重新讨论中。虽然这些问题已经在经典理论的范围内表面地得到了最后解决，但是我们现在知道，对于物质粒子同样也对于光来说，必须运用不同的观念图景来完备地说明现象并给支配着观察数据的那些统计定律提供一种单值的表述。利用经典术语来一致地表述量子理论是不可能的；这一事实显现得越清楚，我们对于普朗克在制订“作用量子”这一名词时的那种恰当的直觉就越是赞赏；这一名词直接地指示着对于作用量原理的放弃，而作用量原理在自然的经典描述中所占的中心地位，是普朗克本人不止在一个地方强调了的。事实上，这一原理表示了时空描述和能量守恒定律及动量守恒定律之间的独特的反比对称关系；这些定律的巨大有效性，在经典物理学中已经是依赖于下述事实的了：人们可以广泛地运用这些定律而不追究现象在空间和时间中的进程。在量子力学的表述形式中以一种最有成果的方式被应用了的，正是这种反比性。事实上，作用量子在这里只出现于一些关系式中：在哈密顿意义上是正则共轭量的时空坐标和能量—动量分量，是以一种对称的和反比的方式被包含在各该关系式中的。此外，光学和力学之间的类比，也密切地依赖于这一反比性；对于量子理论的近日发展，光学和力学之间的类比曾被证实为非常富有成果。

但是，一切经验最后必须忽略了作用量子而通过经典概念表达出来，这却是物理观察的本性。因此，通过原子物理量的任何测量所能得到的结果都会受到一种固有的限制，这就是经典概念有限适用性的一种必然后果了。这一问题的深入澄清，近来曾经借助于海森伯所表述的普遍量子力学定律而得以完成；按照这一定律，同时测量两个正则共轭力学量时所得的平均误差的乘积，永远不会小于作用量子。海森伯曾经很正确地就两种意义进行了比较，一种是这一反比式的测不准定律在估计量子力学的无矛盾性方面的意义，另一种是超光速地传递信号的不可能性在检验相对论的无矛盾方面的意义。在这方面，当考虑在量子理论对原子结构的应用中所遇到的那些众所周知的佯谬时，记住下述事实就是非常重要的：原子的属性永远是通过观察它们在碰撞下或在辐射影响下的那些反应而得到的，而且，上述那种关手量度可能性的局限性，是和在关于光的本性及物质粒子的本性的讨论中所揭示出来的那些表观矛盾性直接有关的。为了强调我们在这儿所遇到的并不是实在的矛盾性，作者在一篇较早的文章中曾经建议使用“互补性"这一名词。考虑到在经典力学中已经出现的上述那种反比对称性,"反比性"一词或许是更加适于表示我们所涉及的事态的。在上述文章的结尾处曾经指出,在我们知觉形式的失败和人类建立概念的能力的普遍限制之间,存在着一种密切的联系;上述失败是以严格区分现象及观察手段的不可能性为基础的,而上述限制则是以我们对主体和客体的划分为根源的。确实,这儿所出现的认识论问题和心理学问题,或许是超出确切的物理学范围之外的。但是,借这一特殊机会,我仍然希望能够稍许深入地谈谈这些见解。

所要讨论的认识论问题可以简单地叙述如下:为了描述我们的心理活动,一方面,我们要有一种客观给定的内容来和一个知觉主体相对立;而另一方面,正如在这样一个断语中所暗示的,在主体和客体之间不可能保持任何明确分界线,因为知觉主体也属于我们的心理内容。从这些情况中,不但可以引出每一概念或者说每一字眼的相对意义,这种意义以我们观点的随意选择而为转移,而且,我们一般还必须有准备地接受下述事实:同一客体的完备阐述,可能需要用到一些无法加以单值描述的分歧观点。确实,严格说来,任一概念的自觉分析是和该概念的直率应用处于互斥关系中的。运用一种互补的或者说是反比式的描述方式的必要性,或许是我们在心理学问题中最为熟悉的。与此相反,作为所谓严密科学的特点的,一般就是通过避免谈到任何知觉主体来达到单值性的那种企图。也许,在数学表述形式中可以最自觉地看到这种努力;这种表述形式为我们的思索建立起一种关于客观性的理想;只要我们停留在实用逻辑的自足领域中,这种理想的达到就几乎是不受任何限制的。然而,在真正的自然科学中不可能存在什么逻辑原理的严格自足的适用领域问题,因为我们必须不断地期待新事实的出现,而要将这些新事实概括到我们较早的经验范围之内就可能需要修正我们的基本概念。

我们近来曾经在相对论的兴起中体验到这样一种修正;通过对于观察问题的深入分析,相对论注定要揭露一切经典物理学概念的主观性质。尽管相对论对我们的抽象能力提出了巨大的要求,但是,它却在一种特殊的高度上接近了自然描述中的统一性和因果性这一经典理想。最重要的是,可观察现象的客观实在性这一观念,仍然是毫不动摇地得到保持的。正如爱因斯坦曾经强调的,对于整个相对论都确实带有根本性的是这样一个假设:任何观察最终都将依赖于客体和观察工具在空间和时间中的重合,从而任何观察都是可以独立于观察者的参照系来加以定义的。然而,自从发现了作用量子,我们就知道在原子现象的描述中是不能达到经典理想的。特别说来,在空间和时间中排列次序的任何企图,都会导致因果链条的一次中断,因为这样的企图是和一种本质性的动量交换及能量交换联系着的,这种交换发生于个体和用来进行观察的测量尺杆及时钟之间;而恰好这种交换就是不能被考虑在内的,如果测量仪器要完成它们的使命的话。反之,关于个体单位的动力学行为,以一种单义的方式依据动量和能量的严格守恒而得出的任何结论,显然要求我们完全放弃追踪各该个体单位在空间和时间中的进程。一般我们可以说,因果时空描述方式在整理我们普通经验时的适用性,仅仅依赖于这样一件事实:相对于我们在通常现象中所涉及的作用量来说,作用量子是很小的。普朗克的发现已经给我们带来了一种形势，和有限光速的发现所带来的形势相似。确实，我们的感官所要求的空间和时间的截然划分，其适用性完全依赖于下述事实：和光速相比，我们在日常生活中所遇到的那些速度是很小的。事实上，在原子现象的因果性问题中，测量结果的反比性并不比在同时性问题中各该结果的相对性更加可以忽略。

对于形象化的要求，确定了我们全部语言的性质；上述的形势强迫我们放弃这种要求；当考虑这种放弃时，很有教育意义的是这样一件事实：在简单的心理经验中，我们不但已经会遇到相对论观点的基本特点，而且也会遇到反比性观点的基本特点了。当我们在童年时代坐船或坐车旅行时，我们就熟悉了我们的运动感的相对性；这种相对性和有关触觉之反比性的日常经验相对应。在这儿，我们只要回忆一下心理学家们所时常引证的一种感觉也就够了；当在一个黑暗房间中用一根手杖来摸索方向时，每一个人都曾体验到这种感受。当手杖松松地被握住时，它就对我们的触觉表现为一个客体。但是，当手杖紧紧地被握住时，我们就不再感觉到它是一个外界物体，而触觉印象则变成直接地位于手杖和所探察的物体相接触的那一点了。纯粹从心理经验看来，有一种说法几乎不能算是夸张：由于本性如此，空间概念和时间概念之所以有意义，不过是因为可以忽略和测量工具的相互作用而已。整个说来，一方面是空间概念和时间概念，另一方面是以力的作用为依据的能量观念和动量观念，分析我们的感官印象揭示了这二者的心理学基础的显著独立性。然而，最重要的是，如上所述，这一领域是用反比关系来判别的；这种反比关系依赖于我们的意识统一性，并且和作用量子的物理后果显示着一种显著的相似性。在这儿，我们是在想到情绪和意志的一些众所周知的特征；这些特征完全不能用形象化的图景来表示。特别说来，联想的不断进行和人格统一性的保持之间的明显对立，和另一关系显示着耐人寻味的类似；这就是粒子运动服从叠加原理的波动描述和各粒子的不可消灭的个体性之间的关系。在这儿，原子现象的观察对该现象所发生的不可避免的影响，就和心理经验的一种众所周知的色调变化相对应；这种变化是由于对心理经验的各种要素之一加以注意而引起的。

在这儿，或许还可以简单地谈到存在于心理学领域中的规律性和物理现象的因果性问题之间的那种关系。一方面是支配着精神生活的关于自由意志的感觉，另一方面是和生理过程相伴随的表观上未受扰乱的因果链条，当考虑二者之间的对立时哲学家们确实曾经想到，我们在这儿所涉及的可能是一种无法形象化的互补关系。因此，人们常常有这样一种意见：详细研究人脑的种种过程就会揭露出形成情绪心理经验之单值表象的因果链条，这种研究虽然是办不到的，但却是可以设想的。然而，这样一种理想化的实验，现在却以一种新的面貌出现了，因为我们通过作用量子的发现已经知道，对原子过程进行细致的、因果性的追踪是不可能的，而且知道，求得关于这些过程的知识的任何尝试都会对各该过程的进展发生一种基本上不可控制的干扰。因此，按照上述那种对于脑中过程和心理经验之间的关系的看法，我们必须有准备地接受一件事实：观察前者的尝试，将在意志的感知中带来本质的改变。虽然在现有情况下我们只能涉及适切程度不等的若干类比，但是,我们难免有这样一种信念:在量子理论对我们揭示的位于我们普通知觉形式范围以外的那些事实中,我们已经得到了阐明一般哲学问题的一种手段。

我希望,今天这一特殊机会将使人们能够谅解一个物理学家在一个非本分领域中的探险。首要的是,我的目的是要表示我们对于一些前景所抱的热诚;这些前景已经为整个的科学而打开了。此外,我也切望尽可能有力地强调,新的知识已经何等深刻地动摇了概念体系所依据的基础;在这些概念的基础上,不但建筑着物理学的经典描述,而且建筑着我们全部的普通思考方式。首先是由于这种解脱,我们才有在过去一个世代中所得出的洞察自然现象的绝妙进步,这种进步远远超过了前此几年人们所敢于设想的一切希望。或许,物理学目前状态的最突出的特征就在于:几乎是在研究自然时被证实为有成果的一切想法,都在一种共同和谐中找到了自己的位置,而并未因此而减小其有成果性。为了感谢量子理论创始人在我们面前打开的研究上的可能性,他的同道们才在今天对他表示祝贺。

原子理论和描述自然所依据的基本原理

(1929)

通过我们感官的媒介而体验到的那些自然现象,常常显得是极为多样化和极为不稳定的。为了解释这一点,从很早的时候就曾经假设:现象是由很多微小粒子即所谓原子的联合作用及相互作用所引起的,而这些微小粒子本身则是不变的和稳定的,但是,因为它们很小,所以它们是不能被直接感知的。在超出我们感官所及的领域中要求形象化的图景是否合理,这是一个根本性的问题;完全撇开这个问题不谈,原子理论在起先也必然带有假说的性质;而且,人们曾经相信,由于事物的本性如此,直接洞察原子世界将永远是不可能的;既然如此,人们就必须假设原子理论将永远保持上述性质了。然而,曾在很多其他领域中发生过的事情也在这儿发生了;由于观察技术的发展,可能观察的界限不断地被改动了。我们只要想想借助于望远镜和分光镜而得到的对宇宙结构的洞察,或是想想利用显微镜而得到的关于机体精细结构的知识也就够了。同样,实验物理学方法的非凡发展,已经使我们知道了很多的现象;这些现象用一种直接的方式对我们报道了原子的运动和原子的数目。我们甚至知道了一些现象,它们肯定地可以假设为起源于一个单独原子的作用甚至是起源于原子的一部分的作用。然而,就在关于原子实在性的每一怀疑都已经被排除而且我们甚至已经得到了有关原子内部结构的一种细致知识的同时,我们却已经受到很有教益的提示来想到我们知觉形式的自然界限了。我在这儿所要描绘的,正是这种独特的形势。

时间不允许我对这儿所谈的我们经验的非凡扩展进行详细的描述;这种扩展是用阴极射线、伦琴射线及放射性物质的发现来表征的。我只准备对大家提一提我们通过这些发现所得到的原子图景的主要特点。带有负电的粒子,所谓电子,因为受到一个重得多的带正电的原子核的吸引而被保持在原子中;这种电子是一切原子的公共组成。原子核的质量决定着元素的原子量,但在其他方面却对物质的属性影响很小;这些物质属性主要是依赖于原子核的电荷的,撇开正负号不谈,这一电荷永远等于电子电荷的整数倍。现在已经证实,确定着中性原子中到底有多少个电子的这一整数,恰恰就是确定着元素在所谓自然系(natural system,按即周期系——译者)中的位置的那一原子序数;在自然系中,各元素的物理属性和化学属性方面的独特关系被如此适当地表示了出来。关于原子序数的这一诠释,可以说代表着解决下述问题的一个重要步骤;这一问题长期以来就是自然科学的最大胆的梦想之一:根据纯数的考虑来建立对于自然规律的理解。

上述的发展肯定已经在原子理论的基本概念中引起了某种变化。现在已经不再假设原子是不可改变的而却假设原子的各部分是永恒的了。特别说来,元素的巨大稳定性依赖于这样一件事实:原子核不会受到通常的物理影响及化学影响的作用,这些影响只能引起原子中电子的键合的变化。我们的一切经验都加强了关于电子永恒性的假设,但是我们知道,原子核的稳定性是有较大局限性的。事实上,从放射性元素发出的奇特辐射,给我们提供了原子核破裂的直接证据;在破裂过程中,电子或带正电的核粒子会以很大的能量被射出。就我们根据一切证据所能判断的来看,这种蜕变现象是在没有任何外因的情况下发生的。如果我们有一定数目的镭原子,则我们只能说,其中某一百分数的原子在下一秒中发生破裂的几率是确定的。我们以后还会回到这儿所遇到的因果描述方式的这种独特失败;这种失败是和我们对原子现象的描述的基本特点有着密切联系的。在这儿,我只想提到卢瑟福的重要发现;那就是,在某些情况下,可以由外界的影响引起原子核的破裂。我们大家都知道,卢瑟福成功地证明,某些在其他方面为稳定的元素,当它们的原子核被从放射性核中发出的粒子所击中时,它们的原子核就可能分裂开来。这种人工控制下的元素嬗变的第一个实例,可以说标志了自然科学史中的一个阶段并打开了一个全新的物理学领域,即原子核内部的探索。然而,我并不准备详细叙述这一新领域所开辟的那些前景,而只准备讨论讨论一般的知识;这种知识是通过依据上述原子结构观念来说明元素的通常物理属性和通常化学属性的那些努力而得到的。

初看起来,解决所考虑的问题可能显得是十分简单的。我们所涉及的原子图景,是一个很小的力学体系的图景;在某些主要特点上,这种力学体系甚至是和我们自己的太阳系相像的;在太阳系的描述中,力学曾经得到了如此巨大的胜利,并给我们提供了一个满足通常物理学中的因果要求的主要例证。确实,根据有关各行星瞬时位置及瞬时运动的知识,我们可以在表观地不受限制的精确度下算出各行星在以后任一时刻的位置和运动。但是，当人们考虑原子结构问题时，在上述这种力学描述中可以选取任意初态这一事实却引起了巨大的困难。事实上，如果我们必须考虑无限多个连续变化的原子运动态，那么我们就会和原子具有确定属性这种实验知识发生明显的矛盾。人们或者会相信，元素的属性并不对我们直接报道个体原子的行为，而是相反，我们永远涉及的是适用于多个原子之平均情况的统计规律性。在热的机械理论中，我们就有一个众所周知的实例，表明着在原子理论中运用统计力学考虑的富有成果性；这种理论不但使我们能够说明热力学的基本定律，而且也使我们对于许多一般的物质属性有一个理解。然而，各种元素具有另外一些属性；这些属性使我们能够关于原子各组成部分的运动态得出更加直接的结论。最重要的是，我们必须假设，元素在某些情况下发出的并作为每一元素之特征的光，其品质是本质地取决于单个原子中所发生的过程的。正如无线电波能使我们理解广播电台装置中的电振动的性质一样，根据光的电磁理论我们就必须预期，元素特征光谱中各个谱线的频率，应该给我们提供有关原子中的电子运动的信息。然而，力学并没有给予我们诠释这种信息的充分基础；事实上，由于上述力学运动态连续变化的可能性，甚至连理解明锐光谱线的发生都是不可能的。

然而，普朗克关于所谓作用量子的发现，已经提供了我们描述自然所缺少的要素；为了说明原子的行为，这一要素显然是必要的。这一发现起源于普朗克关于黑体辐射的研究；这种黑体辐射，因为和所用物质的特定属性无关，所以给热的机械理论及辐射的电磁理论的适用范围提供了一种决定性的检验。正是这些理论在说明黑体辐射定律方面的无能为力,就引导普朗克认识了自然规律的一种一向不曾被人注意的普遍特色。这一特色在通常物理现象的描述中肯定是不明显的,但是,在我们对依赖于个体原子的那些效应所作的说明中,这一特色却引起了一种全面的革命。例如,不同于作为习见自然描述之特征的那种对于连续性的要求,作用量子的不可分性要求在原子现象的描述中有一个本质的不连续性要素。当把新知识和我们通常的物理概念方案结合起来时所遇到的困难,通过关于光的本性的讨论而变得特别明显了;虽然从一切较早的实验结果判断起来光的本性问题已经在电磁理论的构架中得到了完全满意的解决,但是,联系到他对光电效应的解释,爱因斯坦却又重新掀起了这一问题的讨论。我们在这儿所遇到的形势,是由这样一件事实来表征的:很明显,我们不得不在有关光传播的两种互相矛盾的观念之间进行抉择;一种是光波的概念,另一种是光量子理论的颗粒观点,每一种观念都表现着我们经验的一些基本方面。我们以后即将看到,这种表观上的两难推论,标志着我们知觉形式的一种和作用量子密切有关的独特局限性。比较仔细地分析一下基本物理概念在描述原子现象时的适用性,就能将这一局限性揭露出来。

确实,只有自觉地放弃我们对于形象化及因果性的通常要求,才能使普朗克的发现在依据我们关于原子各组成部分的知识来解释元素的属性时是富有成果的。将作用量子的不可分性看成一个出发点,作者曾经建议,原子态的每一改变都应该看成一种不能描述得更加细致的个体过程;通过这种过程,原子将从一个所谓的定态进入另一个定态。按照这种观点,元素光谱并不向我们提供和原子各部分的运动有关的信息,而是每一条谱线都和两个定态间的跃迁过程相联系,频率和作用量子的乘积就确定着过程中原子能量的改变。用这种办法,我们发现有可能得到光谱学普遍定律的简单解释,这些定律已由巴耳末、黎德伯和里兹成功地从实验数据中推得。这种关于光谱起源的观点,也得到弗朗克和赫兹关于原子和自由电子间的碰撞的那些众所周知的实验的支持。已经发现,在这种碰撞中可以进行交换的那些能量,是和根据光谱算出的两个定态之间的能量差确切符合的;其中一个就是原子在碰撞之前所处的定态,而另一个则是原子在碰撞之后所可能进入的定态。整个说来,这种观点提供了一种整理实验数据的合理方式,但是,很明显,只有放弃了得到关于个体跃迁过程的细致描述的一切企图,才能得到这种合理性。在这儿,我们离一种因果描述是如此遥远,以致可以说处于某一定态的一个原子在到达其他定态的各种可能跃迁之间是有一种自由选择的。根据事物的本性,我们只能应用几率考虑来预言个体过程的发生;正如爱因斯坦所强调指出的,这一事实和自发放射性转变所适应的条件是密切相似的。

这种处理原子结构问题的方式有一个独特的特色,那就是广泛地使用了整数,而整数在光谱学的经验定律中也是起着重要作用的。例如,定态的分类除了依赖于原子序数以外还依赖于所谓的量子数;关于这种量子数的系统分类,索末菲曾经有过非常大的贡献。整个说来,所考虑的观点已经使我们能够依据我们关于原子结构的普遍观念来在相当大的程度上说明元素的属性及关系了。考虑到对于我们习见物理概念的巨大违背,人们也许会对这种说明的成为可能感到惊奇,因为,归根结底,我们关于原子组成部分的全部知识是以上述那种习见物理概念为基础的。确实,质量和电荷之类的概念的任何应用，显然是和力学定律及电动力学定律的运用相等价的。然而，在下述要求中已经发现了一种方法，可以在经典理论不再成立的其他领域中使这样一些概念成为有用；人们要求，在作用量子可以忽略不计的那种边缘区域中，量子力学的描述要和习见的描述直接汇合起来。在量子理论中应用经过再诠释的每一经典概念的那种努力，在所谓对应原理中得到了表现；这种再诠释应该满足上述要求，而并不和作用量子不可分性的公设发生分歧。然而，在实际地完成以对应原理为依据的完备描述之前，还有很多困难要克服，而且，表述一种首尾一致的量子力学只有在最近几年才成为可能；这种量子力学可以看成经典力学的自然推广，而且，在这种量子力学中，连续的因果描述被换成了基本上是统计性的描述方式。

走向这一目的的一个决定性的步骤，是由年轻的德国物理学家沃尔纳·海森伯作出的；他曾证明，普通的运动概念可以在无矛盾的方式下换成经典运动定律的形式化的应用，而作用量子则只出现于某些运算法则中，这些法则适用于代替了力学量的那些符号。然而，对于量子理论问题的这一巧妙处理，却对我们的抽象能力提出了巨大的要求，因此，在量子力学的发展和澄清中，一些新技巧的发现就曾经是具有深远意义的了；这些技巧虽然具有形式化的性质，但却更加满足形象化的要求。我所指的是由路易·德布洛意所引入的物质波的概念；这种概念在薛丁谔的手中已被证实为如此地富有成果，尤其是当联系到定态的概念时——各个定态的量子数，被诠释为代表着各该定态的驻波的节面数。德布洛意的出发点，就是存在于支配着光传播的那些定律和适用于物质客体运动的那些定律之间的相似性;这种相似性在经典力学的发展中已经是如此重要的了。事实上,波动力学形成上述爱因斯坦光量子理论的一个自然的对立面。正如在光量子理论中一样,在波动力学中我们也并不是处理的一种自足的思维方案,而是正如玻恩所特别强调的那样,处理的是表述支配着原子现象的那些统计规律的一种权宜之计。诚然,从它的方式来看,电子被金属晶体反射的实验对物质波概念所提供的证实,是和关于光传播的波动观念的实验证据同样带有决定性的。然而,我们必须记得,物质波的应用只限于那样一些现象,在各该现象的描述中必须将作用量子考虑在内,从而这些现象也就是位于某一领域之外的;在那一领域中,有可能完成一种和我们的习见知觉方式相适应的因果描述,而且,在那一领域中,我们可以赋予"物质的本性"和"光的本性"这一类的说法以通常理解下的含义。

借助于量子力学,我们掌握了一个广阔的经验范围。特别是,我们能够说明关于元素的物理属性及化学属性的很多细节。最近以来,甚至已经能够得到关于放射性转变的一种诠释;在这种诠释中,适用于这些过程的经验几率定律,表现为量子理论所特有的那种独特统计描述方式的一个直接推论。这种诠释为波动观念的富有成果性和它的形式化本性提供了一个卓越的例证。一方面,我们在这里和习见的运动概念有一种直接的联系,因为,由于原子核所放出的那些碎片能量很大,从而这些粒子的路径是可以直接观察的。另一方面,通常的力学概念完全不能给我们提供有关蜕变过程之历程的描述,因为,按照这种概念,原子核周围的力场将阻止各粒子从原子核中逸出。然而,根据量子力学,事态却是颇为不同的。虽然力场仍然是一种障碍，会使大部分的物质波折回，但是，它却允许一小部分物质波透出。在某一段时间内这样透出的一部分波，就给我们提供了原子核在该段时间内发生破裂的几率的一种量度。不加上述条件而谈论"物质的本性"，其困难几乎不可能显示得再突出一些了。

在光量子概念的情况，在我们的观念图景和可观察光效应之发生几率的计算之间，也存在类似的关系。但是，按照经典的电磁学概念，我们并不能赋予光以任何严格意义下的物质性，因为光现象的观察永远依赖于对物质粒子的一种能量传递和动量传递。光量子概念的可理解的内容，倒不如说限于使我们能够考究能量和动量的守恒的那种说明。归根结底，下述事实毕竟是量子力学的最独特的特色之一：尽管经典力学概念及经典电磁学概念有其局限性，但是，保持能量守恒定律和动量守恒定律却是可能的。在某些方面，这些定律形成作为量子理论基础的物质粒子永恒性假设的一种完美无缺的对立面；这一假设在量子理论中严格地得到保持，尽管一些关于运动的观念是被放弃了的。

正如经典力学一样，量子力学也宣称要对它的适用范围内的一切现象作出详尽无遗的说明。确实，比较仔细地考察一下我们通过原子现象的直接测量所能得到的信息以及在这方面我们对基本物理概念的应用所能赋予的含义，就可以得出对原子现象应用根本上是统计性的描述方式的必然性。一方面，我们必须记得，这些基本物理概念的含义是完全和习见的物理想法联系在一起的。例如，基本粒子的永恒性形成任何关于时空关系的说法的前提，正如能量守恒定律和动量守恒定律形成能量概念和动量概念的任何应用的基础一样。另一方面,作用量子的不可分性这一公设,就代表着完全超出经典观念之外的一个要素;在测量的情况下,这一要素不但要求客体和测量仪器之间的一种有限的相互作用,而且甚至要求在我们对这种相互作用所作的说明中有一种确定的活动范围。由于有这种情况,以在空间和时间中排比基本粒子为目的的任何测量,都要求我们放弃对于粒子和用来作为参照系的测量尺杆及时钟之间的能量交换及动量交换进行严格的说明。同样,粒子能量和粒子动量的任何测定,都要求我们放弃粒子在时间和空间中的精确标示。在这两种情况下,测量的本性所要求的经典概念的应用,预先就是和严格因果描述的放弃相等同的。这样的考虑直接导致反比式的测不准关系式;这种关系式是海森伯建立起来的,他曾利用这种关系式作为彻底考察量子力学逻辑无矛盾性的基础。正如作者所证明的,我们在这儿所遇到的这种根本的不确定性,可以认为直接地表示着形象化概念在原子现象之描述中的适用性的绝对界限;这种界限出现于一种表现上的两难推论中,该推论出现于光的本性和物质的本性这一问题中。

就这样,我们不得不在原子现象的描述中对于形象化和因果性有所放弃;这种放弃很可能被认为是形成原子观念出发点的那些愿望的一种挫折。但是,从原子理论的目前观点看来,我们必须认为这种放弃本身就是我们理解力的重大进步。确实,在我们有理由期望科学的普遍基本原理可以适用的那种领域中,是不存在这些原理的失效问题的。事实上,作用量子的发现,不但向我们指示了经典物理学的自然界限,而且,由于刷新了不以我们的观察为转移的现象的客观存在这一古老哲学问题,这一发现也使我们面临着自然科学中一种前所未见的形势。正如我们已经看到的，任何观察都需要和现象的进程发生一种干扰；这种干扰具有这样一种性质：它会使我们失去因果描述方式所依据的基础。就这样，自然本身就对我们谈论客观存在的现象的可能性加上了限制；就我们所能判断的看来，这种限制恰恰是在量子力学的表述中得到表达的。然而，这并不能看成进一步前进的障碍；我们只应该对一种必要性有所准备，那就是，必须越来越广泛地脱离我们对于直接形象化的自然描述的习见要求。最重要的是，我们可以在量子理论和相对论相遇的领域中期待新的惊人事件，在这一领域中，一些悬而未决的困难仍然存在，它们阻碍着我们知识广度的全面融合，以及这两种理论给予我们的说明自然现象的不同权宜方式之间的全面融合。

即使是在这一演讲的结尾，我也很愿意有一个机会，来强调爱因斯坦的相对论在物理学的最近发展中在使我们解脱对于形象化的要求方面的巨大意义。我们已经从相对论中学习到，我们的感官所要求的空间和时间的截然划分，其适宜性只不过依赖于这样一件事实：通常出现的速度是比光速小得多的。同样，我们可以说，普朗克的发现已经引导我们认识到，用因果要求来表征的我们整个的习见态度，其适宜性完全依赖于这样一件事实：和我们在通常的现象中所涉及的作用量比较起来，作用量子是非常小的。相对论提醒我们想到一切物理现象的主观性，这是一种本质地依赖于观察者运动状态的性质；同样，量子理论所阐明的原子现象及其观察的结合，也强迫我们在应用我们的表达方式时要保持一种慎重性；这种慎重性和心理学问题中所需要的那种慎重性相类似：在心理学问题中，我们不断地遇到区划客观内容的困难。我希望我不致被误解为企图引入一种和自然科学精神不相容的神秘主义；为了免除这种误解，我或许可以在这方面请大家想到两种讨论之间的独特平行性：一种是重新掀起的关于因果原理之正确性的讨论，另一种是自从很早的时代就已持续进行的关于自由意志的讨论。正如意志自由是我们的心理生活的经验范畴一样，因果性可以认为是我们用来将我们的感官印象加以条理化的一种知觉形式。但是，与此同时，我们在这两种情况中都涉及一些理想化，它们的自然界限是有待探讨的，而且它们在下述意义上是彼此依存的：在主体和客体之间的关系中，意志感和因果要求是同样不可缺少的两种要素，而这种关系则形成知识问题的核心。

在结束以前，在这样一次自然科学家的联合会议上接触到一个问题或许是很自然的；问题就是：我在这儿所描述的我们关于原子现象的知识的最近发展，可以给关于生命机体的问题带来什么样的光明？虽然现在还不可能对这一问题提出一种详尽无遗的回答，但是，我们或许已经可以窥见生命机体问题和量子理论思想之间的某种联系了。这方面的第一个暗示，我们是在下述情况中找到的：在机体和感官印象所依赖的外在世界之间，相互作用可以小到和作用量子相接近的地步，无论如何在某些情况下是如此的。正如人们常常提到的，少数几个光量子就足以造成一种视觉印象。因此，我们看到，机体的独立性和灵敏度方面的要求，在这儿是在自然规律所允许的最大限度内得到满足的；而且，在对于表述生物学问题具有决定性意义的其他论点上，我们对于遇到类似情况也必须有所准备。然而，如果生理现象显示出一种发展到上述极限的精致性，那么，这就确实意味着，我们同时也接近了借助于我们通常的形象化观念来对这些现象进行单义描述的极限。这一点绝不和下述事实相矛盾:生命机体相当广泛地给我们提出一些问题,这些问题属于我们的形象化知觉形式范围之内,并且曾经形成了物理观点和化学观点的一个有成果的适用领域。而且我们也看不到这些观点的适用性的任何直接的极限。正如我们在原则上不需要区分水管中的水流和血管中的血流一样,我们同样也不应该在神经中感官印象的传播和金属导线中电的传导之间预先期待任何深入的根本性的差别。诚然,对于所有这些现象来说,一种细致的说明就会把我们带到原子物理学的领域中;确实,单就电传导而言,我们在非常晚近的几年中才刚刚得知,只有那种作为量子理论之特征的关于我们的形象化运动概念的界限,才使我们能够理解电子在导线的金属原子之间如何可以前进。然而,在这些现象的事例中,对于说明那些首先需要我们加以考虑的效应来说,描述方式的这样一种改进是并非必要的。但是,在更加深奥的生物学问题中,我们所关心的是机体反应外界刺激时的自由和适应能力,而对于这种问题来说,我们就必须期待发现这样一件事实:更大范围的联系的认知,将要求我们把一些条件考虑在内,这些条件和在原子现象的情况下确定着因果描述方式的界限的那些条件相同。此外,就我们所知,意识是和生命不可分割地联系着的,而这一事实就应该使我们准备发现这样一种情况:生和死之间的区别问题,本身就是不能用言辞的通常意义来概括的。一个物理学家竟然接触到这样一些问题,这或许可以用一个理由来进行辩护,那就是,物理学中的新形势,曾经如此有力地提醒我们想到一条古老的真理:在伟大的存在戏剧(drama of existence)中,我们既是观众又是演员。

第 二 卷

原子物理学和
人类知识
（1932—1957 年）

原　　序

这一文集是最近25年内在各种场合下写成的，它是以前一些文章的继续；以前那些文章曾由剑桥大学出版社结集出版(1934)，题名“原子理论和对自然的描述”。各文的主题，是原子物理学之近代发展所带给我们的认识论上的教益，以及与此有关的许多人类知识领域中的分析与综合。该集中的文章，是在那样一个时期写成的，当时量子力学数学方法的建立已经为原子现象的彻底处理创造了坚实的基础，而且，在这种体系中，对经验作无歧义说明的条件是用互补性(complementarity)概念来表征的。在本册所收的论文中，这种处理方式在逻辑表述上得到了进一步的发展，而且得到了更广泛的应用。当然，很多重复是不可避免的，但是我们希望这可以表明我们的论证(尤其是简约的术语)正在逐步明晰起来。

在发展本集所述的种种观点的过程中，我同哥本哈根大学理论物理研究所过去和现在的同事们所进行的讨论对我极有裨益。对于本集各文给予的帮助，我特别感谢现在斯德哥尔摩大学和曼彻斯特大学的奥斯卡·克来恩和雷昂·罗森菲耳德，同样我也感谢哥本哈根研究所的斯忒藩·罗森塔耳和奥格·皮特森。在这些文章的准备和付印方面，S.海耳曼夫人曾经给予最得力的帮助，我也在此谨致谢忱。

尼耳斯·玻尔

1957年8月于哥本哈根

引　　言

对于一般哲学思维的发展来说，物理科学的重要性，不但在于它对我们与日俱增的有关自然界——我们自己也是自然界的一部分——的知识有所贡献，而且在于它时常提供一些检验和精化我们的观念工具(conceptual tools)的机会。在本世纪中，关于物质的原子构造的研究，曾经给经典物理概念的范围揭示了一种出人意料的界限，而且曾经刷新了结合在传统哲学中的那种对于科学解释的要求。本来，理解原子现象需要一些基本概念，现在，无歧义地应用这些概念的基础受到了修正；那么，这种修正的影响也就远远超出了物理科学这一特殊领域。

众所周知，原子物理学的发展给我们带来的教益，主要就在于认识了原子过程中的一种整体性特色，这种特色是通过作用量子的发现而显示出来的。以下的文章将介绍量子物理学现状的主要方面，同时也将强调指出，这种现状和我们在其他知识领域中的地位有些什么相似之点；那些所谓其他的知识领域，是指机械自然观范围以外的一些领域。我们不是在这儿处理那些多少有点模糊的类似性，而是要考查正确运用我们表达事物的思维手段的条件。这些考虑不但旨在使我们熟悉物理科学的新颖现状，而且，由于原子问题有着比较简单的特点，这也可能有助于弄清楚在一些更广阔的领域中进行客观描述的条件。

这里所收的七篇文章，虽然是如此紧密地相互联系着的，但是它们却形成分离的三组，各组依次写于1932—1938年、1949年和1949—1957年。头三篇论文是和上集的文章直接有关的；文中针对生命机体及人类文化所显示的整体性特点讨论了生物学问题及人类学问题。当然，我们根本不曾企图对这些课题提出一种囊括无遗的处理；我们仅仅企图指出，这些问题是怎样在原子物理学一般教益的背景上凸显出来的。

第四篇文章处理了物理学家们对量子物理学引起的认识论问题所进行的讨论。由于课题的性质，多少涉及一些数学工具是不可避免的，但是，要理解这些辩论并不需要什么专门知识。争辩的结果使我们明确了观察问题的新方面；这种新方面受到下述情况的蕴涵：原子客体和测量仪器之间的相互作用，构成量子现象中一个不可分割的部分。因此，用不同实验装置得到的证据，并不能按照惯常的路线来加以概括，而且，考虑到获致经验时种种条件的必要性，就直接要求我们使用互补性的描述方式。

最后一组文章是和第一组文章密切相关的；但是，在介绍量子物理学的现状时应用的术语已作改善，我们希望这样的术语可以使一般的论证更为易懂。当把这种术语应用于范围更广的问题时，我们特别强调了无歧义地应用那些用来说明经验的概念时的先决条件。论证的要点是：为了得到客观的描述和协调的概括，几乎在每一个知识领域中都必须注意获致证据时所处的情况。

光和生命

(1932)

作为一个只限于研究无生物体的属性的物理学家，我在接受盛情的邀请来在这样一个科学家的集会上发表演说时是不无踌躇的。今天，诸位科学家会聚一堂，为的是推进我们关于光在治疗疾病上的有益效果的知识。对于这一门美好的、对人类福利如此重要的科学，我实在不能有所贡献。我最多只能谈谈纯无机的光现象；这种现象多少年来特别吸引了物理学家们的注意，其最大原因就在于光是我们的主要观察工具这一事实。然而，我曾经想到，借此机会通过这样一次谈话来接触一个问题也许是有兴趣的，那就是：在较狭窄的物理学领域中得到的结果，可以在多大程度上影响我们对于生物在自然科学大厦中所占地位的看法？尽管生命之谜有着很微妙的性质，这一问题却在科学的每一发展阶段中都出现过；科学解释的本义，就在于将比较复杂的现象分析为比较简单的现象。在目前，使得老问题又获得了新兴趣的，是对自然现象进行力学描述的根本局限性；这种局限性是由原子理论的最近发展揭示出来的。这一发展恰恰就起源于光和物体之间的相互作用的较深入的研究；这种相互作用表现了一些特色，它们不满足一向认为一种物理解释所必须满足的要求。正如我将尽力阐明的，物理学家们为了掌握这一情况而作的努力，在某些方面颇像生物学家们向来就多多少少直觉地对生命特征所抱的态度。但是，我愿意同时强调一下，只有在这种形式的方面，光和生命才显现一种类似性。光，这或许是一切物理现象中最不复杂的一种；生命，它却表现着一种科学分析所难以捉摸的多样性。

按照物理学的观点，光可以定义为在隔着一个距离的物体间进行的能量传递。众所周知，这种效应在电磁理论中得到了一种简单解释，而电磁理论则可以看成为了缓和超距作用与近距作用之间的矛盾而对经典力学作出的一种合理的引申。按照这种理论，光被描述为耦合着的电振荡和磁振荡，它和通常的无线电波之间的区别，只在于振荡频率较高和波长较短而已。光的传播，在实际上可说是直线的；当用肉眼或适当仪器来确定物体位置时，就是以这种直线传播为根据的。而事实上，光的直线传播完全依赖于光的波长远小于所涉及的物体线度及仪器线度这一事实。同时，光传播中的波动特点，不但是我们说明色现象的基础，而且它对于光学现象的任何精密分析来说也是不可缺少的——在光谱学中，色现象曾经提供了有关物质结构的十分重要的报道。作为上述这种光学现象的一个典型例子，我只要举出干涉图样就可以了；当光可以从光源沿着两条不同的路程传播到一个屏上时，这种干涉图样就会出现。这里我们发现：在屏上，在两个波列的周相一致的那些点上，也就是说，在两个光束中的电振荡、磁振荡具有相同方向的那些点上，两个光束所将分别引起的那些效果是加强的；在这种振荡具有相反方向而两个波列又被称为具有异周相的那些点上，二光束的效果减弱甚至可以消失。这种干涉图样给光传播的波动图景提供了如此彻底的验证，以致这种图景不能看成通常意义下的假说,而应该看成所观察现象的恰当解释。

但是,大家知道,由于在能量传递的机构中发现了原子性的基本特色,而且从电磁理论的观点看来这种原子性十分难以理解,因此,近年以来,光的本性问题又重新被人们讨论起来。事实上,任何的光能传递过程都可以追溯到一些个体过程;在每一个这样的个体过程中,有一个所谓的光量子被交换;光量子的能量,等于电磁振荡频率和普适作用量子(或称普朗克恒量——Planck's constant)的乘积。在光效应的原子性和电磁理论中能量传递的连续性之间,存在着明显的矛盾;这种矛盾给我们提出了一个两难推论,它是物理学中从未遇到过的。例如,尽管光传播的波动图景显然不够完备,但却绝不存在把它换成某种以普通力学概念为基础的其他图景的问题。特别是,必须强调,光量子不能被看成可以具有通常力学意义下的确定轨道的一种粒子。如果我们用一个不透明的物体把其中一个光束挡住,以保证光能只经过光源和屏之间的二路程之一来进行传播,那么干涉图样就会完全消失;与此同样,在必须重视光的波动结构的任何现象中,要想追寻个别光量子的路径而不致严重地扰乱所研究的现象,也是不可能的。事实上,我们的光传播图景的空间连续性和光效应的原子性,乃是两个互补的方面;这种说法的含义是,它们说明着光现象的同等重要的两个特点,这两个特点绝不能被置于直接矛盾的情况下,因为在力学上对它们进一步加以分析时就要使用互相排斥的实验装置。同时,正是这种情况迫使我们放弃光现象的完全的、因果性的说明,并迫使我们只好满足于几率规律;这些规律所根据的事实是:能量传递的电磁描述,在统计意义上仍旧是正确的。这就形成所谓对应论证的一种典型应用;所谓对应论证,就是表示要在最大程度上力求应用经典力学理论及经典电磁理论中的概念,尽管这些理论和作用量子是互相矛盾的。

在起初,这种情况可能显得令人很不舒服;但是,正如科学上常常发生的情况那样,当新的发现使我们认识到一向认为不可缺少的那些概念也有其本质的局限性时,我们就获得了这样的报酬:我们得到更全面的看法和更高的能力,可以把过去甚至可能显得互相矛盾的那些现象联系起来。确实,作用量子所表示的经典力学的界限,曾经给我们提供了理解原子内在稳定性的一个线索;自然现象的力学描述,就是以这种稳定性为其根本依据的。当然,原子的不可分性无法用力学术语来理解,这从来就是原子理论的基本特征;甚至在原子的不可分性被组成原子及分子的基本带电粒子(电子和质子)的不可分性所代替以后,这种情况实际上也未改变。我所要涉及的,不是这些基本粒子的内在稳定性问题,而是由它们组成的原子结构的内在稳定性问题。如果我们从力学观点或电磁理论观点来处理这一问题,我们就找不到充分根据来说明各元素的特殊属性,甚至找不到充分根据来说明刚体的存在——我们用来在时间和空间中整理各种现象的一切测量,归根结底是依赖于刚体的存在的。这些困难,现在被一种认识所克服了;人们认识到,一个原子的任何一次确定的变化,都是一个单独的过程,代表着原子从它的一个所谓定态到另一个所谓定态的完整跃迁。而且,既然在原子发射光或吸收光的跃迁过程中恰恰有一个光量子被发射或被吸收,那么,通过光谱学的观察,我们就能直接测定每一个定态的能量。通过研究原子碰撞中及化学反应中的能量交换,这样得出的知识也曾经很有教益地得到了证实。

近年以来,沿着对应论证的路线,原子力学曾经得到了显著的发展;这种发展给我们提供了计算原子定态能量及计算跃迁过程几率的适当方法,于是就使我们对原子属性所作的说明,变得像利用牛顿力学来对天文经验所作的标示一样可以理解了。尽管原子力学的一般问题比较复杂,但是,对于上述发展来说,我们在分析较简单的光学现象时所得到的教益,却曾经是最为重要的。例如,在定态概念的无歧义应用和原子内在运动的力学分析之间,存在着一种互补关系,就如同光量子和辐射的电磁理论之间的互补关系一样。事实上,追索跃迁过程之细致历程的任何企图,都将涉及原子和测量仪器之间的一种不可控制的能量交换,这种能量交换将完全打乱我们所要研究的能量平衡。只有在所涉及的作用量远远大于一个作用量子、从而可以把现象划分得更细的情况下,才能够对经验进行因果性的力学描述。如果这个条件并不满足,那么测量仪器对所研究客体的作用就不能被忽视,而这种作用就会在作通常形式的完备力学描述时所需的各种报道之间引起互斥性。这种原子现象的力学分析所具有的表观不完备性,归根结底是起源于忽视了任何测量过程中都固有的客体对测量仪器的反作用。正如相对性这一普遍概念表明任何现象都和用来在时间、空间中标示它的参照系有着本质联系一样,互补性这一概念也可以用来表示原子物理学中所遇到的根本界限:现象的客观存在和观察它们的方法有关。

力学基础的这一修正,一直扩展到物理解释这一概念本身;这一修正,不但对于充分理解原子理论的现状来说是必不可少的,而且它也提供了一种按照和物理学的关系来讨论生命问题的新背景。这绝不是说，我们在原子现象中会遇到一些比普通的物理效应更和生物属性相近的特点。初看起来，原子力学的本质上的统计性，甚至是和出奇精致的生物器官相矛盾的。然而，我们必须记得，正是这种互补性的描述方式为原子过程中的规律性留下了余地；这种规律性是力学中所没有的，但在我们说明生命机体的行为和无机物质的特性时都是同等重要的。例如，在植物的碳素同化过程中——动物的营养也大量依赖于这个过程——我们遇到的是这样一种现象；在理解该现象时，光化学过程的特殊性显然是不可缺少的。同样，原子结构的非力学的稳定性也惹人注意地表现在叶绿素或血红蛋白这一类高度复杂化合物的特性中，而叶绿素及血红蛋白在植物的同化及动物的呼吸中是起着根本作用的。但是，比起认为生物和钟表之类的纯机械装置相类似的那种看法来，从一般化学经验得来的类似性（例如古代人们把生命和火相比拟的做法），并不能提出有关生命机体的更加令人满意的解释。事实上，生物的主要特征必须到一种奇特的有机体中去找；在这种有机体中，可以用普通力学来加以分析的一些特点和典型的原子论的特点交织在一起，其交织程度是无生命物质中的交织程度所无法比拟的。

关于这种有机体的发展程度，眼的构造和机能提供了一个有教育意义的例证；在探讨眼的构造和机能方面，光现象的简单性又曾经是最有帮助的。我不准备在这儿涉及细节问题，我只想提醒大家，眼科学如何对我们揭示了作为一种光学仪器的人眼的理想属性。确实，不可避免的干涉效应对成像所加的限制，实际上是和一些网膜分区的大小相一致的,这些网膜分区各自有其独立的神经和脑部相连。不但如此,既然每一网膜分区吸收单独一个光量子就能造成视觉印象,那么,眼的灵敏度就可以说已经达到了光过程的原子性所规定的极限了。在这两个方面,眼的效率实际上和在下述装置中所得到的效率相同;这种装置就是,把一个良好的望远镜或显微镜和一个适当的放大器连接起来,使得每一个单独过程都可以被观察到。诚然,利用这样的仪器可以大大地增强我们的观察能力,但是,由于受到光现象的基本性质的限制,比眼更有效地适应其本身目的的仪器是不可设想的。现在,通过物理学的最近发展而认识到的这种眼的理想精密性就使我们想到:其他的器官,不论是用来从环境接收信息的还是用来对感觉发生反应的,也都会对其本身目的显示同样的适应性,而且,在这些器官中,用作用量子来表示的那种个体性的特点,也会在和某种放大机构的关系方面显示出具有决定意义的重要性。在眼中追索这种极限是可能的,而在任何其他器官中则迄今为止是不可能的;其所以如此,不过是由于以上曾经谈到的光现象的极端简单性而已。

然而,认识到原子论特色在生命机体的机构中的根本重要性,还绝不足以得到有关生物学现象的概括解释。因此,当前的问题是,在我们根据物理经验而对生命有所理解之前,是不是在自然现象的分析中还缺少某些基本的要素呢?尽管千变万化的生物学现象实际上可以说是不可穷尽的,但是,如果不对"物理解释"所应有的含义进行比作用量子这一发现所要求的更为深入的检验,那么上述问题的答案就是无法得出的。一方面,在生理学研究中经常出现的那些和无机物质的特色如此不同的奇妙特色,曾经把生物学家引向一个信念，认为不可能按照纯物理的概念来正确理解生命的重要特点。另一方面，设想有一种奇怪的、物理学家所不知道的“生命力”控制着有机生命，也很难使所谓活力论(vitalism)的观点得到清晰的表达。事实上，我想我们大家都同意牛顿的看法：科学的终极基础，就是关于大自然将在相同条件下显示相同效应的预期。因此，如果我们竟然能把关于生命机体的机构的分析推进到原子现象的分析的地步，那么，我们就不应该期望找到无机物质所没有的任何特点。然而，在这个两难推论中必须记住，生物学研究的条件和物理学研究的条件是不能直接相比的，因为保持研究对象的活命的必要对前一种研究加了一种限制，这种限制在物理学中找不到它的对应。例如，如果我们企图研究一个动物的各种器官，直到能够说出单个原子在生命机能中起什么作用的地步，那么我们就无疑地要杀死这个动物。在有关生命机体的每一实验中，必然要在各机体所处的物理条件方面留下某种不确定性；而这种想法也就提示说，我们所必须留给机体的最小自由，将刚好大到足以使该机体对我们“保守其最后秘密”的地步。按照这种观点，生命的存在，恰恰就应该被认为是生物学中的一种基本事实，就如同作用量子的存在应该被认为是原子物理学中不能从通常的机械物理学推出的基本事实一样。事实上，原子稳定性在本质上不能用力学来加以分析，作为生命之特征的那些奇特机能也不能用物理学或化学来加以解释，而在这种不可分析性和不可解释性之间是存在着一种切近的类似性的。

然而，在追溯这种类似性时我们必须记得，在原子物理学和生物学中，问题表现着一些本质上不同的方面。在原子物理学领域中，我们的兴趣主要在于物质在最简单形态下的行动；而在生物学领域中，我们所考虑的物质体系的复杂性却带有一种根本性质，因为即使是最原始的机体也包含着很多很多个原子。不错，普通力学的广阔适用范围，包括对原子物理学中所用仪器的说明在内，恰恰就是根据的这样一种可能性：当我们处理包含很多很多原子的物体时，可以充分地忽视作用量子所规定的描述中的互补性。尽管原子论特色有着本质上的重要性，但是，作为生物学研究的特点的却是另一事实：我们永远不能把任一单独原子所在的外界条件，控制得像原子物理学中基本实验的条件那样细致。事实上，我们甚至不能说出哪些特定原子是确实属于某一生命机体的，因为任何一种生理机能都伴随着一种物质交换过程，通过这种过程，一些原子经常在组成生物的有机体中出出进进。事实上，这种物质交换过程在一个生物机体的所有部分中扩展到这样一种程度，以至于我们不能在原子规模下明确区分生物机构的两种特点：一种是可以用普通力学来加以无歧义说明的，另一种是肯定需要考虑到作用量子的。物理学研究和生物学研究之间的这一根本区别，意味着不能给物理概念对生命问题的适用性定出一个明确的界限，来和因果性力学描述领域及原子力学中的真正量子现象之间的界限相对应。上述类似性的这种表观局限性，其根源一直深入到生命和力学这些名词的定义，这种定义归根结底是公约性的。一方面，如果我们不来分辨生命机体和无生命物体，而把生命概念引申到一切自然现象中去，那么生物学中的物理学界限问题就不再有什么意义。另一方面，如果我们按照日常语言把“力学”一词理解为自然现象的无歧义的因果描述，那么像原子力学这样一个名词也就没有意义了。我不准备进一步讨论这种单纯的术语问题;我只要指出,我们所考虑的类似性,其要素也就在于两种事物之间的明显互斥性:一方面是个体的自我保存和自我繁殖这一类典型的生命特点,另一方面是任何物理分析所必需的可分性。由于存在这种本质上的互补特点,力学分析中所没有的目的概念,就在生物学中找到了一定的用武之地。确实,在这种意义上,目的论的论证可以认为是生理学描述中的合法特色;这论证适当照顾到生命的特征,就像原子物理学中的对应论证照顾到作用量子一样。

当然,在讨论纯物理概念对于生命机体的适用性时,我们曾经像看待物质世界的任何其他现象一样来看待生命。然而,几乎用不着强调,作为生物学研究之特征的这种态度,绝不能引起对生命的心理学一面的任何忽视。恰恰相反,认识到力学概念在原子物理学中的局限性,倒不如说是更适于调和生理学观点和心理学观点之间的表观矛盾的。事实上,在原子力学中必须考虑测量仪器和所研究客体之间的相互作用,这种必要性和心理分析中的一些奇特困难很类似,那些奇特困难起源于这样一件事实:当把注意力集中于心理内容的任一特殊方面时,心理内容本身就必然会改变。这种类似性为心理—物理平行论提供了重要的阐释;把这种类似性加以扩大将使我们离题太远。然而,我愿意强调一下,这儿所谈的这种性质的考虑,是和想要在原子现象的统计描述中寻找对物质行为加以精神影响的新可能性的任何企图都是完全相反的。例如,人们有时说,某一原子过程在身体中发生的几率,可能受到意志的直接影响;按照我们的观点,这种看法是不可能有什么明确意义的。事实上,按照心理—物理平行论的广义解释,意志自由应该看成和那样一种生物机能相对应的意识生活的特点，该种生物机能不但不能适用因果性的力学描述，而且甚至也不能在物理上被分析到足以明确适用原子物理学统计规律的那种程度。用不着进入形而上学的猜测，我或许可以再说一句：对于"解释"这一概念的分析很自然地要和取消对我们自己的意识活动的解释同始同终。

最后，几乎用不到强调，我在这儿所说的一切，绝没有对物理科学及生物科学的未来发展表示任何怀疑的意思。事实上，这样的怀疑主义是现时代物理学家们所不能设想的；在这个时代，正是由于认识到我们的最基本概念的局限性，才引起了物理科学的如此惊人的发展。放弃对于生命的解释，也不曾妨碍已经在生物学各分支中发生了的奇妙的进步，包括在医学上被证实为如此有益的那些进步在内。即使我们不能在健康和疾病之间画一条明确的分界线，只要我们不离开前进的大道，在作为本会议题的这一特殊领域中就不会有怀疑主义存在的余地。从芬森(Finsen)的开创性的工作开始，人们就已经沿着这一大道成功地前进了*。这一大道的突出标志，就在于把研究光疗法的医学效果和研究光的物理特点最为紧密地结合起来。

* 芬森是丹麦"光疗学"的先驱，曾获得 1903 年度诺贝尔医学奖，是丹麦第一个获得诺贝尔奖的学者。在尼耳斯·玻尔研究所所在的"漂布塘路"的右首街角处，有一座雕像，表示了一些人如何同疾病作斗争，那就是为芬森建造的。——译者注

生物学和原子物理学

(1937)

伽瓦尼(Galvani)的不朽工作*,在整个科学领域中开创了一个新时代;他的工作是一个最辉煌的例证,说明把对无生命自然界规律的探讨和对生命机体属性的研究密切结合起来是极有成果的。因此,借此机会回顾一下多少年来科学家们对物理学和生物学之间的关系问题所持的态度,特别是讨论一下最近期间原子理论的非凡发展在这方面所创造的前景,可能是合适的。

自从科学刚刚萌芽的时候起,在企图对千变万化的自然现象得到一种概括的看法方面,原子理论就曾经成为兴趣的焦点。例如,德谟克利特(Democritus)就曾经以非常深刻的直觉能力强调过,对于物质普通属性的任何合理说明,都需要用到原子论;大家知道,他也曾经企图利用原子论的概念来解释有机生命的特色,甚至解释人类心理的特色。由于这种极端唯物的观念带有相当的幻想性,所以就引起了一种很自然的反作用:亚里士多德(Aristotle),以其对当时物理知识及生物知识的同样精湛的理解,

---

* 路·伽瓦尼是一位生物学家;他在解剖工作中发现,当青蛙的神经或肌肉和不同的金属接触时,青蛙的腿将发生痉挛现象。这种发现导致后来所谓接触电势差的研究,随后就导致了化学电池的制造。——译者注

完全地摒弃了原子理论,并试图提供一个充分广阔的构架,以根据本质上是目的论的概念来说明丰富的自然现象。然而,由于人们逐渐认识到一些基本自然规律对无生物体和有生机体都同样适用,亚里士多德学说的夸大性也就被揭露了出来。

在这方面,当想到以后成为物理学真正基础的那些力学原理的建立时,注意到下述事实是不无兴趣的:按照大家熟悉的一种传说,阿基米德(Archimedes)关于浮体平衡原理的发现,是受到了他自己的身体在浴盆中升起时的感觉的启示,但这一发现也同样可能根据石头在水中会变轻的那种普通经验来得到。同样,伽利略(Galileo)通过观察美丽的比萨教堂中的挂灯摆动而认识了动力学的基本规律,而不是通过注视秋千上的一个小孩而认识了这种规律,这也应该认为是十分偶然的。但是,对于人们逐步认识到控制着自然现象的那些原理的本质统一性来说,这种[生物和无生物之间的]纯粹外表上的类似性,当然不会起多大作用;它当然不如生命机体和工业机械之间的那种根源深远的相似性来得重要。这种相似性,通过解剖学和生理学的研究而被揭示了出来;这种研究在文艺复兴时代曾经进行得非常强烈,尤其是在这儿,在意大利。

这种对待自然哲学的新的、实验性的处理方式,从两个方面受到了同样的鼓励,那就是,由哥白尼(Copernicus)的见解而带来的世界图景的扩大,以及由哈维(Harvey)的伟大成就而引起的对于动物身体中循环机构的阐明。这种处理方式开辟了一些前景;对于这种前景所抱的热诚,在玻勒利(Borelli)的工作中得到了或许是最突出的表现,他曾经非常细致地阐明了骨骼和肌肉在动物运动中所起的机械功能。这种工作的经典性,绝没有因为玻勒利本人及其门人的企图而受到妨害；他们企图也用原始的机械模型来解释神经作用和腺体分泌作用。这种企图的明显的武断性和粗糙性很快地就惹起了普遍的批评；通过人们给玻勒利学派所起的“医术物理学家”（iatro-physicists）这一个半讽刺的名字，我们至今还记得这种批评呢。同样，人们也曾经力图把日益丰富的纯粹化学变化的知识应用到生理过程上去；这种努力的根基是稳固的，而且在绥尔威（Sylvius）那儿找到了非常热诚的代表人；但是，由于夸大了消化及发酵和最简单无机反应之间的表面类似性，由于过于急迫地把这种类似性用于医学目的，这种企图也招致了一种反对，以致人们把这种早熟的努力标名为“医术化学”（iatro-chemistry）。

在我们看来，利用物理学和化学来概括说明生命机体性质的这种开创性的努力之所以收获不大，其原因是很明显的。人们不仅要等到拉瓦锡（Lavoisier）的年代才能揭露化学的基本原理（这种原理后来要为理解呼吸作用提供线索，然后又为所谓有机化学的非凡发展提供基础），而且，在伽瓦尼的发现以前，物理学规律的一个根本方面还没被发现。想想这种事情是很有启发性的：一种萌芽，在伏打、奥斯特、法拉第和麦克斯韦（Volta，Oersted，Faraday，Maxwell）等人的手中将要发展成一种其重要性可以和牛顿力学分庭抗礼的理论结构，而这种萌芽却是从一种有着生物学目的的研究中生长出来的。事实上，检测伽瓦尼电流所必需的并在以后顺利制成的灵敏仪器，如果没有由大自然本身在高等动物的神经纤维中提供了榜样，那么，尽管在富兰克林（Franklin）的手中很有成果地进行了有关带电体的实验，要从这种实验进步到伽瓦尼电流的研究那也是很难想象的。

在这儿,即使只是提纲式的,要来叙述一下伽瓦尼以来的物理学和化学的惊人发展,或是列举一下上世纪生物学一切分支的各种发现,那都是办不到的。从马耳皮基(Malpighi)和斯帕兰扎尼(Spallanzani)在这所可尊敬的大学中进行的开创性工作到近代的胚胎学和细菌学,或者是从伽瓦尼本人到最近的有关神经冲动的绝妙研究,我们只要回想一下这样的发展路线也就够了。尽管这样对于很多典型生物学反应的物理方面和化学方面得到了影响远大的理解,但是,机体结构的出奇精致性,以及机体中相互联系着的调节机构的多样性,仍旧如此遥远地超过关于无生自然界的任何经验,以至于我们仍旧感到和以往一样不能沿着这种路线来对生命本身得到一种解释。事实上,最近发现了所谓病毒的毒化效应和生殖性质,当我们亲眼看到这一发现在和上述问题有关的方面所引起的热烈的科学争论时,我们感到自己面临着一个两难推论,就像德谟克利特和亚里士多德所面临的问题一样的尖锐。

在这种形势下,虽然是在一种非常不同的背景上,人们的兴趣又都集中到原子理论上来了。因为道耳顿(Dalton)曾经应用原子论的观念来阐明化合物组成所服从的定量规律并得到了十分肯定的成功,所以原子理论已经变成一切化学推理的不可缺少的基础和无往而不利的指南;不仅如此,物理学中实验技术的惊人改进,甚至为我们提供了一些方法来研究和个体原子的作用直接有关的那些现象。这种发展彻底清除了这样一种传统偏见:由于我们感官的粗糙性,关于原子确实存在的任何证明都永远是人类经验所不能达到的。同时,这种发展所揭示的自然规律中的原子性特征,也比物质之有限可分性这一古老学说所表示的更为深入。我们事实上已经体会到，如果要理解真正的原子现象，我们的观念构架——既适于用来说明我们日常生活经验的，又适于用来表述宏大物体之行动所适合的并构成所谓经典物理学这一辉煌大厦的全部定律体系的那种构架——就得从根本上加以扩展。然而，为了理解自然哲学中这种新形势在合理态度上对于生物学基本问题所提供的可能性，必须简单地回忆一下引导我们认识到原子理论现状的主要发展路线。

众所周知，近代原子物理学的起点，就在于对于电的本身的原子性的认识；这种原子性，首先通过法拉第有关电解的著名研究指示了出来，而后通过稀薄气体的美丽放电现象中电子的分出而确定了下来；在上世纪末叶，稀薄气体的放电现象吸引了人们很大的注意。虽然J.J.汤姆孙(Thomson)的光辉研究很快地就显示了电子在千变万化的物理现象和化学现象中所起的重要作用，但是，直到卢瑟福(Rutherford)发现原子核为止，我们关于物质结构单位的知识一直是不完全的；卢瑟福的发现，使他在某些重元素的自发放射性嬗变方面的开创性工作得到了极大的荣誉。事实上，这种发现第一次对普通化学反应中的元素不变性提出了一种确凿的解释；在普通化学反应中，微小而沉重的原子核保持不变，只有原子核周围的轻微电子的分布才会受到影响。此外，这种发现不但对天然放射性的起源提供了直接的理解(在天然放射过程中，我们遇到原子核本身的爆裂)，而且也为元素的感生嬗变提供了直接的理解；这种感生嬗变是卢瑟福在后来发现的：用高速重粒子轰击元素，当这些粒子和原子核碰撞时就可以使原子核发生蜕变。

要在这儿进一步讨论原子核嬗变的研究所打开的神奇的新研

究领域,就离题太远了;关于原子核的嬗变,将是物理学家们在本届会议上的主要论题之一。我们的论证要点,事实上不能到这种新经验中去找,而要到下述事实中去找:除非激烈地脱离开经典的力学概念和电磁学概念,否则就不可能根据卢瑟福原子模型的已经确立的主要特点来说明普通的物理现象和化学现象。事实上,虽然牛顿力学对于开普勒(Kepler)定律所表示的行星运动的和谐性有所洞察,但是,像太阳系这种力学模型的稳定性却和原子的电子组态的内在稳定性不尽相同;当太阳系这一类的体系受到扰动时,它并没有返回原有状态的趋势,而原子的内在稳定性则是说明各元素的不同属性所必需的。最重要的是,原子的内在稳定性已由光谱分析肯定证明了。众所周知,光谱分析曾经表明,每一种元素都具有一种由明锐的谱线组成的特征光谱;这种光谱对于外界条件的依赖性小到那样的程度,以致我们得到了一种通过光谱仪的观察来鉴定极远星体的物质组成的方法。

然而,解决这种两难推论的一个线索,早已由普朗克关于基本作用量子的发现提供了出来;这种发现,是另一种很不相同的物理研究的结果。众所周知,这种发现,是普朗克通过对物质和辐射之间的热平衡的特点进行天才的分析而得到的;按照热力学的普遍原理,这种热平衡的特点应该和物质的特性完全无关,从而也应该和关于原子结构的任何特殊概念完全无关。事实上,基本作用量子的存在表明着物理过程的个体性的新面貌;这种新面貌是经典的力学定律和电磁学定律所完全没有的;这种新面貌把各该定律的适用性本质上局限于那样一些现象:它们所涉及的作用量大于普朗克的原子论式的新恒量所定义的单个量子。这个条件虽然在通常物理经验的现象中是充分满足的，但对原子中的电子行动却是根本不成立的；而且，事实上只是由于作用量子的存在，才使电子不能和原子核熔合成一个中性的、实际上可以看成无限小的重粒子。

认识到这种情况就立刻使我们想到，每一电子和原子核周围的场的结合，可以描述为一系列的个体过程；通过这种过程，原子将从它的一个所谓定态转变到另一个所谓定态，并以一个单独的电磁辐射量子的形式放出其被释放的能量。这种观点和爱因斯坦对于光电效应的很成功的解释是很相近的，而且，通过弗朗克(Franck)和赫兹(Hertz)在用电子碰撞原子而激发光谱线的方面所做的优美的研究，这种观点得到了极有说服力的证实。事实上，这种观点不但直接解释了巴尔末、黎德堡和里兹(Balmer，Rydberg，Ritz)等人所发现的那种费解的线光谱普遍定律，而且，在光谱学证据的帮助下，这种观点也逐渐导致了原子中任一电子的定态类型的系统化的分类法；这种系统化的分类法，可以完全说明著名的门捷列夫周期表中所表示的元素物理性质及化学性质之间的那种可惊异的关系。这样一种关于物质属性的说明，显得似乎是一种古老想法的实现：把自然规律的表述归结为纯数的研究；这简直超过了毕达哥拉斯学派(Pythagoreans)的梦想。关于原子过程之个体性的基本假设，同时涉及本质上放弃物理事件之间的细致因果联系的问题；这种细致的因果联系多少年来曾经是自然哲学的无可怀疑的基础。

要回返到和因果原理能够相容的描述方式吗？任何这样的问题都被多种多样的毫不含糊的经验所否决了。不但如此，人们很快地就证实,把想要说明原子理论中作用量子之存在的那种原始企图发展成一种适当的、本质上是统计性的原子力学是可能的;这种原子力学,在无矛盾性和完备性方面都可以和经典力学这一理论结构充分媲美,它是经典力学的一种合理的推广。众所周知,这种新的所谓量子力学的建立,主要应归功于年轻一代物理学家们的天才贡献;这种量子力学的建立,且不说它在原子物理学的和化学的一切分支中所取得的惊人成就,事实上它已经根本澄清了原子现象之分析及综合方面的认识论的基础。在这一领域中,就连观察问题本身也曾受到海森伯(Heisenberg)的修正;海森伯是量子力学的主要创始人之一。这种修正,事实上引导人们发现了一向不曾注意的先决条件——无歧义地应用那些甚至是最基本的、描述自然所根据的概念时的先决条件。这儿的分界点在于这样一种认识:任何按照经典物理学的习惯方式来分析作用量子所规定的那种原子过程之"个体性"的企图,都会受到一种不可避免的相互作用的破坏,这种相互作用存在于有关的原子客体和为此目的所必需的测量仪器之间。

这种情况的一个直接后果就是,利用不同实验装置对原子客体的行动所作的一些观察,一般并不能按照经典物理学的通常方法来相互结合。特别说来,以在空间和时间中标示原子中的电子为目的的任何假想过程,将不可避免地带来原子和测量装置之间的一种本质上不可控制的动量交换和能量交换,这种动量交换和能量交换将把作用量子所对应的原子稳定性的显著规律性完全消除掉。反之,这种规律性的说明蕴涵着能量和动量的守恒定律,而这种规律性的任何考察,都会在原则上带来对原子中个体电子的时空标示的放弃。于是,在这种互斥条件下得到的经验,显示着量子现象的不同方面;这些方面绝不是不相容的,必须认为它们是以一种新颖的方式而“互补”的。事实上,“互补性”这种观点,绝不意味着随便地放弃对于原子现象的分析;相反地,它表示着这一领域中的丰富经验的一种合理综合;这一领域超出了因果性这一概念的自然适用界限。

虽然这种探究的进行受到了相对论这一伟大范例的鼓舞,而正是通过揭露无歧义地应用一切物理概念的出人意料的先决条件,相对论才开辟了概括表面上不相容的现象的新可能,但是,我们必须知道,在近代原子理论中所遇到的形势是在物理学史上没有先例的。事实上,通过爱因斯坦的工作,经典物理学的观念构架得到了一种可惊异的统一性和完备性;整个这一观念构架建立在这样一种假设的基础上:可以把物质客体的行动和它们的观测问题区别开来;这种假设和我们在物理现象方面的日常经验适应得很好。要想在这种不能无限制应用的常见的理想化方法方面为原子理论寻求类似的教益,我们事实上必须到心理学这一类的完全不同的科学分支中去找,甚至要到前辈思想家如释迦牟尼和老子所遭遇的那样一些认识论问题中去找;当他们企图调和我们在宇宙大舞台中既作为观众又作为演员的两种不同地位时,他们就遇到这种问题。但是,承认在相隔如此遥远的人类兴趣领域中出现着的问题之间会有一种纯粹逻辑方面的类似性,绝不意味着要在原子物理学中接受和真正科学精神不相容的任何神秘主义;相反地,这种认识鼓励我们去检验一个问题:当把我们的最简单的概念应用于原子现象时,我们会遇到一些出人意料的佯谬问题,这种佯谬问题的直截了当的解决是否有助于澄清其他经验范围中的思维困难?

有不少的启示使我们在生命或自由意志和原子现象的那样一些特色之间来寻找一种直接的关联;为了理解那种特色,经典物理学的构架显然是太狭窄的。事实上,可以指出生命机体的反应有很多特征,例如视觉的灵敏性或是穿透性辐射对于基因突变的诱导;这种特征无疑地和个体原子过程后果的一种放大过程有关;这种放大过程和作为原子物理学的实验技术基础的那种过程相类似。但是,生物机体及调节机构的精致性远远超过预期的情况,这一认识仍然不能帮助我们说明生命的特征。事实上,所谓生物学现象的整体方面和目的方面(holistic and finalistic aspects),肯定不能直接用通过作用量子的发现而揭露出来的原子过程的个体性特色来加以解释;倒不如说,量子力学的统计本质,初看起来甚至是增加了理解真正的生物学规律性的困难。然而,在这种两难推论中,原子理论的普遍教益就启示我们,要想把物理学定律同适用于描述生命现象的概念调和起来,唯一的途径就是要检查观察物理现象和观察生物现象的条件的本质区别。

开宗明义,我们就得注意这样一件事实:如果我们用一种实验装置来研究构成一个生命机体的那些原子的行动,而一直达到原子物理的基本实验对单个原子所进行的研究的那种程度,那么,任何一种这样的实验装置,就都会排除保持该机体的活命的可能。和生命有着不可分割的联系的那种无休止的物质交换过程,甚至意味着不能把一个生命机体看成在说明物质的一般物理性质和化学性质时所考虑的那种明确定义的物质体系。事实上,我们逐渐领会到，特有的生物学规律性代表着一些自然规律，它们和用来说明无生物体的属性的自然规律之间存在着互补关系，就如同在原子本身属性的稳定性和组成原子的粒子的那些可以用时空坐标来描述的行动之间存在着互补关系一样。在这种意义上，生命本身的存在，不论就它的定义还是就它的观测来说，都应该看成生物学的一个不能进一步加以分析的基本假设，就如同作用量子的存在和物质的终极原子性一起形成原子物理学的基本根据一样。

可以看到，这样一种观点距离机械论和活力论的极端学说是同样遥远的。一方面，它认为把生命机体和机器相互比拟是不适当的，不管这种机器是古代医术物理学家所设想的比较简单的结构还是最精密的近代放大机构；如果我们无批判地强调这种近代放大机构，我们就将得到"医术量子学者"的绰号。另一方面，这种观点认为，企图引入和已经很好地确立了的物理规律性及化学规律性不相容的某种特殊的生物学定律，那也是不合理的；这种企图在今天又有所抬头，因为人们受到胚胎学上关于细胞成长和细胞分化的新奇经验的影响。在这方面我们必须特别记住，在互补性的构架中避免任何这种逻辑矛盾的可能性，正是由这样一件事实提供出来的：生物学研究的任何结果，都不可能用不同于物理学及化学的方式来清楚地加以描述，这正如即使是说明原子物理学中的经验最后也得依靠那些在意识上记录感觉所不可缺少的概念一样。

最后这种说法又把我们带到心理学领域中；在这种领域里，科学研究中的定义问题和观察问题所带来的困难，远在这些问题在自然科学中尖锐化起来以前就已经清楚地被认识到了。事实上，在心理经验中不可能区分现象本身及现象的感知，这种不可能性很明显地要求人们放弃按照经典物理学的模型来进行简单的因果描述；而且，用“思想”、“感觉”这一类的字眼来描述这种经验的那种用法，也极有启发性地使我们想起在原子物理学中遇到的互补性。我不准备在这儿谈到更多的细节；我只要强调，正是这种在内心中明确区分主观和客观的不可能性，提供了表现意志的必要的自由。然而，像人们时常提议的那样将自由意志和原子物理学中的因果性界限更直接地联系起来，那却是和我在这儿关于生物学问题所说的那些话的基本倾向没有共同之处的。

在结束这一演讲时我愿意指出，这次集会是要纪念一位伟大的先驱，他的根本性的发现对于物理学和生物学都是十分重要的；这次集会给物理学家和生物学家提供了值得欢迎的进行有益讨论的机会；因此，作为一个物理学家而竟然远远超出了自己的特定科学领域，我希望大家原谅我的冒昧。

自然哲学和人类文化
(1938)

我非常踌躇地接受了这次盛情的邀请,来到人类学和人种学的杰出代表们的集会上发表演说;作为一个物理学家,对于人类学和人种学,我当然不具备第一手知识。但是,当就连历史环境都对我们每一个人述说着不同于各次例会所讨论的一些关于生活的方面时*,利用这个特殊机会,试图用少量言辞把我们的注意力引向自然哲学之最近发展的认识论方面,引向这种认识论问题和一般人类问题之间的关系,这或许是不无兴趣的。尽管我们的不同学科领域彼此相距很远,但是,一旦我们涉及的并非日常经验时,那就必须审慎应用一切习见约定,物理学家们所得到的这个新教益的确适于提醒我们想到一种新的危险,这是人文学家所熟知的,即用我们自己的观点来判断其他社会的文化发展。

当然,明确划分自然哲学和人类文化是不可能的。物理科学事实上是人类文明的一个不可分割的部分;这不只是因为我们对自然力的持续掌握曾经如此全面地改变了生活的物质条件,而且

---

* 丹麦的故宫之一,克伦堡宫,位于哥本哈根以北约40公里处的爱耳辛诺地方,在海峡入口处,与瑞典隔海相望。莎士比亚名剧《哈姆雷特》的故事,相传就发生在克伦堡宫中,故玻尔提到“历史环境”等等。——译者注

也因为物理科学的研究对于澄清我们本身的存在背景作出了很多贡献。现在我们再也不认为自己是很幸运地生活在宇宙中心而被居住在蛮荒边疆的比较不幸的社会所围绕着了;通过天文学和地理学的发展,我们已经认识到,我们大家全都共同住在太阳系中的一个小小的球状行星上,而太阳系也只是更大体系的一个小部分而已;对于澄清我们自身的存在背景,这种事实的意义多么重大啊!现在,甚至连空间和时间这样的最基本的概念,它们的无歧义应用的基础也重新受到了修正;通过揭露每一物理现象和观察者的立脚点之间的本质依赖性,这种修正曾对我们的整个世界图景的统一性和优美性作出了如此巨大的贡献;这种修正所给予我们的关于一切人类判断之相对性的忠告,又是何等的强有力啊!

这些伟大成就对我们的一般观点的重要性是人所共知的,而最近些年由于全新的物理研究领域的开辟而带来的认识论的教益,则还很少有人知道。我们进入了人类未之前闻的原子世界;这种进入确实是一种探险,可以和环球旅行者们的充满新发现的伟大旅行相媲美,可以和天文学家们向天空深处的大胆探索相媲美。众所周知,物理实验技巧的奇迹式的发展,不但彻底清除了认为我们的感官粗糙性将永远阻止我们获致有关个体原子的直接知识的那种古老信念,而且甚至告诉我们:原子本身都是由更小的粒子所组成的,这种粒子可以被分离出来,它们的性质也可以被分别地加以研究。然而,在这种绝妙的经验领域中,我们同时也得到这样一种教益:一向所知的构成经典物理学这一辉煌大厦的那些自然定律,只有当我们处理的物体实际上可以认为包含着无限多的原子时才是正确的。关于原子的及原子级粒子的行动的新知识,事实上在一切物理作用的可分性方面揭示了一种出人意料的界限;这种界限远远超过了物质的有限可分性这一古老学说,并且使每一个原子过程都得到了一种独特的个体性。这一发现,事实上提供了一种理解原子结构之内在稳定性的新基础,这种稳定性归根结底规定了普通经验的规律性。

原子物理学的这一发展到底多么激剧地改变了我们对描述自然所持的态度,这一问题或许可以用下述事实极为清楚地加以说明:为了概括个体原子过程所服从的那些独特的规律性,甚至连因果原理都被证实为一种过于狭窄的构架了;这种因果原理一向被认为是解释一切物理现象的当然基础。当然,每人都可以理解,要放弃因果性这一概念,物理学家们曾经需要很切实的理由;但是,在原子现象的研究中,我们一再地得到这样一种教训:那些被认为老早已经得到了最后解决的问题,原来大多数还保留着很多使我们惊奇的东西。诸位一定听到过关于在光和物质的最基本属性方面出现的疑难;这种疑难在最近几年中曾使物理学家们感到非常困惑。我们在这方面遇到的表观矛盾,事实上和本世纪初引起相对论的发展的那些矛盾同等尖锐,而且,也正像后一种矛盾一样,前一种矛盾的解释也只是在较深入地分析了新实验本身给描述现象所需概念的无歧义应用所带来的界限之后才得到的。在相对论中,决定性的因素在于认识到了彼此做着相对运动的观察者将以根本不同的方式来描述所给对象的进程,而觉察到原子物理学的佯谬问题则揭示了这样一件事实:客体和测量仪器之间的不可避免的相互作用,给谈论原子客体和观察手段无关的那些行为的可能性加上了一种绝对的限制。

在这儿,我们面临着自然哲学中的一种全新的认识论问题;在自然哲学中,经验的一切描述一向是建立在普通语言惯例所固有的假设上;这种假设就是,明确区分客体的行动和观察的手段是可能的。这种假设,不但为一切日常经验所充分证实,而且甚至构成经典物理学的整个基础;而经典物理学则正是通过相对论得到了如此美妙的完备性。然而,当我们开始处理个体原子过程之类的现象时,由于它们的本性如此,这些现象就在本质上取决于有关客体和确定实验装置所必需的那些测量仪器之间的相互作用。因此,我们这时就必须较深入地分析一个问题:关于这些客体,到底能获得哪一类的知识?一方面,在这种问题上我们必须意识到,每一物理实验的目的——在可重演的和可传达的条件下获取知识——并没有为我们留下选择的余地;不但在测量仪器的结构及使用的一切说明中,而且也在实验结果本身的描述中,我们只能应用日常的或许曾被经典物理学术语修改过的那些概念。另一方面,同样重要的是理解这样一件事实:这种情况就意味着,当所涉及的现象在原则上不属于经典物理学的范围时,任何实验结果都不能被解释为提供了和客体的独立性质有关的知识,任何实验结果都是和某种特定情况有着内在联系的,在这种特定情况的描述中,必不可少地会涉及和客体相互作用着的测量仪器。上述这一事实对于那些表观矛盾提供了直截了当的解释;当尝试着把用不同实验装置得到的有关原子客体的那些结果结合成该客体的一种自足的图景时,这种表观矛盾就会出现。

但是,在确定的实验条件下,和原子客体的行动有关的报道,可以按照原子物理学中常用的术语说成是和有关同一客体的另一种报道互补的，这另一种报道要用和上述条件互相排斥的实验装置来得到。虽然这两种报道并不能利用普通的观念来结合成一种单一的图景，但是它们却代表着有关该客体的一切知识的同等重要的方面；这种知识是我们在本领域中所能得到的。人们曾经企图用一种力学类比来具体想象个体性的辐射效应；事实上，正是由于认识到这种力学类比的互补性，才导致了上述光的本性难题的满意解决。同样，在和原子级粒子的行为有关的不同经验之间，存在着互补的关系；只有考虑到这种关系，才能得到一个线索，来理解存在于一般力学模型的属性和统治着原子结构稳定性的独特定律之间的显著差异；这种独特定律，是较好地解释物质之各种物理属性及化学属性的基础。

当然，我并不打算在这种场合下进一步讨论这样的细节，但是，我希望已经给各位提供了一个足够清楚的印象；那就是，关于迅速增长着的原子领域中的经验，这儿所涉及的绝不是随便地放弃对它们的极大丰富性进行细致的分析。相反地，我们必须处理的，是要合理地发展一种对新经验进行分类和概括的方法；这些新经验，由于它们的特性不同，不能纳入因果描述的构架之内；只有当客体的行为和观察方法无关时，才能用因果性描述来说明这种行为。互补性观点绝不包括任何和科学精神相反的神秘主义，这种观点事实上是因果性这一概念的一种合理推广。

不论这种发展在物理学领域中显得多么出人意料，我相信你们有很多人已经认识到，在我所描述的关于原子现象的分析方面的形势和人类心理学中观察问题的特征之间，存在着一种切近的类似。事实上，我们可以说，近代心理学的发展可以描述为下述企图的反作用:把心理经验分析成可以像联系经典物理学实验结果那样地联系起来的要素。在内省过程中,明确区分现象本身和现象的感受是不可能的;而且,虽然我们可以常常说到把注意力转向心理经验的某一特殊方面,但是,仔细分析一下就会看到,在这种情况下我们事实上须要涉及互斥的形势。我们都知道一种古老的说法:如果我们试图分析我们自己的情感,我们就将失掉这种情感;就在这种意义上,我们在可以恰当地用"思想"和"感觉"这两个字眼来描述的心理经验之间认识到一种互补关系,和有关原子行为的不同经验之间的关系相类似;那些有关原子行为的经验是在不同实验装置下得到的,并且是通过来自我们的普通概念的不同类比来描述的。当然,利用这种对比,绝不是要来暗示在原子物理学和心理学之间存在什么较密切的关系;我们只是要强调这两个领域所共有的认识论上的论证,并从而鼓励我们来看一下,比较简单的物理问题的解决,可以在多大程度上有助于比较错杂的心理学问题的澄清;这种心理学问题是人类生活给我们提出的,而且是人类学家和人种学家在他们的研究工作中时常遇到的。

现在,让我们更进一步来谈谈这种观点和不同人类文化的比较之间的关系问题。首先,我们要强调存在于用"本能"和"理性"这两个字眼来表征的生物行为方式之间的那种典型的互补关系。诚然,任何这样的字眼都可以有很不相同的用法。例如,本能可以表示动力也可以代表先天的行为,而理性则可以表示深刻的感觉也可以表示自觉的论证。然而,我们这儿所涉及的,只是当用这些字眼来区分动物及人所处的那些不同情况时的实际用法。当然,谁也不会否认我们属于动物界,而且,寻找一种包举无遗的定义来把人从其他动物中表征出来将是十分困难的。确实,任何一个生命机体的潜在可能性都是不容易估计的;我想我们每一个人都曾对马戏团中动物训练所能达到的程度有一个深刻的印象。甚至在个体和个体间的信息传递方面,都不能在动物和人之间画一条明确的分界线。但是,我们的语言能力当然在这方面使我们处于本质上不同的地位,这种不同不但表现在实际经验的交流方面,而且,最重要地还表现在通过教育来对孩子们传授有关行为和推理的传统方面,而这些则都是任何人类文化的基础。

至于说到和本能相比的理性,注意到一件事实乃是绝顶重要的,那就是,不使用组织在某种语言中的概念,任何真正的人类思维就都是不可想象的,而这种概念则是每一世代都得从头学起的。事实上,这种概念的使用,不但在很大程度上抑制着本能生活,而且,甚至大部分都和遗传本能的体现处于互斥的互补关系之中。在利用自然界的可能性来维持生命和传宗接代方面,低等动物有比人高明的地方;这种令人惊异的优越性,的确常常在下述事实中得到真实的解释:在动物方面,我们找不到上述那种有意识的思维。同样,所谓未开化民族有一种在森林或沙漠中自谋生活的可惊的本领;这种本领虽然在比较开化的社会中已经表面上不存在了,但是在我们任何一个人中偶然还会重现出来;这种本领可能证实着一个结论:这种功夫只有当并不依靠概念思维时才是可能的,而概念思维本身则是适应于对文化发展具有头等重要性的更加多样化的一些目的的。正因为还不能清楚地使用概念思维,一个初生的婴儿很难算作一个人;然而,尽管它比大多数幼小动物更缺少办法,但它属于人类,从而它当然就具有通过教育来接受一种文化的天生的可能,这就使它能够置身于某种人类社会中。

这种考虑立刻就使我们面临着这样一个问题:认为每一个婴儿都具有接受某一特定人类文化的与生俱来的素质,这种广泛流传的信念是不是有充分根据?或者说,我们是否需要假设,任何一种文化都可以在非常不同的体质基础上生根滋长呢?在这儿,我们当然接触了遗传学家们争论未决的一个课题,那些遗传学家们在体质特点的遗传方面进行着最为有趣的研究。然而,联系到这种讨论,我们首先必须记得,想区分在阐明动植物之遗传性方面如此有成果的遗传型和表现型这两个概念,首先就要基本上承认外在生活条件对物种特征属性所起的次级影响。然而,就人类社会的各种文化特征而言,问题却在下述意义上颠倒过来了:这里的分类根据是社会历史及自然环境所形成的传统习惯。因此,在能够估计遗传上的生物学区别对所考虑的文化发展及文化保持的任何可能影响以前,这些传统习惯,以及它们固有的前提,都需要仔细地加以分析。事实上,在表征不同的民族乃至一个民族中的不同家族时,我们可以在很大程度上认为生物学的要素和精神传统是彼此无关的,而且,我们甚至很想按照定义用"人类"这个字眼来形容那些和体质遗传并非直接有关的特点。

初看起来,这样一种态度似乎只不过意味着对辩证论点的过度强调而已。但是,我们从物理科学的整个发展中得到的教益就是,有成果的发展根源,往往正在于对定义的适当选择。例如,当我们想到相对论的论证在科学的各个分支中带来的澄清作用时,我们确实就看到这种形式上的改进将引起多大的进步。正如我在本次演讲的前一部分已经提示过的,相对论观点肯定也有助于促成对待人类文化之间的关系问题的一种更加客观的态度;人类文化的传统差别,在很多方面是和人们描述物理经验时所用的不同的等价方式相类似的。但是,物理问题和人文问题之间的这一类似,是有一定界限的;而且夸大这种类似曾经引起对于相对论本身精髓的误解。事实上,相对论的世界图景的统一性,精确地蕴涵了一种可能性:任何一个观察者都可以在自己的观念构架中预见到任何另一个观察者在他自己的构架中如何描述经验。然而,对于不同人类文化之间的关系这个问题,采取无偏见态度的主要障碍就在于传统背景方面的根深蒂固的差别;不同人类社会之间的文化的协调就是以这种背景为基础的,而且,这种背景排除了这些文化之间的任何简单比较。

在这方面,最重要之点在于互补性观点可以成为适应这种形势的一种方式。事实上,当研究和我们自己的文化有所不同的人类文化时,我们需要处理一种特殊的观察问题;在较深入的分析下,这种问题将表现许多和原子问题及心理学问题共有的特点;在原子问题或心理学问题中,客体和测量仪器之间的相互作用,或是客观内容和观察主体的不可分割性,将阻止人们直接应用那些用来说明日常生活经验的习见概念。特别是在研究未开化民族的文化时,人种学家们不但确实知道必要的接触有破坏这种文化的危险,而且他们甚至面临这种研究对他们自己的人生态度的反作用问题。这儿我所指的是那种为探险家们所熟知的经验,由于体验到在和他们自己的习惯、传统极不相同的习惯、传统下人类生活也能显示一种出人意料的内在和谐,他们动摇了一向未经觉察的偏见。作为一个特别激烈的例子,我或者可以请大家回忆一下在某些社会中男人和女人所处的地位是如何地颠倒;这种颠倒不但表现在家庭责任和社会责任方面,而且表现在行为和心理方面。在这种场合,即使我们很多人或许都感到难以承认这样一种可能性:所涉及的民族有他们的特定的文化而不是有我们自己的文化,而我们则有我们自己的文化而不是有他们的文化,这完全是命运使然;但是,很显然,甚至在这方面的一丝一毫的怀疑,都意味着否认任何独立形成的人类文化中所固有的那种民族自得感。

在原子物理学中,对于用不同实验装置得到的,而且只能用互斥的概念来具体想象的那些经验,我们用互补性来表征它们之间的关系;按照颇为相似的办法,我们可以正确地说不同的人类文化是彼此互补的。事实上,每一种文化都代表传统习惯之间的一种和谐的平衡;利用这种平衡,人类生活的潜在能力在一种方式下表露出来,以使我们认识到它的无限丰富性和无限多样性的新方面*。当然,在这一领域中,不可能像和明确定义原子对象的行动有关的互补经验之间那样地存在着绝对互斥的关系,因为可以看成完全自足的文化是难以存在的。相反地,通过很多例证,我们大家都知道不同人类社会之间的某种程度的接触可以怎样导致传统之间的融合,这种融合引起全新文化的产生。在这方面,对于人类文明的进步来说,由移民或征服而引起的人口混合,其重要性几乎是毋庸赘言的。事实上,通过关于文化发展史的一种与日俱增的

---

* 当时希特勒一伙正在德国丧心病狂地推行反动的种族主义,妄称“亚利安民族”是唯一优秀的民族,疯狂地迫害犹太人和一切进步人士。玻尔的这种观点是和他们针锋相对的。当他讲到这里时,与会的德国代表愤然退席,以示抗议,从而人们相信,至少从这时起,德国纳粹的情报总部就建立了玻尔的专门档案。——译者注

知识而对逐渐消除偏见有所贡献，这或许是人文科学研究的最大希望；逐渐消除偏见，这正是所有科学的共同目的。

正如我在这一演讲的开始所强调的，要对于本届会议各位专家所讨论的问题的解决有所贡献，那当然不是我所能做到的。我的唯一目的就是使大家对于认识论的一般态度有一个印象；这是我们在远离人类情感的领域中被迫接受的，如同我们在简单物理实验的分析中一样。然而，我不知道我是否已经用适当的言辞把这种印象传达给大家；而且，在结束之前，我或许可以谈一个经验，这个经验使我最为生动地回想起自己在这方面的无能。为了对听众说明，我并不是用“偏见”这个字眼来表示对其他文化的任何责难，而只是用它来表示我们的必然带有偏见的观念构架，我有一次曾经开玩笑地谈到丹麦人对他们窗外那美丽海峡对面住着的瑞典兄弟所抱的传统偏见；那些瑞典人，我们甚至就在这一城堡中和他们打过多少世纪的仗，而且，通过和他们的接触，我们多少年来曾经得到这么多的有益的灵感。在那次演讲之后，有一位听众走来对我说，他不了解我为什么要恨瑞典人；好，诸位可以理解我当时是多么感到惊奇！显然，我那一次一定是把自己的意见谈得太纠缠了；而且，恐怕今天我也谈得非常晦涩。但是，我仍然希望不曾讲得如此不明不白，以至于使大家对我的论证线索发生任何那样的误解。

就原子物理学中的认识论问题和爱因斯坦进行的商榷
(1949)

“当代哲学家”丛书的编者邀我为本书写一篇文章;在本书中,现代科学家们要表彰爱因斯坦对自然哲学的进步所作的划时代的贡献,并且要对他的天才所给予我们的指导表示我们整整这一代人的感谢;当接受到这一邀请时,关于怎样才能最好地说明我是何等感谢他对我的启示,我曾经想了很多。在这方面,我生动地想起了多少年来我曾经有幸和爱因斯坦就原子物理学之近代发展所引起的认识论问题进行商讨的那些场合,而且我感到,除了把这种曾经对我是最可宝贵的和最有鼓舞力的商讨叙述一番以外。我是很难做得更好了。我也希望,这种叙述可以在更大的范围内使人得到一种印象,那就是:在新的经验一次又一次地要求重新考虑我们的观点的那种领域中,坦率地交换意见对于该领域中的进步是如何地不可缺少。

从一开始,主要争论之点就在于用什么态度来看待作为物理学新颖发展之特征的对自然哲学惯常原理的背离;物理学的新颖发展是在本世纪的第一年由普朗克关于普适作用量子的发现所引起的。这一发现,显示了自然定律中的一种原子性特色,该特色远远超出了物质的有限可分性这一古老学说；这种发现确实曾经告诉我们，物理学的各种经典理论是一些理想化，只有在所涉及的作用量远远大于一个量子时，这种理想化才能无歧义地加以应用。要讨论的问题是：在应付困难的努力中放弃原子过程的因果描述方式，这应该被看成对最后仍会复活的一些概念的暂时违背呢，还是应该认为我们面临着在物理现象的分析与综合之间得到适当和谐的一个不可改变的步骤呢？为了描述我们的讨论背景并且尽可能清楚地提出支持双方观点的那些论证，我感到有必要适当详细地追述一下这种发展的主要特点；对于这种发展，爱因斯坦本人曾经做过非常带有决定性的贡献。

众所周知，在普朗克对于热辐射问题的天才处理中，指引着他得到他的基本发现的，是热力学定律和多自由度力学体系所显示的统计规律性之间的密切关系；这种密切关系原先是由玻耳兹曼(Boltzmann)揭露的。在他的工作中，普朗克主要涉及的是本质上带有统计特征的考虑，而且，关于量子存在所暗示的对力学基础及电动力学基础的违背程度，普朗克也非常谨慎地没有提出明确的结论；而爱因斯坦对于量子理论的独创性的贡献(1905)，则恰恰在于认识到像光电效应这一类的物理现象是如何直接地和个体的量子效应有关[①]。正是在他通过发展相对论而为物理科学奠定了一个新基础的同一年，爱因斯坦以一种大胆的精神探讨了新颖的原子性特征，这种特征指向经典物理学的范围以外。

以其可靠的直觉，爱因斯坦就这样一步步地被引到一个结论：

① A. Einstein, *Ann. Phys*, 17, 132(1905).

任何辐射过程,都涉及个体光量子或称“光子”的发射或吸收,光子的能量和动量,依次是

$$E = h\nu \quad 及 \quad P = h\sigma, \tag{1}$$

式中 h 是普朗克恒量,而 ν 和 σ 依次是单位时间中的振动次数和单位长度上的波数。尽管光子概念很有收获,但这个概念却蕴涵了一种非常出人意料的两难推论,因为辐射的任何简单粒子图景显然都和干涉效应不相容;这种干涉效应代表着辐射现象的十分不可缺少的一面,而且这种干涉效应只能按照波动图景的观点来加以描述。这种两难推论的尖锐性,因为一件事实而被加强了,那就是,干涉效应是我们定义频率概念和波长概念的唯一手段,而频率和波长则恰恰出现于光子的能量表示式及动量表示式中。

在这种形势下,不可能有什么企图对辐射现象进行因果性分析的问题,而只能通过对立图景的结合使用来估计发生个体辐射过程的几率。然而,最重要的是理解这一点:这种情况下的几率定律的应用,在目的上是和统计考虑法的通常应用根本不同的;在通常应用中,统计考虑被当作说明结构十分复杂的力学体系之属性的一种方法。事实上,在量子物理学中,我们所遇到的并不是这一类的复杂性,而是经典的观念构架在概括表征着基元过程的不可分性或“个体性”这种奇异特点方面的无能为力。

经典物理学理论在说明原子现象方面的失败,由于有关原子结构的知识的进步而更加受到了强调。最重要的是,卢瑟福关于原子核的发现(1911),立刻就揭露了经典力学概念及经典电动力学概念在说明原子内在稳定性方面的不适用。在这儿,量子理论又提供了一个阐明情况的线索,而且我们发现,原子稳定性,正如元素光谱所

服从的经验定律一样，可以在一种假设下得到解释；该假设就是：使原子的能量发生改变的任何原子反应，都涉及在两个所谓量子定态之间的一种完全的跃迁，而且，特别说来，光谱是通过一种类似跨步的过程来发射的，在这种过程中，每一次跃迁都伴同着一个单色光量子的发射，其能量正好等于爱因斯坦光子的能量。

这些概念很快就通过弗朗克和赫兹所作的用电子撞击原子来激发光谱的实验(1914)得到了证实；这些概念带来了因果性描述的进一步放弃，因为光谱定律的解释显然意味着，处于激发态的一个原子，通常具有跃迁到这一个或那一个较低能态而发射光子的可能。事实上，定态概念本身就是和在这些跃迁中进行选择的指示不相容，而只和这些个体跃迁过程的相对几率的概念相容的。估计这种相对几率的唯一指导，就是所谓的对应原理；这一原理起源于在原子过程的统计解释和经典理论的预期结论之间寻求最密切的可能联系的工作；而经典理论在一种极限情况下是应该成立的，这种极限就是，在分析现象的一切阶段中，所涉及的作用量都要远远大于普适量子。

那时，任何普遍的无矛盾的量子理论都还无从看到，但是，当时盛行的看法，或者可以用作者在1913年的一次演讲中的下述引文来加以说明①：

> 我希望我已经把自己的意见说得足够清楚，以便你们可以理解，这种考虑和曾经正确地被称为经典电动力学理论的

① N. Bohr, *The Theory of Spectra and Atomic Constitution*（N. 玻尔：《光谱和原子结构理论》，Cambridge, University Press, 1922）.

那种出奇协调的概念纲要矛盾到多大程度。另一方面，我曾经试图——也正是通过对这一矛盾的大力强调——来给你们造成一个印象：过些时候，也可能在这些概念中确立某种统一联系。

通过1917年的有关辐射平衡的著名文章[①]，爱因斯坦本人给量子理论的发展带来了重要的进步；他在该文中证明，热辐射的普朗克定律，可以很简单地根据和原子结构的量子理论的基本概念相适应的假设推出。为此目的，爱因斯坦表述了关于定态之间发生辐射跃迁的普遍统计法则；他不但假设，当一个原子受到一个辐射场的作用时，单位时间内发生吸收过程以及发射过程的几率将和照射强度成正比，而且他还假设，即使没有外界扰动，自发的发射过程也会发生，其发生速率和某一个固有的几率相对应。在后一方面，爱因斯坦以一种很有启发性的方式强调了统计描述的根本性，他使人们注意到了关于发生自发辐射跃迁的假设和放射性物质嬗变所服从的著名定律之间的类似性。

联系到对于热力学在辐射问题上的要求的一种彻底分析，爱因斯坦通过指出一件事实而更进一步强调了这种两难推论；他指出，论证表明，任何的辐射过程都在一种意义上是"单方向的"，其意义是，不但在吸收过程中会有一个和光子对应的沿着光子传播方向的动量被传到一个原子上，而且发光的原子也会得到一个沿相反方向的冲动，虽然按照波动图景在发射过程中是不可能存在什么选定一个单独方向的问题的。对于这种惊人的结论，爱因斯

① A. Einstein, *Physik. Z*, 18, 121(1917).

坦自己的态度表现在文章末尾的一段话中(同上文 124 页及以后);这段话可以翻译如下:

> 基元过程的这些特点,看来已使辐射问题的一种真正量子处理的发展成为不可避免的了。本理论的缺陷在于这样一件事实:一方面,没有能够和波动概念建立较密切的联系,而另一方面,它在基元过程的时间和方向上留有偶然性(zufall);尽管如此,我还是充分信任已经开始的道路的可靠性的。

当我在 1920 年访问柏林时,我有幸和爱因斯坦第一次晤面;那时,这些基本问题就成了我们的谈话主题。这种使我常常回忆起来的讨论,使我在对爱因斯坦的一切敬仰之上又对他的超然态度增加了一种深刻的印象。肯定地,像"导引光子的鬼波(Gespensterfelder)"这一类他所爱用的形象化词句,绝不意味着什么神秘主义的倾向,而只是表现了他的深刻语句后面的一种意味深长的幽默。但是,态度上和看法上的一定差别还是存在的;因为,爱因斯坦最善于不抛弃连续性和因果性来标示表面上矛盾着的经验,他或者比别人更不愿意放弃这些概念;在别人看来,放弃这方面的概念显得是标示原子现象方面千变万化的证据这一当前工作所能遵循的唯一道路,而这些原子现象方面的证据正在这一新知识领域的探索过程中一天天地积累起来。

在后来几年中,原子问题吸引了人数急剧增加的物理学家们的注意,同时,人们更加尖锐地感到了量子理论所固有的那种明显的矛盾。作为这种形势的例证的,是 1922 年史忒恩-盖拉赫效应(Stern-Gerlach effect)的发现所引起的讨论。一方面,这一效应突出地支持了定态概念,特别说来,支持了索末菲(Sommerfeld)所发展起来的塞曼效应(Zeeman effect)的量子理论;另一方面,正如爱因斯坦和爱伦菲斯特(Ehrenfest)所清晰表明的[①],这一效应为构成一种原子在磁场中的行为图景的任何企图带来了不可克服的困难。康普顿(Compton)关于X射线被电子散射时所引起的波长改变的发现(1924),也带来了类似的佯谬问题。众所周知,这一现象最直接地证实了关于辐射过程中的能量传递和动量传递的爱因斯坦观点;同时,同样清楚的是,任何粒子碰撞的简单图景都不能为这一现象提供一种详尽无遗的描述。在这种困难的冲击下,有一段时间人们甚至曾经对个体辐射过程中的能量守恒及动量守恒怀疑起来[②];然而,在更加精密的实验面前,这种观点很快地被放弃了;那些精密实验给出了光子偏角和对应的电子反冲之间的关系。

澄清这一形势的道路,事实上是由一种更有概括性的量子理论的发展铺平了的。走向这一目的的第一步,是德布罗意(de Broglie)在1925年得到的一种认识;他认识到,波粒二象性不只是辐射的属性,而且对于说明物质粒子的行动也是同样不可缺少的。这种概念很快就由关于电子干涉现象的实验令人信服地加以证实了;这一概念立刻受到了爱因斯坦的欢迎,他早已觉察到热辐射的性质和所谓简并态下气体的性质之间的深刻类似[③]。薛丁谔(Schrödinger)极为成功地推行了这一路线(1926);特别说来,他曾

① A. Einstein and P. Ehrenfest, *Z. Physik*, 11, 31(1922).

② N. Bohr, H. A. Kramers and J. S. Slater, *Phil. Mag.*, 47, 785(1924).

③ A. Einstein, *Berl. Ber.* 261(1924); 3 and 8(1925).

证明如何用某一波动方程的本征解来表示原子体系的定态；引导薛丁谔建立这一波动方程的，是原先由哈密顿（Hamilton）得出的力学问题和光学问题之间的形式上的类似。但是，由于在波动描述中普遍叠加原理的要求和基元原子过程的个体性特点之间存在着表观矛盾，量子理论的那些佯谬方面不但绝没有得到改善，甚至反而被加强了。

同时，海森伯曾经奠定了一种合理化的量子力学的基础（1925）；通过玻恩和约尔丹（Born and Jordan）的贡献，同样也通过狄喇克（Dirac）的贡献，这种量子力学很快地发展了起来。在这一理论中引入了一种表述形式；在这种表述形式中，经典力学的运动学变量和动力学变量被换成了一些服从着不可对易代数学的符号。尽管放弃了轨道图景，力学中的哈密顿正则方程却没有改变，而普朗克恒量则仅仅出现在适用于任一组共轭变量 q 和 p 的对易法则中：

$$qp - pq = \sqrt{-1}\ \frac{h}{2\pi} \tag{2}$$

将这些符号用各矩阵元和定态之间的跃迁有关的矩阵来代表，对应原理的定量表述就第一次成为了可能。这儿可以提一下，走向这一目标的一个很重要的预备步骤，曾经通过建立一种色散现象的量子理论而得到，在这方面克喇摩（Kramers）是特别有贡献的；在这种理论中，关于吸收过程及发射过程之发生几率的爱因斯坦普遍法则得到了基本的应用。

薛丁谔很快地证明出来，这种量子力学的表述形式，可以和数学上往往比较方便的波动理论方法给出同样的结果；而且，在以后几年中，逐渐发展了一些普遍方法来对原子过程进行本质上是统计的描述;这种方法将个体性特点和叠加原理的要求结合了起来,这二者是量子理论的同等重要的特征。在本阶段的许多进展中,可以指出这样一件事实:这种表述形式被证实为可以把不相容原理纳入到理论中来;该原理适用于多电子体系的态,而且在量子力学提出之前已由泡利(Pauli)根据原子光谱的分析得了出来。很多很多经验事实的定量概括,消除了对于量子力学表述形式之富有成果及适于应用的任何怀疑,但是,量子力学表述形式的抽象性却引起了广泛的不安感觉。要阐明这种情况,确实就需要对原子物理学中的观察问题本身进行彻底的检查。

众所周知,这方面的发展是由海森伯在 1927 年开始的①;他曾指出,可能得到的关于原子体系的态的知识,永远会带来一种奇特的"不确定性"。例如,按照基本关系式(1),利用高频辐射和某种类似显微镜的装置对一个电子的位置进行的任一测定,是和电子及测量装置之间的一个动量交换联系着的;越想把位置测准,动量交换就越大。通过将这种考虑和量子力学表述形式的要求相比较,海森伯使我们注意到这样一件事实:对易法则(2)对 q、p 这两个共轭变量的确定性加上了一种互成反比的限制;这种限制用一个关系式来表示:

$$\Delta q \cdot \Delta p \approx h, \tag{3}$$

式中 Δq 和 Δp 是适当定义的测定这些变量时的不准度。正如海森伯所证明的,指示着量子力学中的统计描述和测量上的实际可能性之间的密切关系,这种所谓的测不准关系式对于阐明那一佯

① W. Heisenberg, *Z. Physik*, 43, 172(1927).

谬是最为重要的，该佯谬是由于企图参照习见的物理图景来分析量子效应而引起的。

在 1927 年 9 月为纪念伏打而在科莫(Como)召开的国际物理学会议上，原子物理学的新的进步从不同方面受到了评论。在这一场合的一次演讲中①，我提出了一种很恰当地叫做“互补性”的观点，用来概括量子现象的个体性特点，并同时澄清这一经验领域中的观察问题的奇特面貌。为此目的，认识到这样一件事实是有决定意义的：不管现象超出经典物理解释的范围多么远，对于现象的说明必须用经典术语表示出来。论证很简单：我们把“实验”一词理解为这样一种情况，在该情况下我们可以告诉别人我们曾经做了什么和学到了什么，从而关于实验装置和观察结果的说明就必须通过经典物理术语的适当应用而以一种无歧义的语言表达出来。

有一个关键问题后来变成了以下即将报道的讨论的一个主题；这一关键问题就在于，不能明确地区分原子客体的行为及其和测量仪器之间的相互作用，该仪器是用来确定现象发生时的条件的。事实上，典型量子效应的个体性，确切地表现在这样一种情况中：任何将现象加以细分的企图都将要求一种实验装置的改变，这种改变将引入在客体和测量仪器之间发生原则上不可控制的相互作用的新可能性。其结果就是，在不同实验条件下得到的证据，并不能概括在单独一个图景中，而却必须被认为是互补的；所谓互补，就表示只有这些现象的总体才能将关于客体的可能知识包罗罄尽。

---

① Atti del Congresso Inteerazionale dei Fisici，Como，Settembre 1927(重刊于 *Nature*，121，78 and 580，1928)。

在这种情况下，在赋予原子客体以习见的物理属性方面出现了一个歧义要素，例如，在关于电子及光子的粒子性和波动性的两难推论中，这种歧义要素就是很显然的；在这种两难推论中，我们需要处理两种对抗的图景，其中每一种都涉及经验事实的一个重要方面。关于如何通过对一些互补现象发生时所处实验条件的分析来消除这种表观佯谬，也可以用康普顿效应来作为一个例证；这种效应的合理描述起先曾给我们带来十分严重的困难。例如，任何用来研究电子和光子之间的能量交换及动量交换的装置，必然会给足以确定表示式(1)中的波数及频率的相互作用带来时空描述上的不准性。反之，任何更精确地确定光子和电子的碰撞地点的企图，也将由于和定义时空参照系的固定标尺及固定时钟之间的不可避免的相互作用而排斥了有关动量平衡及能量平衡的一切较精确的说明。

正如我在演讲中所强调的，量子力学表述形式，精确地为互补描述方式提供了一种适当工具；这种量子力学表述形式提供了一种纯符号的方案；这种方案只能适应着对应原理来预言在用经典概念确定了的条件下所能得出的结果。这儿必须记得，甚至在测不准关系式(3)中，我们遇到的也是这种表述形式的一个推论，该推论不能用适于描述经典物理图景的词句来无歧义地加以表达。例如，像“我们不能既知道原子客体的动量又知道原子客体的位置”这样一句话，立刻就会引起关于该客体这两种属性的物理实在性的问题；这种问题，只能一方面参照无歧义应用时空概念的条件，另一方面参照动力学的守恒定律来予以回答。虽然将这些概念结合在事件的因果链条的单一图景中乃是经典力学的精髓所在，但是，研究各互补现象时所用的实验装置是互斥的，这一情况恰好就为超出因果描述以外的规律性提供了余地。

在原子物理学中，重新审查无歧义应用基本物理概念的基础的必要性，在一定方式上使人想起引导爱因斯坦对一切时空概念的应用进行创造性的修正的那种形势；这种修正，通过强调观察问题的根本重要性而给我们的世界图景带来了如此巨大的统一性。虽然处理方法十分新颖，在相对论中，因果描述毕竟是在任一给定的参照系内被保留了下来的；但是，在量子理论中，客体和测量仪器之间的不可控制的相互作用，却迫使我们甚至在这一方面也要有所放弃。然而，这种认识绝不表示对量子力学描述的范围加以任何限制，而且，科莫演讲中所提出的全部论点，也就在于论证一件事实：互补性观点可以看成因果性概念本身的一种合理推广。

在科莫的一般讨论中，我们全都为爱因斯坦没有出席而感到惋惜；但是，不久以后，在 1927 年 10 月，我就有机会在布鲁塞尔索耳威研究所（Solvay Institute）的第五届物理学会议上遇到了他；那次会议是为了讨论“电子和光子”这一题目而召开的。在那几次索耳威会议上，爱因斯坦从一开始就成了一个举足轻重的人物，而且我们很多人都是抱着很大期望去参加那届会议的——我们想听听爱因斯坦对最近阶段的发展有什么反应；这种发展，就我们看来，在澄清爱因斯坦本人从一开始就十分天才地抽引出来的那些问题方面已经走得很远了。在讨论中，整个的论题都通过各方面的贡献而受到了评论，而且，上面叙述的论点也重新提了出来；然而，在讨论中，爱因斯坦对于量子力学中放弃时间、空间中的因果说明的程度表示了一种深深的担心。

为了说明他的态度，爱因斯坦在一次会议上提出了一个简单例子[①]：如图 1 所示，一个粒子(电子或光子)穿过壁障上的一个小孔或窄缝，壁障后面相隔一定距离有一张照相底片。由于和粒子运动相联系的、在图中以细线表示出来的波的衍射，在这种条件下并不能肯定地预言电子将达到照相底片上的哪一点，而只能计算在一次实验中将在底片上任一给定区域中发现电子的几率。爱因斯坦很尖锐地感到的这种描述中的表观困难是这样一件事实：如果在实验中电子被记录在底片的 A 点上，那么，根本就不再存在什么在另一点(B)上观察到电子效应的问题，而普通波动传播的定律却并没有在这样两个事件中留下任何联系的余地。

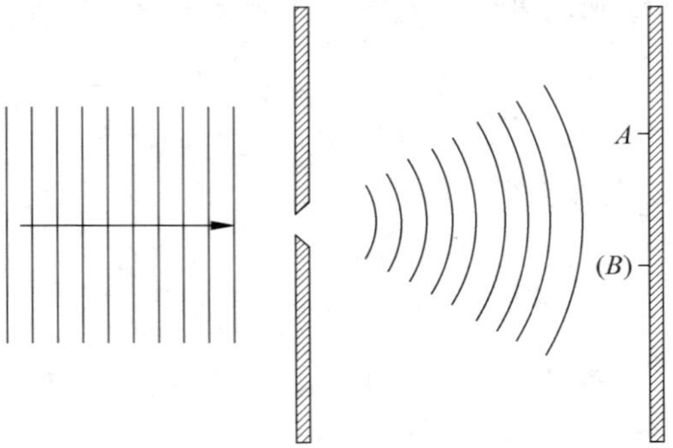

图　1

爱因斯坦的态度在一小部分人中引起了热烈的讨论，多少年

① Institut International de Physique Solvay, *Rapport et discussions* du 5^{e} Conseil, Paris, 1928, 253ff.

来就是我们二人的挚友爱伦菲斯特也以一种最为活跃和最有裨益的方式参加了这次讨论。无疑地，我们全都认识到，在上一例子中，这一形势和统计学在处理复杂力学体系时的应用绝不相类，它倒是使我们想起爱因斯坦自己关于个体辐射效应中之单向性的早期结论的背景；这种单向性和一种简单的波动图景大相径庭（第139页）。然而，人们的讨论却集中在这样的问题上：量子力学的描述，是已经把可观察的现象说明罄尽了呢，还是像爱因斯坦所坚持的那样可以进一步加以分析呢？尤其是，能否通过将个体过程中能量及动量的细致平衡考虑在内而得到现象的一种完备描述呢？

为了阐明爱因斯坦的论证趋势，在这儿结合着在空间和时间中定域粒子的问题来考虑考虑动量平衡和能量平衡的某些简单特点是能够说明问题的。为此目的，我们将分析一种简单情况：一个粒子穿过壁障上的一个小孔，小孔带有快门或不带快门，依次如图2a及2b所示。图的左部的等距平行线，表示和那种粒子运动态相对应的平面波列；该粒子在到达壁障之前具有一个动量 p，这个动量通过方程(1)中的第二式来和波数 σ 相联系。按照波在透过小孔时的衍射，壁障右方的粒子运动态将用一个球面波列来代表；该波列有一个适当定义的角度孔径 θ，而且在图2b的情况下还有一个有限的径向延伸。由此可见，这种态的描述将涉及一个平行于壁障的粒子分动量的不准量 Δp，而且，在有快门的壁障的情况下，还会涉及一个动能的附加不准量 ΔE。

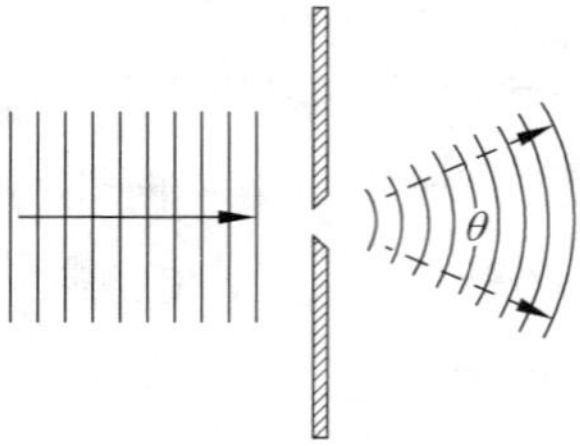

图　2a

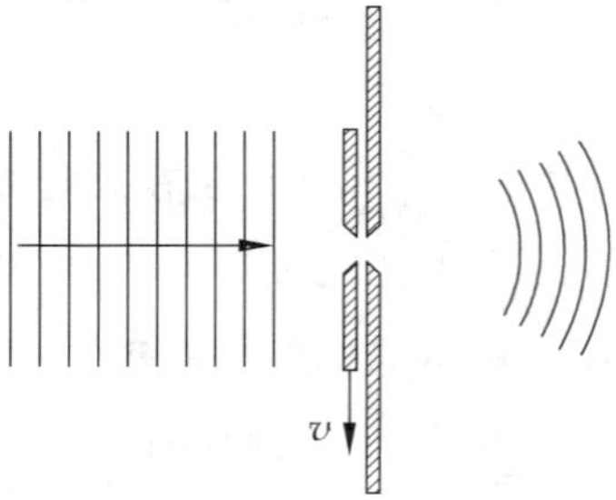

图　2b

因为小孔的半径 a 提供了壁障上粒子位置不准量 Δp 的一种量度，而且又有 $\theta\approx\frac{1}{\sigma a}$，因此，应用(1)即得 $\Delta p\approx\theta p\approx h/\Delta q$，这是和测不准关系式(3)相一致的。当然，这一结果也可以通过考虑下述事实而直接得出：由于波场在孔隙处有一个有限的延伸，平行于壁障平面的波数分量就将有一个不准量 $\Delta\sigma\approx1/a\approx1/\Delta q$。同理，图2b 中有限波列的谐分量的频率范围，显然是 $\Delta\nu\approx1/\Delta t$，式中 Δt 是快门保持小孔开放的时间，从而也就代表粒子通过壁障的时间的不准量。因此，由(1)即得：

$$\Delta E\cdot\Delta t\approx h,\tag{4}$$

这又是和适用于 E、t 这两个共轭变量的关系式(3)相一致的。

从守恒定律的观点看来，出现于通过小孔后的粒子态的描述中的这种不准量，其来源可以追寻到粒子和壁障及快门之间的动量交换及能量交换。在图 2a 及图 2b 中所考虑的参照系中，壁障的速度可以略去而只需考虑粒子和壁障之间的一个动量交换 Δp。然而，在时间 Δt 中保持小孔开放的快门，却是以一个相当大的速

度 $v \approx a/\Delta t$ 而运动的，从而一个动量传递 Δp 将引起快门和粒子之间的一个能量交换，其值约为：

$$v\Delta p \approx \frac{\Delta q \Delta p}{\Delta t} \approx \frac{h}{\Delta t};$$

这又是和式(4)所给出的不准量 ΔE 同数量级的，从而也就是不违背动量平衡和能量平衡的。

现在，爱因斯坦所提出的问题就是：通过控制粒子的时空定域所带来的动量传递和能量传递，可以在多大程度上更细致地确定通过小孔以后的粒子态？这儿必须考虑到，到此为止，壁障及快门的位置和运动，一直被假设为已在时空参照系中精密确定。这种假设意味着，在这些物体的态的描述中，存在着一些固有的动量不准量和能量不准量；当然，如果壁障和快门足够沉重，这些不准量就不一定会显著地影响速度。然而，如果我们要足够精确地知道测量装置中这些部分的动量和能量，以控制各该部分和所考虑粒子之间的动量交换和能量交换，那么，按照普遍的测不准关系式，我们就会失去在空间、时间中精确定域各该部分的可能性。因此，我们就必须分析，这种情况将在多大程度上影响整个装置的预期用途。我们即将看到，这一关键问题将很清楚地表现出现象的互补性品格。

我们暂且回到图 1 所示简单装置的情况；到此为止，并没有谈到这种装置是作什么用的。事实上，只有在壁障和照相底片具有确定位置的假设下，在量子力学表述形式中对粒子将记录在照相底片的哪一点上这个问题提出更细致的预言才是不可能的。然而，如果我们承认关于壁障位置的知识可以有一个足够大的不准度,那么,原则上就应该可以控制传给壁障的动量,并从而更准确地预言从小孔到记录点的电子轨道。至于量子力学的描述,我们这儿必须处理由壁障和粒子构成的二体体系,而且,在康普顿效应中,我们所涉及的恰恰就是守恒定律对这样一个体系的明显应用;在这一效应中,例如,利用一个云室来观察电子的反冲,我们就能预言散射光子实际上将在哪一方向上被观察到。

这一类考虑的重要性,在讨论的过程中曾经通过对下述装置的分析而得到了最有趣的说明;在这种装置中,在带有窄缝的壁障和照相底片之间,放上了另一个带有两条平行窄缝的壁障,如图 3 所示。如果有一个平行的电子注(或光子注)从左方射在第一个壁障上,那么,在通常情况下我们就会在底片上看到干涉条纹;在图的右部,用照相底片上的影线表示了这种干涉条纹的正视图。在使用强粒子注时,这种图样是由很多很多个体过程的积累而构成的;每一个过程将在照相底片上得出一个小斑点,而这些斑点的分布服从着可以根据波动分析导出的一个简单定律。同样的分布也将在那样许多实验的统计解释中得到;各该实验所用的粒子注非常弱,以致在每一次曝光中只有一个电子(或光子)到达照相底片上的某一点,如图中小星号所示。现在,如果我们假设电子将通过第二个壁障上的上一窄缝或下一窄缝,如图中虚线箭头所示;那么,在这两种情况下传给第一壁障的动量就应该是不同的,既然如此,爱因斯坦就建议,对于这种动量传递的一种控制,将使我们能够更精细地对现象进行分析,而特别说来,将使我们有可能决定电子在到达底片之前是通过的哪一个窄缝。

然而,较精确的分析表明,所建议的对动量传递的控制将引起

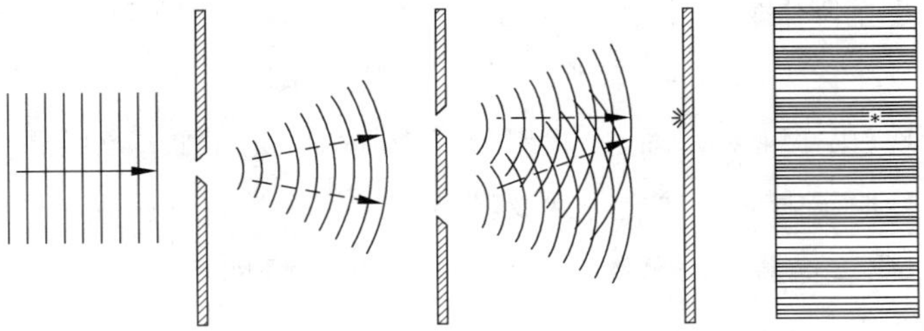

图 3

有关壁障位置的知识的不确定性，这就将排除所考虑的干涉现象的出现。事实上，如果 ω 是假想的通过上缝或下缝的粒子轨道之间的夹角，那么，按照式(1)，这两种情况下的动量传递之差就将等于 $h\sigma\omega$；而且，按照测不准关系式，精确得足以量度这种差别的对于壁障动量的任何控制，将引起壁障位置的一个最小不准量，其值可与 $1/\sigma\omega$ 相比拟。如果，如图 3 所示，带有两条窄缝的壁障是放在第一壁障和照相底片的正中间的，那么，就可看到单位长度上的条纹数将恰好等于 $\sigma\omega$；而且，既然第一壁障位置的一个大约等于 $1/\sigma\omega$ 的不准量将引起相等的条纹位置的不准量，那也就可以看出不会出现任何干涉效应。当第二壁障放在第一壁障和底片之间的其他位置时，也很容易得到同样的结果；而且，如果不用第一壁障而用三个物体中的任一其他物体来为了所述目的而控制动量传递，我们也会得到同样的结果。

这一点有着很重大的逻辑后果，因为这是在寻求粒子轨道或是观察干涉效应方面为我们提供了一个选择余地的唯一情况；这种选择使我们免于得到佯谬的必然结论：一个电子或光子的行动依赖于壁障上它所不会通过的一个窄缝的存在。在这里,我们牵涉到一个典型的例证,表明互补性的现象如何在互斥的实验装置下出现(第 144 页);而且,我们恰好面临着在量子效应的分析中明确划分原子客体的独立行动及其与测量仪器的相互作用的不可能性,该测量仪器是用来确定现象发生时的条件的。

关于在面临着经验的分析和综合方面的一种新颖形势时所应取的态度问题,我们的谈话很自然地接触到哲学思维的很多方面;但是,不管在处理方法和意见方面有多少分歧,一种十分幽默的精神却使讨论进行得很活跃。在他那方面,爱因斯坦嘲弄地问我们,是不是我们真的能够相信上帝的权力要依靠掷骰戏("...ob der liebe Gott würfelt");为了回答这一问题,我指出了古代思想家已经注意到的、在赋予日常语言中的"天命"一词以各种属性时所应有的重大审慎性。我也记得,在讨论的顶点,爱伦菲斯特如何以其逗弄友人的亲切态度而开玩笑地指出了爱因斯坦的态度和相对论反对者的态度之间的表观相似性;但是,爱伦菲斯特紧接着又说,在和爱因斯坦取得一致之前他是不能放心的。

爱因斯坦的关怀和批评,很有价值地激励我们所有的人来再度检验和原子现象的描述有关的形势的各个方面。对于我来说,这是一种很受欢迎的刺激,迫使我进一步澄清测量仪器所起的作用;而且,为了更加突出地表明互补性现象发生时所处实验条件的互斥性,在那些日子里我曾经试图以一种拟现实主义的风格描画了各种仪器,下列各图就是例子。例如,为了研究图 3 所示的这种类型的干涉现象,看来可以应用如图 4 所示的一种实验装置;在这种装置中，作为壁障和底片架的各个固体部分被牢牢钉在一个共同的底座上。在这种装置中，关于壁障和照相底片的相对位置的知识是通过刚性连接来保证的；在这样一种装置中，显然不可能控制粒子和仪器各部分之间的动量交换。在这种装置中保证粒子通过第二壁障上的某一窄缝的唯一方法，就是用图中所示的一个滑板将另一窄缝遮盖起来；但是，如果这个窄缝被遮盖了起来，那么当然就不存在任何干涉现象的问题，而我们就将在底片上仅仅观察到一种连续分布，就如在图 1 所示的只有一个固定壁障的情况下一样。

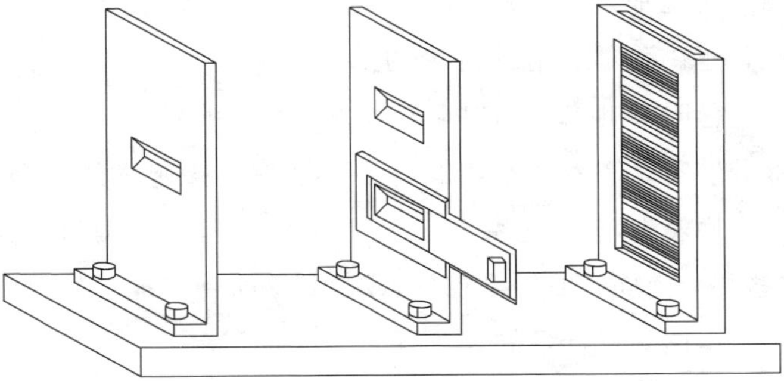

图 4

在它的说明涉及细致的动量平衡的那种现象的研究中，整个设备中的某些部分自然必须能够不依赖于其他部分而发生运动。这样一种仪器如图 5 所示；在图 5 中，一个带有一条窄缝的壁障，用细弹簧挂在一个固体支架上，该支架和本装置的其他不动部分共同钉在一个底座上。壁障上的刻度和支架上的指针，表示着对壁障运动的一种研究；这种研究是估计传给壁障的必要动量时所必需的,该动量将使我们能够对粒子通过窄缝时所发生的偏转作出结论。然而,不论用什么方法对刻度进行读数,必将引起壁障动量的一个不可控制的改变,那么,在我们关于窄缝位置的知识和动量控制的精确度之间,就应该存在一种反比关系;这是和测不准原理相一致的。

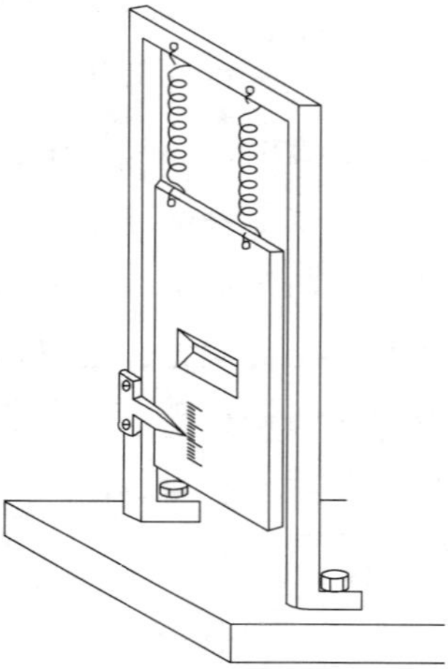

图　5

在同样的半认真的风格下,图 6 代表用来研究那种现象的一部分装置;这种现象不同于刚刚讨论的那些问题,它明显地涉及时间坐标。这一部分装置是和一个结实的时钟刚性地连接起来的一个快门,时钟装在底座上,底座上装有一个壁障,并装有性质类似的其他部分,这些部分由同一时钟来控制,或由和该时钟调准了的其他时钟来控制。本图的特殊目的在于强调一个时钟是一部机器;这种机器的运转可以完全地用普通力学来加以说明,而且它的运转既不会受到对它的指针进行读数的影响,也不会受到它的零件和一个原子级粒子之间的相互作用的影响。例如,保证了小孔在某一确定时刻开放,这样一种仪器可以用来精确地量度一个电子或光子从壁障到某一另外地点所需的时间;但是,在控制传给快门的能量以得到有关通过壁障的粒子能量的结论方面,这种装置显然没有留下任何可能性。如果我们的兴趣在于这种结论,我们就当然要应用一种装置,其快门机件不可能再作为精确时钟来使用,而有关壁障小孔开放时刻的知识就会有一个不准量，这种不准量和能量量度的精确度之间由普遍关系式(4)来联系。

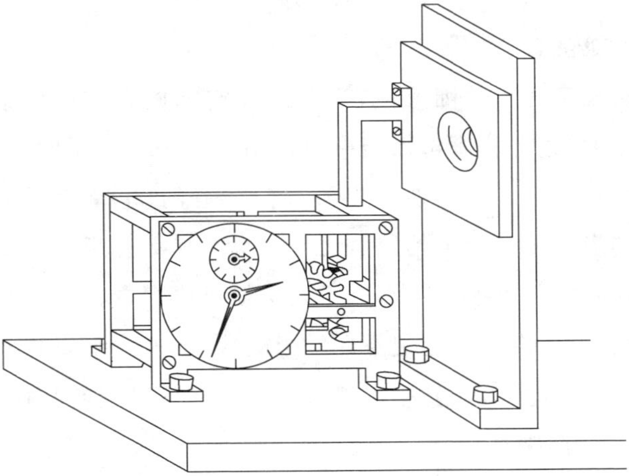

图 6

关于这种多少实际的装置及其多少假想的用途的设想，在把人们的注意力引到问题的本质特色方面是很有教育意义的。这儿的主要之点就在于所考查的客体以及测量仪器之间的区分，这种测量仪器是用来按照经典概念确定现象发生时所处的条件的。我们可以附带指出，牵涉到从原子级粒子到壁障及快门之类的沉重物体的动量传递或能量传递的严格控制的实验，即使实际上可以完成那也是非常困难的；但是，这对说明上述的考虑并无影响。有着决定意义的只是：在这种情况下，不同于真正的测量仪器，这些沉重物体和粒子一道，就形成需要对它应用量子力学表述形式的一个体系。至于明确应用这种表述形式的条件的确定，更加重要的就是要把整个实验装置全都考虑在内。事实上，把任何一件再多的仪器(例如小镜)引入粒子的路程上，就可能意味着将有新的干涉效应发生，这种干涉效应在本质上影响着有关即将真正记录下来的结果的预言。

原子现象的不可细分性，为我们规定了放弃该种现象的具体想象的程度；这种程度可以很突出地用下述例子来说明；这个例子是爱因斯坦在很早的时期就提醒我们注意的，也是他时常回想起来的。如果在一个光子的路程上放一个"半反射镜"，而使光子的传播方向有两种可能，那么，这个光子就可以记录在两照相底片中的任一底片上，而且只能记录在一个底片上；这两个底片放在所考虑的这两个方向上，而且相距很远。我们也可以把底片换成镜子，这样我们就能观察到显示着两个反射波列之间的干涉效应。于是，在形象地表示光子行动的任一企图中，我们就将遇到这样一种困难：我们必须承认，一方面光子永远会选择两条路中的一条，而另一方面它的行动又表现得好像它选择了两条。

恰恰就是这种论证，使我们想到量子现象的不可细分性；而且，这种论证也揭露了赋予原子客体以习见物理属性的歧义性。特别说来，我们必须注意到，除了说明构成实验装置的各仪器的位置及时间以外，时空概念在原子现象描述中的任何无歧义应用都限于一种观察的记录；这种观察将涉及照相底片上的一些痕迹，或者涉及类似的实际上不可逆的放大效应，例如云室中一个离子上的水滴的形成。当然，用来制造测量仪器的材料和记录机构依靠它来进行工作的材料，其性质终归是决定于作用量子的存在的，但是，这种情况和此处讨论的量子力学描述的适用性及完备性问题的各个方面无关。

在爱因斯坦提出普遍的反对意见的同一次集会上，这些问题在索耳威会议上很有教育意义地受到了不同方面的评论①。在那一场合下，关于那些只能对它们提出统计性预见的现象我们应该如何谈论它们的出现，也进行了很有兴趣的讨论。问题是：对于个体效应的发生，我们是应该接受狄喇克所提出的术语而认为所涉及的是"自然"的选择呢？还是应该像海森伯所建议的那样认为所涉及的是制造测量仪器并测读其记录的"观察者"的选择？然而，任何这样的术语都会显得是含义晦涩的。因为，一方面，认为自然具有通常意义下的意志，那是很难认为合理的；另一方面，观察者肯定不可能影响在他所准备的条件下出现的事件。照我看来，唯一的可能就在于承认在这一经验领域中我们涉及的是个体现象，并承认我们掌握测量仪器的可能性只允许我们在所要研究的不同的、互补的现象类型之间进行选择。

这儿谈到的一些认识论问题，在我为"自然科学"(Naturwissenschaften)期刊1929年普朗克70诞辰纪念专号所写的文章中得到了更加明晰的处理。在该文中，也曾把由普适作用量子的发现所得出的教益和有限光速的发现以后的发展进行了对比；后一发展通过爱因斯坦的开创性工作而大大地澄清了自然哲学的基本原理。在相对论中，强调了一切现象和参照系之间的关系；这种强调开辟了寻求空前范围的普遍物理定律的全新方法。在量子理论中我们论证，对于统治着原子现象的出人意料的规律性的逻辑概

① 参见本书第146页注所标文献，245页及以后。

括，就要求我们认识到一件事实：在客体的独立行为及其与测量仪器的相互作用之间，并不能画出明确的分界线；该测量仪器规定了所用的参照系。

在这一方面，量子理论为我们提供了物理科学中的一种新颖形势；但是，我们曾经强调，在经验的分析和综合方面，这一形势和我们在人类知识及人类兴趣的很多其他领域中所遇到的形势十分相近。众所周知，心理学中的很多困难，起源于分析心理经验的各种方面时客观—主观分界线的不同画法。事实上，像“思想”和“感情”这一类的字眼，在说明意识生活的变化及范围方面是同等地不可缺少的；人们以一种互补方式来使用这些字眼，这和原子物理学中使用时空坐标及动力学守恒定律的方式是相似的。这种相似性的精确表述，当然会涉及术语上的复杂性；作者的态度或许可以用该文中的一段话来最清楚地加以说明，这段话揭示了在任一字眼的实际应用及其严格定义的尝试之间永远存在着的那种互斥关系。然而，这种讨论的主要目的，是要指出一种前景：利用从新的但基本上简单的物理经验的研究中得出的教益来解决一般的认识论问题；这种讨论，主要是由于我们希望对爱因斯坦的态度有所影响而受到了启示。

在 1930 年的索耳威会议上我们又和爱因斯坦相见了；我们的讨论发生了一个十足戏剧性的转折。爱因斯坦反对这样一种观点：如果一些测量仪器的目的是要规定现象的时空参照系，那么，对于客体和测量仪器间的动量交换及能量交换的一种控制就要被排除。为了反对这一观点，爱因斯坦提出了一种论证：当把相对论的要求考虑在内时，这样的控制就是可能的。特别说来，能量和质量之间的普遍关系是用爱因斯坦的著名公式来表示的：

$$E = mc^2; \tag{5}$$

根据这一关系，我们就可以利用简单的称量重量的方法来量度任一体系的总能量，从而在原则上也就可以控制当和一个原子客体相互作用时传给该体系的能量。

作为适用于这种目的的一种装置，爱因斯坦提出了如图 7 所示的一种机构；这是一个盒子，在某一盒壁上有一个小孔，这一个小孔可以用一个快门来启闭，快门由盒中的时钟装置来带动。如果，在开始时，盒中包含着一定量的辐射，而时钟则调节得从某一选定时刻开始使快门在一段很短的时间内敞开，那么，就能做到使一个光子从小孔中放出，而放出的时刻则可测量得尽量准确。此外，在这一事件前后分别量度整个盒子的重量，看来好像也可以任意精确地测量光子的能量；这肯定是和量子力学中时间不准量及能量不准量之间的反比关系相矛盾的。

这种论证等于一次严重的挑战，并引起了对整个问题的彻底检查。然而，作为讨论的结果，我们认清这种论证是不可能成立的；对于这种讨论，爱因斯坦本人曾经很有效地作出了贡献。事实上，在考虑这一问题时，发现必须更仔细地研究将惯性质量和引力质量等同起来所引起的后果；在应用关系式(5)时是暗示了这种等同性的。特别重要的是要考虑到钟表的快慢和该钟表在引力场中的位置之间的关系；这种关系是根据引力效应和在加速参照系中观察到的现象之间的爱因斯坦等效原理得到的，它通过太阳的光谱线的红移而为人所知。

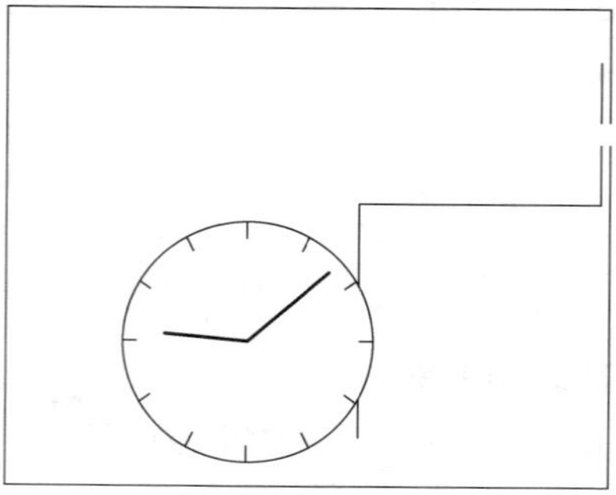

图　7

我们的讨论集中在使用一种仪器的可能性上;该仪器包括了爱因斯坦的机构,并在图 8 中用和以上各图相同的似真非真的方法画了出来。为了表现盒子的内部,图中画出了它的剖面图;盒子悬挂在一个弹簧秤上;盒上装有指针,秤架上装有刻度尺,以便确定盒子的位置。于是,通过用适当的砝码来将盒子调节到零位置的方法,就可以在任意给定精确度 Δm 下称量盒子的重量。现在,重要的是,在一个给定精确度 Δq 下对盒子位置的任一测定,都会带来盒子的动量控制方面的一个最小不准量 Δp,这二者是由关系式(3)来联系的。这一不准量 Δp,显然又小于引力场在称量过程的整段时间 T 中所能给予一个质量为 Δm 的物体的总冲量;或者说:

$$\Delta p \approx \frac{h}{\Delta q} < T \cdot g \cdot \Delta m, \tag{6}$$

式中 g 是重力恒量。由此可见,指针读数 q 的精确度越大,称量时间 T 就越长,如果要把盒子及其内容的质量测到一个给定精确度

Δm 的话。

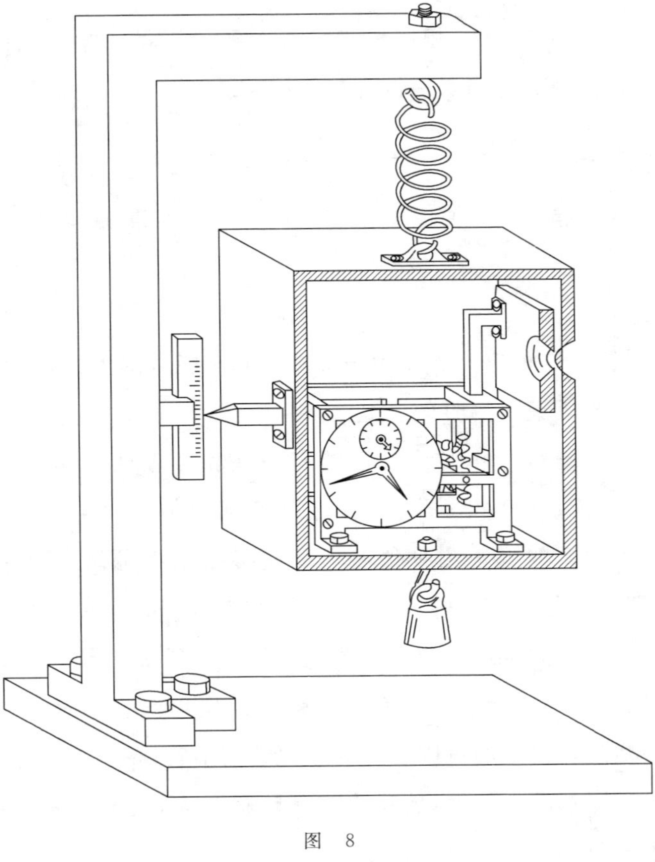

图 8

现在，按照广义相对论，当沿着引力方向移动一段距离 Δq 时，一个时钟的快慢就会改变，即在一段时间 T 中的读数改变一个量 ΔT，这个量由下列关系式给出：

$$\frac{\Delta T}{T}=\frac{1}{c^2}g\Delta q. \tag{7}$$

因此，将式(6)和式(7)相比较我们就看到，在称量过程之后，在我们关于时钟调节的知识中将有一个不准量

$$\Delta T>\frac{h}{c^2\Delta m}.$$

和式(5)一起，这一关系式再次引到和测不准原理相一致的结果：

$$\Delta T\cdot\Delta E>h,$$

由此可见，用这种仪器来作为精确测定光子能量的工具，我们就将不能控制光子逸出的时刻。

这种讨论对于相对论论证的有力性和合理性是非常好的说明；这种讨论再一次地强调表明，在研究原子现象时，必须区分用来规定参照系的真正测量仪器和那些必须认为是研究对象的部分；在那些部分的说明中，量子效应是不能略去不计的。尽管量子力学描述方式的可靠性及其广阔范围都得到了很有启示意义的肯定，在以后和我进行的一次交谈中爱因斯坦仍旧表示对于显然地缺乏一些解释自然的巩固奠定的原理感到不安；缺乏这种原理，是每个人都同意的。然而，从我的观点看来我只能这样回答：当处理在一个全新的经验领域中建立秩序的工作时，我们几乎不能对任何习见的原理有所信任，不论这种原理多么广阔；我们只能要求避免逻辑上的矛盾，而在这一方面量子力学的数学表述形式肯定应该满足一切要求。

1930 年的索耳威会议，是我和爱因斯坦能够在爱伦菲斯特的

鼓励性的和中介性的影响下得到裨益的最后一次；但是，在他1933年令人深感哀悼的逝世以前不久*，爱伦菲斯特告诉我，爱因斯坦远远没有满足而且已经以其常有的敏锐性认识到了形势的新方面，这些新方面可以支持他的批评的态度。事实上，通过进一步检验应用一种秤装置的可能性，爱因斯坦曾经察知了其他的步骤；这种步骤即使并不能完成他原先所提出的任务，却似乎引入了一种超出逻辑解释的可能性以外的佯谬。例如，爱因斯坦曾经指出，在预先称量了装有时钟的盒子的重量并令一个光子逸出之后，我们仍旧有一种选择的余地：或者再称量重量，或者打开盒子并将时钟读数和标准时计比较。由此可见，在这种时候我们仍旧可以任意抉择，可以就光子的能量作出结论或是就光子自盒中逸出的时刻作出结论。于是，从光子的逸出到它后来和另一种适当的测量仪器发生相互作用，我们可以不对它进行任何干涉而就它的到达时刻或是它被吸收时所放出的能量作出精确的预见。但是，按照量子力学表述形式，一个孤立粒子的态的确定不可能同时涉及和时间标度之间的一种明确联系以及能量的一种精确测定，因此，看来这种表述形式似乎并不能提供一种适当的描述方式。

爱因斯坦的寻根究底的精神，再一次找出了量子力学中的形势的一个奇特方面；这种奇特方面以一种惊人的方式表现着我们在多大程度上超越了自然现象的习见解释。但是，我仍然不能同意爱伦菲斯特所报道的他这种说法的倾向。按照我的意见，要论证一种逻辑上和谐的数学表述形式的不适用，必须说明它的结论

* 爱伦菲斯特于1933年用手枪自杀身死。——译者注

和经验相违背,或是证明它的预见并没有把观测上的可能性包举无遗,除此以外再没有别的办法;而爱因斯坦的论证却并不能引向这样的目的。事实上,我们必须知道,在所讨论的问题中,我们所涉及的并不是一种单独的特定实验装置,而是两种不同的、互斥的装置。在一种装置中,秤和另一个光谱计之类的仪器,被用来研究光子所传递的能量;在另一种装置中,一个用标准钟控制着的快门和另一个同类的、并和第一个时钟调准了的仪器,被用来研究一个光子在一段给定距离上的传播时间。正如爱因斯坦所承认的,在这两种情况下,所能观察到的效应被认为应该和理论的预见完全一致。

这种问题再一次强调了考虑整个实验装置的必要性;对于量子力学表述形式的任何明确应用来说,这种实验装置的确定是不可缺少的。可以附带说明,爱因斯坦所设想的这种佯谬,在如图 5 所示的这种简单装置中也会遇到。事实上,在预先量度了壁障动量之后,我们在原则上仍有选择的余地:当一个电子或一个光子已经通过了窄缝时,我们可以重新量度动量或是控制壁障的位置并从而对以后的其他观察得出预见。也可以再说明一下,在利用一种确定实验装置所可能得出的可观察效应方面,不论我们制造仪器和使用仪器的方案是预先确定的,还是直到粒子已经走在从一个仪器到另一个仪器的路上时才完成的,那都显然是没有关系的。

在量子力学描述中,我们在制造并使用实验装置方面的自由,用一种可能性来适当表现:可以选择出现于表述形式之任一正当应用中的那些经典地定义了的参量。确实,在所有这些方面,量子力学都显示一种和经典物理学中已经熟知的情况之间的对应关系；当考虑到量子现象所固有的个体性时，这种对应关系是尽可能密切的。恰恰就在帮助人们十分清楚地理解这一点上，爱因斯坦的参与就成了使人们探索形势的主要方面的一种最受欢迎的激励。

下一次索耳威会议是在1933年召开的，其主题是原子核的结构和性质；正是在这期间，由于实验上的发现同样也由于量子力学的有成果的新应用，在这一领域中得到了非常巨大的进展。在这方面，几乎用不着提醒，正是由人为核转变的研究中得出的证据，为有关质量能量等价性的爱因斯坦基本定律提供了一种最直接的验证；这一定律后来成为原子核物理学研究的一种永远重要的指南。我们也可以提到，爱因斯坦的一种直觉认识是怎样被自发核蜕变的量子力学解释所证实的；爱因斯坦认识到，在放射性转变定律和个体辐射效应的几率法则之间有一种密切关系（参阅第138页）。事实上，我们在自发核蜕变中所涉及的是统计描述方式的典型例证，而且，在人所共知的粒子穿透势垒的佯谬中，最显著地表现了能量—动量守恒和时空坐标之间的互补关系。

爱因斯坦本人没有出席会议；会议召开时正是由于政治界的悲剧性发展而显得岁月昏暗的时候；这种发展后来深深地影响了爱因斯坦的命运，并且在为人类服务方面大大地增加了他的负担。* 在此次会议的几个月以前，我访问了普林斯顿；当时爱因斯坦是该地新建的高等研究所中的客人，不久以后他就成了该研究

* 按指希特勒在德国开始掌权，爱因斯坦永远离开了德国。——译者注

所的永久研究人员。在这次访问中,我曾经得到机会和他再度谈论原子物理学的认识论的方面;但是,我们处理问题和表达问题的方式之间的差别仍然阻滞了相互的了解。尽管至此为止只有比较少的人参加了本文所述的这种讨论,不久以后,爱因斯坦对许多人在量子理论方面的观点所持的批评态度却通过一篇论文而受到了公众的注意[①];该文题名为“物理实在的量子力学描述能否被认为是完备的?”,由爱因斯坦、波道尔斯基(Podolsky)和罗森(Rosen)在 1935 年发表。

该文的论证是根据一个判据;文章的作者们将此判据表现在下列一句话中:“如果我们能够不对体系进行任何干扰而肯定地(即在等于 1 的几率下)预言一物理量的值,那么,就有物理实在的一个要素和这一物理量相对应。”作者们考虑了一个体系的态的表象;该体系由两部分构成,它们曾经在一段有限的时间内发生相互作用。通过在这方面对量子力学表述形式的结论的一种优美的论述,他们证明,尽管某些量的确定不能在其中一个部分体系的表象中结合起来,但是,通过和另一个部分体系有关的测量,这些量却可以被预见到。按照他们的判据,作者们因此就得出结论说量子力学并没有提供“物理实在的一种完备描述”;他们并且表示相信,应该可能发展一种有关现象的更适用的说明。

由于论证的明彻性和表观上无可怀疑的品格,爱因斯坦、波道尔斯基和罗森的文章在物理学家中间引起了一种激动,而且在一般性的哲学讨论方面也起了很大的作用。所得结果肯定是很微妙

---

① A. Einstein, B. Podolsky and N. Rosen, *Phys. Rev.*, 47, 777(1935).

的，而且适于用来强调在量子力学中我们离开形象化的具体想象有多远。然而，我们即将看到，我们在这儿所涉及的问题，恰恰就是爱因斯坦在以前的讨论中所提出的那种问题；而且，在几个月以后的一篇论文中[①]，我曾试图证明，从互补观点看来，表观上的矛盾是完全不存在的。论证的趋势本质上是和以上的叙述相同的，但是，为了回忆当时讨论问题的方式，我愿意从我写的文章中引用几行。

例如，在谈到爱因斯坦、波道尔斯基和罗森根据他们的判据得出的结论之后，我写道：

> 然而，这样一种论证，看来并不能影响量子力学描述的可靠性；这种描述是建筑在一种和谐的数学形式体系上的，该形式体系自动地概括了任何这种的测量过程。表观上的矛盾，事实上只表示习见的自然哲学观点对于合理地说明我们在量子力学中所涉及的那种现象是本质上不适用的。事实上，由作用量子的存在规定了的**客体和测量仪器之间的有限相互作用**，引起了最后放弃因果性这一经典概念并激烈地修正我们对于物理实在问题的态度的必要性——因为客体对测量仪器的反作用是不可控制的，如果测量仪器适用于它们的目的的话。事实上，我们即将看到，当应用于我们在这儿所涉及的实际问题时，像上述作者们所提出的这一类的有关实在的判据——不论它的陈述显得多么审慎——是包含着一种本质上的含糊性的。

① N. Bohr, *Phys. Rev.*, 48, 696(1935).

至于爱因斯坦、波道尔斯基和罗森所处理的那种特殊问题,后来也得到了说明;我们曾经证明,关于由两个相互作用着的原子客体组成的体系,由它的态表象的表述形式所得到的结论是和上述的简单论证相对应的;上述的论证,和适用用来研究一些互补现象的实验装置的讨论有关。事实上,尽管任何一对共轭的空间变量 q 和动量变量 p 都满足式(2)所示的非对易乘法法则,尽管它们只能确定到由式(3)表示的那种互成反比的不准量,但是,和体系的组成部分有关的两个空间坐标之差 q_1-q_2,却是可以和对应的动量分量之和 p_1+p_2 对易的;这一点可以从 q_1 和 p_2 及 q_2 和 p_1 的可对易性直接得出。因此,q_1-q_2 和 p_1+p_2 二者都可以在复合体系的一个态中精确地确定;于是,如果用直接测量确定了 q_2 或 p_2,那么我们就能依次地预言 q_1 或 p_1 的值。如果我们取如图5所示的一个粒子和一个壁障作为体系的两个部分,我们就会看到,通过在壁障处进行的测量来确定粒子态的可能性,正好是和我们在第153页上描述过的而后又在第163页上讨论过的情况相对应的;在第163页上曾经谈到,当粒子已经通过了壁障以后,在原则上,我们对于量度壁障位置或壁障动量是有选择余地的,而且,在每一种选择下,都可以对以后的关于粒子的观察作出预言。正如一再强调过的,这儿的主要之点在于,在这样一些测量中,需要用到互斥的实验装置。

我那篇文章的论点,总结在下列一段中:

按照我们的观点,我们现在看到,在爱因斯坦、波道尔斯基和罗森所提出的关于物理实在的上述判据的叙述中,在"不对系统进行任何干扰"这种说法中包含着一种含糊性。当然,在刚刚考虑过的这一类的情况下，在测量过程的最后的决定性步骤中，并不存在对所研究的系统加以力学干扰的问题。但是，即使在这一步骤中，本质上也还存在对于那种条件的影响问题，该种条件规定着有关系统未来行动的预言的可能类型。为了描述可以恰当地叫做“物理实在”的任何现象，这种条件是一种必要的因素；既然如此，我们就看到，上述各作者的论证并不能证实他们关于量子力学描述本质上是不完备的那种结论。相反地，由以上的讨论可以看出，这种描述可以认为是测量过程之无歧义解释的一切可能性的合理应用，这种测量可以和量子力学领域中的客体及测量仪器之间的不可控制的相互作用相容。事实上，为新的物理定律留下了余地的，正是可以无歧义地定义互补物理量的任何两种实验过程的互斥性；这种新的物理定律的并存，初看起来是和基本科学原理相矛盾的。互补性这个概念所要表征的，正是物理现象的描述方面的这一全新形势。

在重读这一段话时，我深深地觉察到表达方面的无力；这种缺点一定会使人很难领会论证的趋势；论证的目的在于显示当处理那样一些现象时在客体的物理属性方面引入的本质歧义性；在各该现象中，并不能在客体本身的行为及客体和测量仪器的相互作用之间画出任何的明确界线。然而，我希望，关于在以往的年代中和爱因斯坦进行的讨论的这种叙述，可以使人们得到一个印象，使人们领会到为了在这一经验领域中保持逻辑秩序就必须激剧地修正适用于物理解释的基本原理；在使我们熟悉量子物理学的形势方面和爱因斯坦进行的讨论是有很大贡献的。

爱因斯坦本人在当时所持的看法,表现在"物理学和实在"一文中,该文发表于 1936 年的"富兰克林研究所期刊"①。文章的开始,很明白地论述了经典物理学理论中基本原理的逐步发展以及这些原理和物理实在问题的关系;爱因斯坦曾经在文中论证,量子力学描述只能看成说明很多很多原子体系之平均行为的一种手段;对于认为量子力学已经提供了个体现象的包举无遗的描述的那种信念,他的态度表现于下列词句中:"相信这一点可能在逻辑上并不矛盾,但是它和我的科学直觉冲突得太厉害,因此我不禁要寻求一种更完备的观念。"

即使这种态度可能显得是自身协调的,但它却意味着对上述的全部论证的一种摒弃;这种论证的目的在于说明,在量子力学中,我们所涉及的并不是对于原子现象的更细致分析的一种武断的放弃,而是对于这种分析的**原理上的**不可能性的一种认识。在概括明确定义的事实方面,量子效应的独特个体性使我们面临着一种新颖形势;这种形势是在经典物理学中之前未闻的,而且是和我们用来排比、调节日常经验的那些习见概念相矛盾的。正是在这一方面,量子理论曾经要求人们重新修正无歧义应用基本概念的基础;这是发展中的新的一步;自从相对论被提出以来,这种发展就已经成为近代物理学的突出特征了。

在以后的年代中,原子物理学形势的更具哲学性的方面引起了越来越多的人们的兴趣;特别说来,这些方面在 1936 年 7 月在

① A. Einstein, *J. Franklin Inst*, 221, 349(1936).

哥本哈根召开的第二届科学统一性国际会议上得到了讨论。在这一场合的一次演讲中[①],我曾尝试着强调了存在于因果描述在原子物理学中受到的限制和我们在其他知识领域中遇到的情况之间的认识论方面的类似性。这种对比的一个主要目的,就是要使人们注意到在人类兴趣的很多领域中也有必要面对和在量子理论中出现的问题相类似的问题,并从而使人们对于物理学家为了克服他们的严重困难而发展起来的表面看来很过分的表现方式有一个较熟悉的背景。

除了上面已经谈到过的在心理学中表现得很明显的互补特点以外(参阅第 158 页),这种关系的实例也可以在生物学中找到,尤其是在机械论观点和活力论观点的对比方面。联系到观察问题,上述这种问题曾经成为我在 1932 年哥本哈根国际光疗会议上所作的一次演讲的主题[②];在那次演讲中曾经附带指出,通过原子物理学的发展,甚至莱布尼兹(Leibniz)和斯宾诺莎(Spinoza)所觉察到的那种心理—肉体平行论也得到了一种更广阔的范围;原子物理学的发展迫使我们对"解释问题"采取一种态度,这种态度使人回想起古代的格言:当寻求生活中的调谐时,人们永远不应该忘记我们自己在现实戏剧中既是演员又是观众。

这样一种说法将很自然地在许多人的思想中造成一种不合乎科学精神的基本神秘主义的印象,因此,在上述的 1936 年的会议

① N. Bohr, *Philosophy of Science*, 4, 289(1937).

② IIe Congrès international de la Lumière, Copenhague, 1932(重印于本书第 100 页).

上，我曾经试图消除这样的误解，并试图说明唯一的问题是要努力澄清在一切知识领域中对经验进行分析和综合的那些条件[①]。但是，恐怕我在这一方面并没有能够很好地说服听众；在听众们看来，既然物理学家们自己的意见都不一致，那么，是否有必要在这样大的程度上放弃自然现象的解释方面的习惯要求显然就是很可怀疑的。主要通过 1937 年和爱因斯坦在普林斯顿进行的一次新讨论，使我深深认识到在一切术语问题和论辩问题中保持极度审慎的重要性；那一次，我们在一种幽默的争论中没能取得一致；争论的问题是：如果斯宾诺莎活得够长而看到了今天的发展，他将会赞成谁的意见？

关于术语和论辩方面的问题，在 1938 年在华沙召开的一次会议上曾经特别地进行讨论；这次会议是由国联的国际知识界合作协会召开的[②]。在召开会议以前的几年中，由于在原子核的组成及性质方面的若干基本发现，同样也由于考虑到相对论要求的数学表述形式的重要发展，量子物理学曾经得到了重大的进步。在后一种发展方面，狄喇克关于电子的天才量子理论，对于一般量子力学描述方式的能力及富有成效提供了一种显著的例证。在电子偶的产生现象和质湮现象中，我们事实上涉及了原子性的新的基本特点；这种新特点是和表现在不相容原理中的量子统计学的非经典特性密切联系着的，这种新特点要求我们更广泛地放弃按照形象化的表示法来解释事物。

---

① 见上页注①。

② *New Theories in Physics*(《物理学中的新理论》,Paris,1938),11.

同时，关于原子物理学中的认识论问题的讨论更加吸引了我的注意；在评论爱因斯坦关于量子力学描述方式的不完备性的观点时，我更加直接地接触到了术语问题。在这一方面，我曾警告人们特别注意在物理文献中时常看到的一些词句，例如“通过观察来干扰现象”或“通过测量来创造原子客体的物理属性”。这些词句可以使人想起量子理论中的表观佯谬，但它们同时也很容易引起误解，因为，“现象”和“观察”以及“属性”和“测量”这些字眼，都是在一种很难和日常语言及实用定义相容的方式下被使用的。

作为一种更适当的表达方式，我曾提议用*现象*一词来仅仅代表在特定环境下得到的观察结果；这种特定环境包括整个实验装置的说明在内。在这样的术语下，观察问题就不会再有什么特殊的复杂性，因为在实际的实验中一切观察结果都是用清晰的叙述来表达的，例如，这种叙述可能涉及电子到达照相底片的地点的记录。此外，用这样的方式来讲话也便于强调这样一点：符号式量子力学表述形式的适当物理解释，只在于和个体现象有关的肯定的或统计性的预见，而这些个体现象是在用经典物理概念定义了的条件下出现的。

尽管在引起相对论发展的和引起量子理论发展的那些物理问题之间有很多差别，但是，相对论论证和互补性论证之间的一种纯逻辑方面的对比将使人们看到，在放弃客体的惯常物理属性的绝对意义方面，这二者是有着一些显著的类似点的。此外，在说明实际经验时忽略测量仪器本身的原子性结构，这也同样是相对论的应用及量子理论的应用的特征。例如，作用量子远小于普通经验（包括物理仪器的装置及使用在内）所涉及的作用量，这在原子物理学中是十分重要的，正如世界是由很多很多原子构成的这一事实在广义相对论中是十分重要的一样；正如人们时常指出的，广义相对论要求，测量角度的仪器，其线度要能做得远小于空间的曲率半径。

在华沙演讲中，我对相对论中和量子理论中使用不能直接具体想象的符号的问题评论如下：

> 两种理论的表述形式在其本身范围内提供了概括一切可能经验的适当方法；甚至这两种表述形式也显示了深刻的类似性。事实上，在两种情况下，通过应用多维几何学和非对易代数学来推广经典物理理论而得到的惊人的简单性，本质上是以习见符号 $\sqrt{-1}$ 的引用为基础的。事实上，仔细分析起来，这些表述形式的抽象性，对于相对论和对于量子理论都是同样典型的特点；而且，在这一方面看来，如果相对论被看成经典物理学的一种完满化，而不被看成在近代物理学发展的促使下彻底修正我们在比较观察结果时的思维方法的一个根本性的步骤，那不过纯粹是一个传统问题罢了。

诚然，在原子物理学中，我们当然还面临着若干没有解决的基本问题，尤其是在电荷基元单位和普适作用量子之间的密切关系方面；但是，这些问题和此处讨论的认识论问题之间的联系，并不比相对论论证的适用性和至今悬而未决的宇宙论问题之间的联系更为密切。不论是在相对论中还是在量子理论中，我们都牵涉到科学分析和科学综合的一些新特点；而且，在这一方面，指出一件事实是不无兴趣的：即使是在上世纪这一伟大的批判哲学时代，人们也只探讨过对于经验的时空标示及因果联系的适用性究竟能在多大程度上给予先验的(a priori)论证的问题;至于这些人类思想范畴的固有界限及合理推广的问题,人们却从来没有探讨过。

虽然近年以来我曾有很多机会和爱因斯坦相见,但是,继续进行的使我经常受到新的激动的讨论,却一直没有在原子物理学中的认识论问题上得出一个共同的看法;我们的相反观点,在最近一期的《辩证法》(Dialectica)上得到了或许是最清楚的说明[①],那里给出了这些问题的普遍论述。然而,鉴于在手法和背景都必然会影响每个人的态度的那种问题的共同理解上有着很多障碍,我很高兴借此机会来对发展情况作一个更广泛的说明;就我看来,通过这种发展,物理科学中的一个真正的危机已经被克服了。我们由此得到的教益,似乎已经把我们带到了在内容和形式之间追求协调的永无休止的努力中的一个决定步骤,并且似乎已经再一次告诉我们,没有一个形式构架就不可能掌握任何内容,而任何一种形式,不论以往被证实为如何有用,对于概括新经验来说也可能显得是过于狭隘的。

在目前看来,不但在哲学家和物理学家之间很难得到共同的理解,而且甚至在不同学派的物理学家之间也很难得到共同的理解;在这一类的情况下,困难的根源肯定常常在于语言的不同用法;这种不同的用法意味着不同的处理问题的路线。在哥本哈根研究所中,当年曾有一些不同国度的青年物理学家到那儿来讨论问题;当遇到麻烦时,我们常常用一些玩笑话来安慰自己,其中包括有关两种真理的一种古老说法。一种真理包括一些简单而明白

① N. Bohr, *Dialectica*, 1, 312(1948).

的叙述,它们简明得使相反的说法显然无法得到维护。另一种真理就是所谓的"深奥真理",和这种真理相反的叙述也包含着"深奥真理"。原来,一个新领域中的发展通常要经历一些阶段;经过这些阶段,混乱性将逐渐为秩序性所代替;但是,尤其是在中间阶段,深奥真理常常表明当前的工作是十分动人的,并且是启示着人们的想象去寻求一个更牢固的依据的。对于在严肃和幽默之间寻求适当平衡的这样一种努力,爱因斯坦本人就是一个伟大的范例;而且,我相信,通过整整一代物理学家的异常有效的合作,我们已经接近了逻辑秩序可以使我们避免深奥真理的那一目的;当我这样表示时,我希望爱因斯坦也会承认这一点,我希望可以用这种信念来为以上的许多说法请求谅解。

作为本文主题的和爱因斯坦进行的商榷,曾经延续了很多年;在这些年中,原子物理学领域中有了很大的进步。不论我们的会晤是长久还是短暂,这些会晤都在我的记忆中留下了深刻而经久的印象;而且,在撰写这一文章时,我可以说一直在和爱因斯坦进行争辩,甚至在讨论表面上看来和我们会晤时所争论的那些问题相去很远的课题时也是如此。至于有关谈话内容的叙述,我当然知道我只依靠了自己的记忆;同时我也可以想到,爱因斯坦对量子理论发展的许多特色的看法可能和我的看法并不相同;在量子理论的发展中,爱因斯坦是曾经起过很大作用的。无论如何,我相信我已经不无成功地说明了这样一个问题:在和爱因斯坦的每一次接触中,我们大家都会得到启示;能够从这种启示中获得裨益对我是如何地重要啊!

知识的统一性

(1954)

在多大程度上我们可以谈论知识的统一性？在回答这一问题之前，我们可以问一问“知识”一词本身是什么意思。我不准备进行一种学术性的哲学论述；对于这种论述，我是没有必要的学识的。然而，每一个科学家都经常遇到经验的客观描述问题；所谓客观描述，是指的无歧义的思想交流。当然，我们的基本工具，就是适应于实际生活及社会交往的需要的平常语言。在这儿，我们不准备涉及这种语言的起源问题，而只来谈谈它在科学交流方面的范围问题，特别是在超出日常生活事件的经验的增长过程中如何保持客观性的问题。

必须注意的主要之点是，一切知识都是在一种用来说明先前所有的经验的观念构架中表现出来的，而且任何的这种构架在概括新经验方面都可能是过于狭隘的。在很多知识领域中进行的科学研究，确实曾经一再地证明了放弃或改造某些观点的必要性；那些观点由于很有成果和表面看来可以无限应用而曾经被认为是合理解释所不可缺少的。虽然这种发展是由一些特殊的研究发端的，但它们却遗留下来一种对知识的统一来说是很重要的普遍教益。事实上，观念构架的扩张不但适于用来在有关的知识分支中保持秩序，而且也显示了我们在表面看来相去甚远的知识领域中在经验的分析和综合方面所处地位的类似性；这种类似性，意味着一种越来越广阔的客观描述的可能性。

当谈到一种观念构架时，我们不过是指的经验之间的关系的无歧义逻辑表现。这种态度，在历史发展上也是显而易见的；在历史发展中，形式逻辑已经不能再和语义学的研究明确划分，甚至不能再和哲学措辞法的研究明确划分了。数学曾经起了特殊的作用；它对逻辑思维的发展曾经有过十分决定性的贡献；通过它的明确定义的抽象过程，它在表达和谐关系方面提供了难以估价的助力。但是，在我们的讨论中，我们将不把数学看成一种独立的知识分支，而宁愿把它看成一般语言的一种精确化；这种精确化给一般语言补充了表现各种关系的适当工具；对于这些关系来说，通常的语言表达法是不确切的或纠缠不清的。在这一方面可以强调，正是通过避免涉及渗透在日常语言中的自觉的主体，数学符号的应用才保证了客观描述所要求的定义的无歧义性。

所谓精密科学的发展，是以测量结果之间的数字关系的建立为其特征的；这种发展确实受到了抽象数学方法的决定性的推动；这种抽象数学方法起源于推广逻辑结构的独立探求。这种情况在物理学中得到了特殊的例证；物理学，本来被理解为和我们自己也是其中一部分的那一自然界有关的一切知识，而后来则逐渐被理解为统治着无生命物质属性的基本定律的研究了。即使在这一比较简单的课题中，也必须经常注意客观描述问题；这种必要性多少年来曾经深深影响了各哲学派别的态度。在现代，新的经验领域的探索曾经揭露了无歧义地应用某些最基本概念的出人意料的先决条件，并从而给我们带来一种认识论上的教益；这种教益所涉及的问题，远远超出了物理科学的范围。因此，在开始我们的讨论时首先简要地叙述一下这种发展，那就可能是方便合宜的。

如果要仔细地回顾人们如何消除了神秘的宇宙学概念和有关我们自己的动作目的的论点，如何在伽利略的开创性工作的基础上建立了无矛盾的力学体系，如何通过牛顿的胜利而使这种力学体系达到了如此完美的地步，那就会使我们离题太远。最重要的是，牛顿力学的原理意味着原因和结果问题的一种影响远大的澄清——从在某一时刻利用可测量的量来确定了的一个物理体系的态出发，牛顿力学原理使我们能够预言该体系在以后任一时刻的态。大家都知道，这样一种决定论的或因果性的说明如何导致了一种机械的自然观，并终于变成了一切知识领域中科学解释的一种典型，不论这种知识用什么方法取得。在这方面，很重要的是这样一件事实：更加广阔的物理经验领域的研究，曾经揭示了进一步考虑观察问题的必要性。

经典力学是以应用和日常生活事件有关的图景及概念为基础的；在这种意义上，经典力学在它的广大适用领域中提供了一种客观描述。但是，不论牛顿力学中所用的理想化显得如何合理，这些理想化却远远超出了我们的基本概念所能适用的经验范围。例如，就连绝对空间和绝对时间这些概念的适当应用，也和光的传播在实际上可以认为是瞬时性的这一事实有着内在联系；这种瞬时传播使我们可以不依赖于物体速度而确定我们周围物体的位置，并可以把各个事件排列在一种唯一的时间顺序中。然而，当企图进一步对电磁现象及光现象作合理解释时曾经发现，彼此以很大的速度而相对运动着的观察者,将用不同的方式来标示各个事件。这些观察者对于刚体的形状及位置可能具有不同的看法;不仅如此,在一个观察者看来是在不同的空间点上同时发生的事件,在另一个观察者看来却可能是在不同时刻发生的。

物理现象的说明到底在多大程度上依赖于观察者的立足点?这一问题的探索绝没有引起混乱和错杂;这种探索被证实为一种很有价值的指导,可以用来寻求一切观察者所共有的普遍物理定律。爱因斯坦保留了决定论的概念,但他只信赖明确的量度之间的关系;这种量度最后归结到事件的重合;就这样,爱因斯坦成功地改造并推广了经典物理学的整个结构,成功地为我们的世界图景找到了一种超过一切预料的统一性。在广义相对论中,是以一种弯曲的四维时空度规作为描述的基础的,这种四维时空度规自动地照顾到引力效应,而光信号的速度的特殊作用则代表着速度这一物理概念的任何合理应用的上限。引用这种陌生的但是明确的数学抽象,绝不意味着什么歧义性;相反地,它倒很有教育意义地说明了一个问题:观念构架的一种扩展,如何提供了一种消除主观因素并扩大客观描述范围的适当方式。

通过物质的原子构造的探索,揭露了观察问题的新的、出人意料的方面。众所周知,物质的有限可分性这一概念是古已有之的;引入这一概念,是为了说明物质不顾自然现象的多样化而保持其特征属性的那种性能。但是,几乎到现时代为止,这种观点一直被认为在本质上是一种假说;这意思是,由于我们的感官和工具是由不可胜数的一些原子构成的,它们的粗糙性就使原子观点好像不能用直接的观察来验证。尽管如此,随着上世纪的化学及物理学中的巨大进步，原子概念已被证实为越来越有成果。特别说来，将经典力学直接应用于原子及分子在不断运动时发生的相互作用，就使人们对热力学原理得到了一种普遍的理解。

在本世纪中，人们研究了新发现的物质属性，例如天然放射性；这种研究已经很有说服力地巩固了原子理论的基础。特别说来，通过放大机构的发展，已经能够研究本质上依赖于单个原子的那种现象，甚至能够获得有关原子体系的结构的广泛知识。作为第一步，人们认识到电子是一切实物的一种公共组成；而且，通过卢瑟福有关原子核的发现，我们的关于原子结构的概念得到了重要的完善化；一个原子核，以一个极小的体积几乎包括了整个原子的质量。元素的属性在普通的物理过程或化学过程中保持不变；这种不变性可以直接用一种情况来加以解释：在这种过程中，虽然电子的键合可以受到很大影响，但原子核却是并不改变的。然而，卢瑟福发现，利用更加有力的设备可以引起原子核的嬗变；通过这种发现，卢瑟福开辟了一个全新的研究领域；这种研究常常被称为现代炼金术。众所周知，这种研究后来导致了释放原子核中所储藏的巨大能量的可能。

虽然物质的很多基本性质都可以用简单的原子图景来加以说明，但是，从一开始就很明显，经典的力学概念和电磁学概念并不足以说明元素不同特性所显示的原子结构的本质稳定性。然而，普适作用量子的发现却提供了解决问题的一个线索；这种发现是在本世纪的第一年由普朗克通过深入分析热辐射定律而得到的。这一发现揭露了原子过程中的一种超出机械自然观以外的整体性，并且明显地证明了一件事实：经典的物理理论是只能用来描述那样一些现象的理想化,在各该现象的分析中一切作用量都足够得大,以至于可以将作用量子略去不计。尽管这一条件在日常规模的现象中是大大得到满足的,在原子现象中,我们却遇到一些完全新型的、不能适用决定论的形象描述的规律性。

要把经典物理学合理地推广,使它容许作用量子的存在而又仍能对于定义电子及原子核之惯性质量及电荷的那些实验事实有一个无歧义的解释,这是一种非常艰巨的工作。然而,通过一整代的理论物理学家的协同努力,逐渐发展了原子现象的一种无矛盾的、在广大范围内包举无遗的描述。这种描述使用了一种数学表述形式;在这种表述形式中,经典物理学理论中的变量被换成了一些符号,它们服从一种非对易的算法,算式中包含着普朗克恒量。正由于这种数学抽象法的品格,这种表述形式并不能得到一种符合习见路线的形象解释;它的目的是要在那些在明确定义的条件下得出的观察结果之间直接建立关系。不同的个体量子过程可以发生于一个给定的实验装置中;适应着这一情况,所建立的关系就具有一种固有的统计性。

借助于量子力学的表述形式,曾经很细致地说明了和物质的物理属性及化学属性有关的许许多多的实验事实。此外,在这种表述形式中照顾到相对论不变性的要求,已经能够在广大的范围内整理和基本粒子的属性及原子核的结构有关的迅速增长的新知识。尽管量子力学威力惊人,但它却激烈地违背了习惯上的物理解释,尤其是放弃了决定论这一概念本身;这种情况在很多物理学家和哲学家的心中引起了怀疑:在量子力学中,我们所面临的是一时的权宜之计呢?还是客观描述方面的一种不可挽回的步骤呢?

要澄清这一问题，事实上就必须剧烈地修正描述物理经验和概括物理经验的基础。

在这一点上，我们首先必须认识到，即使当现象超出了经典物理学理论的范围时，实验装置的说明和观察结果的记录也必须利用经过技术物理学术语适当补充了的平常语言表示出来。这是一种很清楚的逻辑要求，因为"实验"一词本身就表明这样一种情况：在该情况下，我们可以告诉别人我们已经做了什么和已经学到了什么。然而，在经典物理学和量子物理学中的现象的分析方面，基本的区别就在于，在前一种分析中，客体和测量仪器之间的相互作用可以略去不计或得到补偿，而在后一种分析中这种相互作用却形成现象的一个不可分割的部分。事实上，一种严格意义上的量子现象的本质整体性，在这样一种情况下得到了逻辑上的表达：企图对现象进行任何明确定义的细分，都需要一种实验装置上的、和现象本身的出现不能相容的变化。

特别说来，不可能分别控制原子客体和确定实验条件所必不可少的各种仪器之间的相互作用，这种不可能性就阻止了时空标示和动力学守恒定律之间的不受限制的结合，而经典物理学中的决定论的描述则是以这种结合为基础的。事实上，时间概念和空间概念的任何无歧义应用都要引用一种实验装置；这种实验装置将涉及一种原则上不可控制的、对固定标尺和校准时钟的动量传递和能量传递，该标尺和该时钟是定义参照系所必需的。相反地，对以动量守恒定律及能量守恒定律来表征的现象加以说明，在原则上就会引起对细致时空标示的一种放弃。这些情况在海森伯的测不准关系式中得到了定量的表达，该关系式规定着在一物理体系的态的定义中确定运动学变量及动力学变量时的不准量。然而,适应着量子力学表述形式的特点,这种关系式并不能按照和经典图景有关的客体属性来加以解释;我们这儿所涉及的,是无歧义应用两种概念的互斥条件——一方面是时间和空间的概念,另一方面是动力学守恒定律的概念。

在这一点上,人们有时谈到"通过观察来干扰现象"或"通过测量来创造原子客体的物理属性"。但是,这样一些词句很容易引起误会,因为,在这儿,像现象和观察,以及属性和测量这样一些字眼是在一种和日常语言及实际定义不相容的方式下被使用的。遵循着客观描述的路线,更加适当的做法是用"现象"一词表示在那样一种情况下得到的观察结果,该情况的描述包括着整个实验装置的说明。利用了这种术语,量子物理学中的观察问题就不再带有任何的特殊复杂性;此外,这也可以直接提醒我们,每一个原子现象都是封闭的;所谓封闭,表示现象的观察是以利用在有着不可逆性能的适当放大装置中所得到的记录为基础的,例如,这种记录可能是由于电子透入乳胶而在照相底片上造成的永久性的斑点。在这一方面,重要地是要知道,只有当涉及这样的封闭现象时,量子力学表述形式才有其明确定义的应用。也正在这一方面,它代表经典物理学的一种合理推广;在这种推广中,事件进程的每一阶段都是用可测量的量来加以描述的。

经典物理学所预设的进行实验的自由当然保留了下来,它是和实验装置的自由选择相对应的;量子力学表述形式的数学结构为这种选择提供了适当的余地。一般说来,同一个实验装置可能给出不同的记录;这种情况有时很形象地被称为这些可能记录之间的“自然的抉择”。毋庸赘言，这样一个词句绝不意味着自然的拟人化；它不过表明并不能按照惯常方式确定一种封闭的不可分的现象的进展方向而已。在这里，逻辑的处理方法只限于推导个别现象在给定的实验条件下出现的相对几率。在这一方面，量子力学表现为决定论力学描述的一种合乎逻辑的推广；当物理现象的规模够大以致可以将作用量子忽略不计时，量子力学就当作一种极限情况包括了决定论的力学。

原子物理学的一个最突出的特征就是在一些实验条件下观察到的那些现象之间的新颖关系，这些实验条件要用不同的基本概念来描述。事实上，当人们企图按照经典方式来描绘一种原子过程的历程时，所得的经验可能显得是相互矛盾的；但是，不论如何矛盾，它们却代表着有关原子体系的同样重要的知识，而且，它们的总体就包举无遗地代表了这种知识；在这种意义上，这样的经验应该被看成是互补的。互补性这一概念绝不会使我们离开自然的独立观察者的地位，这一概念应该被认为是在逻辑上表现了我们在这一经验领域中进行客观描述时所占的位置。人们认识到，测量仪器和所研究的物理体系之间的相互作用，构成量子现象的一个不可分割的部分；这种认识，不但揭露了机械自然观的一种出人意料的局限性，而且迫使我们在整理经验时必须适当注意到观察条件——所谓机械自然观，是以赋予物理体系以独立特性为其特征的。

关于对一种物理解释必须要求些什么的问题，是一个争论很多的问题；当考虑这一问题时，我们必须记得，经典力学已经意味着放弃了匀速直线运动的原因，而相对论则告诉我们不变性及等效性的论点必须怎样地被看成合理解释的范畴。同理,在量子物理学的互补描述中,我们遇到一种更进一步的自相协调的推广;这种推广可以把在说明物质基本属性方面带有决定意义的一些规律性包括在内,但是,这种推广超出了决定论描述的范围。就这样,物理科学的历史表明,在揭示习见概念的出人意料的局限性方面,更广阔经验领域的探索将怎样指示出保持逻辑秩序的新方法。我们现在即将论证,包括在原子物理学发展中的认识论教益,使我们想到在远远超出物理科学范围的那些经验的描述及概括中也有一些类似情况,而且,这种教益也使我们可以找出一些共同特色来推动有关知识统一性的寻求。

当离开物理学的正式领域时,我们所面临的第一个问题就是生命机体在自然现象的描述中的地位问题。在最初,在有生命物质和无生命物质之间并没有画什么明确界线;众所周知,强调了单个机体的完整性,亚里士多德曾经反对过原子论者的观点,而且,甚至在讨论力学基础时他也保留了目的和能力这一类的概念。但是,在文艺复兴时代,在解剖学和生理学中得到了一些伟大发现,尤其是提出了经典力学;在这种经典力学的决定论的描述中,消除了有关目的的一切思想;结果就出现了一种完全机械主义的自然观,而且很多有机的机能也确实可以用物质的物理属性和化学属性来加以说明,而这些属性则可以用简单的原子概念来得到广泛的解释。诚然,机体的结构及作用过程,会引起原子过程的一种往往显得和热力学定律难以调和的有序化——热力学定律意味着,在构成一个孤立物理体系的各原子之间,有一种不断无序化的趋势。但是,维持并发展有机体系所必需的自由能,是由体系的环境通过营养和呼吸而不断供应着的;如果充分注意到这种情况,就可以清楚地看到在这方面并不存在任何违反普遍的物理定律的问题。

在最近几十年中,我们在关于机体的结构及作用过程的知识方面得到了很大的进展,而且,特别说来,已经清楚地知道量子规律性在这种问题的很多方面都起着一种基本作用。这样的规律性,对于那些高度复杂的分子结构的显著稳定性来说是根本重要的;这些分子结构是规定着物种遗传性的那些细胞的重要组成;不但如此,关于用穿透性辐射照射机体而引起的突变的研究,也提供了量子力学统计定律的一种惊人应用。此外也曾发现,对于机体完整性十分重要的感觉器官,其灵敏度接近于个体量子过程的水平,而放大机构则在神经信息的传递中起着特别重要的作用。虽然是以一种新颖的方式,整个的发展再一次地将生物学问题的机械论处理方式提到了显著地位,但是,有一个问题同时也变得尖锐起来:将有机体和高度复杂、高度精密的体系相对比,例如和近代工业的机器或和电子计算机相对比,是否可以提供一种适当的基础来对生命机体所显示的自动调节机构进行客观描述?

当回到原子物理学所给予我们的认识论教益时,我们首先必须知道,量子物理学中所研究的封闭过程,并不是直接和生物学机能相类似的;为了保持生物学机能,必须在机体和环境之间有一种不断的物质交换和能量交换。此外,任何的实验装置,只要它能够将这种机能控制到可以用物理方式来明确描述的程度,就一定会阻止了生命的自由体现。然而,这一情况恰恰就提示了对待有机生命问题的一种态度,这种态度提供了机械论处理方式和目的论处理方式之间的一种更恰当的平衡。事实上,正如作用量子在原子现象的说明中显得是一种既不能解释也不需解释的要素一样,生命概念在生物科学中也是一种基本概念;在生物科学中,在生命机体的存在和进化方面,我们所关心的是我们所属的自然界中各种可能性的显示,而不是我们自己所能进行的实验的结果。事实上,我们必须认识到,至少在趋势上,客观描述的要求是由生物学研究中实际地应用论证和应用概念时的那种特征性的互补方式来满足的;那些论证以物理科学及化学科学的全部资料为基础,而那些概念则直接涉及超出这些科学以外的机体的整体性。重要的是,只有放弃了生命的普通意义下的解释,我们才有可能考虑生命的特征。

当然,正如在物理学中一样,在生物学中我们也是保持了独立观察者的地位的,问题只是对于经验作逻辑概括的条件有所不同而已。对于动物和人类的先天行为及条件行为的研究来说,这种说法也成立;而心理学概念则是很容易适应于这种研究的。即使在一种肯定是行为主义的处理方式中,也几乎不能避免这样的概念;而且,当我们处理如此高度复杂的行为,以致这些行为的描述实际上涉及个体机体方面的内省过程时,意识这一概念就会自动出现。在这儿,我们牵涉到“本能”一词和“理性”一词的互斥性的应用;这种应用要用本能行为在人类社会中所受的抑制程度来表明。虽然在试图说明我们的精神时我们在观察的独立性方面遇到越来越大的困难,但是,甚至在人类心理学中,仍旧可能在很大程度上保持客观描述的要求。在这一方面,注意到下述事实是很有兴趣的:虽然在物理科学的早期阶段人们可以直接信赖那些能够有一种简单的因果说明的日常生活事件的特点,但是,从语言发源时起,人们就应用了我们的思想内容的一种本质上互补的描述。事实上,这种语言交流中所采用的丰富术语,并不指示一种连绵不断的事件进程,而是指示着互斥的经验;这些经验,用注意所及的内容和“我们自己”一语所表示的背景之间的不同分界线来表征。

一方面是我们考虑自己的行动的动机时的情况,另一方面是我们体验到一种决心感时的情况,这两种情况之间的关系就是一个最显著的例子。在正常生活中,这种分界线的变动是有点直觉地被觉察到的,但是,所谓“自我错乱”的症状,在精神病学中也是尽人皆知的;这种症状可能导致人格的瓦解。用表面看来互相矛盾的属性来表示人类意识的同等重要的一些方面,这种用法确实和原子物理学中的情况十分相像;在原子物理学中,互补的现象需要用不同的基本概念来定义。最重要的是,“意识的”一词指示着可以在记忆中保留下来的经验,这一情况就意味着意识的经验和肉体的观察之间的一种比较。在这样的类似中,不可能为下意识这一概念提供一种无歧义的内涵,这就和不可能为量子力学表述形式提供一种形象解释相对应。附带谈到,神经官能症的心理分析疗法,可以说是通过使病人得到新的意识经验的方法,而不是通过帮助他窥测他的下意识深处的方法来恢复他的记忆内容的平衡。

从一种生物学的观点看来,要解释精神现象的特征,我们只能作出这样的结论:每一种意识的经验都和机体中的一种残存印象相对应;这种印象等于神经系统中种种活动过程的成果的一个不可逆的记录;这种过程不受内省的影响,而且也很难用机械论的方法来下一个包举无遗的定义。无疑地,牵涉到很多神经细胞的相互作用的这种记录,是和机体的任一单个细胞的永久性结构根本不同的;这种永久性的结构和发生学上的再生作用有联系。然而,从一种目的论的观点看来,我们不但可以强调这种永久记录在影响我们对后来刺激的反应方面的用处,而且同样可以强调另一事实的重要性:子孙后代并不会受到个体的实际经验的干扰,而是只依赖于那些机体属性的再生作用,各该属性被证实为对于知识的积累和利用是合用的。在任何寻根究底的企图中,我们当然必须有在每一步中遇到越来越大的困难的准备;而且,很有启发性的是,我们越是接近和我们的意识特征有关的那些生命机体的特点,物理科学的简单概念就越是难以直接应用。

为了说明这一论点,我们将简略地谈谈自由意志这一古老问题。根据以上的叙述可以清楚地看到,"意志"一词对于精神现象的一种包举无遗的描述是必不可少的,但是,问题在于我们能够在多大程度上谈到按照我们的可能来行动的自由。只要采取无限制的决定论观点,这种自由的概念当然就会受到排除。然而,原子物理学的一般教益,尤其是生物学现象之机械论描述法的有限范围那种教益,都暗示着机体适应环境的能力是包括了选择达到这种目的的最合适方式的能力的。因为不可能在一个纯物理的基础上来判断这种问题,所以最重要的就在于认识到,心理学经验可以提供有关问题的更贴切的知识。决定性的一点就是,如果我们企图预言别人在给定情况下将要做什么,我们就不但需要力求了解他的整个背景,包括他的生活历史中可能对个性的形成有所贡献的一切方面,而且我们也必须认识到,我们的最终目标是要自己设身处地地为他着想。当然,对于某件事情,无法断言是因为一个人相信他能做才去做呢,还是因为他愿做他才能做;但是,很难否认的是,可以说我们有一种感觉,认为可以按照情况作出最好的判断。从客观描述的观点来看,这是没有什么可以增减的,从而在这种意义上我们可以既合乎实际而又合乎逻辑地谈到意志的自由,其谈论的方式也就是为责任和希望一类的字眼保留了用武之地的那种方式,而责任和希望之类的字眼,是和人类交流思想所必需的其他字眼一样地无法定义的。

这样的考虑,指示了有关我们的观察地位的教益所具有的认识论含义,这种教益是物理科学的发展所带给我们的。由于放弃了对于解释所提的习见要求,我们也就得到了概括更广泛经验领域的一种逻辑方法;这种方法使人们有必要适当注意主观—客观分界线的画法。既然在哲学文献中有时会涉及客观性、主观性乃至实在性的不同水平,那么就可以强调,正如实在论及唯心论一类的观念一样,终极主观这一概念在我们所定义的客观描述中是没有它的地位的;但是,这种情况当然并不意味着对我们所关心的问题的范围有所限制。

既经讨论了科学中的和知识统一性有关的某些问题之后,现在我要开始谈谈在我们的程序上提出的更进一步的问题:是不是有什么不同于科学真理的诗意的、精神的或文化的真理?作为一个科学家,进入这些领域是很勉强的,但是,我将以一种如上所示的态度来冒昧地评论评论这一问题。当论证我们的表达方式和我们所关心的经验领域之间的关系时,我们事实上直接面临着科学和艺术的关系问题。艺术所能给我们的滋养,起源于它使我们想到一些和谐性的那种能力;这些和谐性超出了系统分析的界限。文学、绘画和音乐,可以说形成了一系列的表达方式;在这种表达方式中,越来越广泛地放弃了作为科学交流之特征的定义,这就使想象力得到一种更自由的表现。特别说来,在诗歌中,这一目的是通过和观察情况的变动有关的字句排比来达成的;通过这种排比,在感情上统一了人类知识的许多方面。

尽管一切艺术作品都需要灵感,但是,指出这一点并没什么不恭之处:即使在他的创作高潮中,艺术家也是依赖于我们所在的共同人类基础的。特别说来,我们必须知道,在谈到艺术成就时最常用到的所谓"即兴"之类的字眼,表示了一切思想交流所不可缺少的一种特色。不但在日常谈话中我们对于表达自己思想的字句的选择会或多或少地不加注意,而且,甚至在有字斟句酌之可能的文章写作中,要解决每一字句的取舍问题也需要一种本质上和"即兴"等效的最后决心。附带谈到,在作为一切真正艺术成就之特色的严肃性和幽默性之间的平衡中,我们会回想到一些互补的方面;这些方面在儿童游戏中是很显著的,而在成人生活中也同样是可以觉察的。事实上,如果我们力图十分严肃地谈论问题,我们就有很快地被听众和自己看成极为乏味的危险;但是,如果我们时常设法开开玩笑,那么我们很快就会发现,连自己带听众都处于莎士比亚戏剧丑角的那种不亦乐乎的心情中。

在科学和艺术的对比中我们当然不应该忘记,在科学中,我们所遇到的是论证经验并发展概念来概括这些经验的系统协作,其做法就如同把石头搬来并垒成一个建筑一样;而在艺术中,我们所遇到的却是更加直觉的唤起情感的个人努力,这种情感使我们想到自己的处境的整体。在这儿,我们遇到这样一种情况:正像"真理"一词一样,知识的统一性问题显然包括着歧义性。事实上,在精神价值和文化价值的问题上,我们也会想起和一种恰当的平衡有关的那些认识论问题,这种平衡存在于我们企图得到一种无所不包的看法来看待千变万化的生活的那种欲望和我们以一种逻辑上合理的方式来表现我们自己的那种能力之间。

在这里,科学和宗教采取的出发点是根本不同的;科学的目的在于发展一种普遍方法来整理普通的人类经验;宗教的根源则在于在社会内部推进见解和行为的和谐性的那种努力。当然,在任何宗教中,社会成员所共有的一切知识是包括在普遍构架之内的;这种构架的原始内容就是在崇拜和信仰中所强调的那些价值和概念。因此,直到随后的科学发展带来了新颖的宇宙学教益和认识论教益为止,内容和构架之间的内在关系是不需要什么注意的。历史进程在这些方面提供了很多例证;我们可以特别提到科学和宗教之间的那种和欧洲文艺复兴时代机械自然观的发展相与俱来的真正的决裂。一方面,有很多一向被认为是神灵的显示的现象,作为普遍的、不变的自然定律的结果而显现了出来。另一方面,物理方法和物理观点又和宗教所不可缺少的对于人类的价值及理想的重视相去甚远。因此,作为所谓经验主义哲学和批判主义哲学这两个学派的共同点,就出现了或多或少模糊地区分客观知识和主观信仰的一种态度。

然而,近代的科学发展强调了适当注意主观—客观分界线的画法对于无歧义思想交流的必要性;这样一来,就为知识和信仰这一类字眼的应用创造了一种新的基础。最重要的是,关于因果性概念之固有界限的认识,曾经提供了一种构架;在这种构架中,宇宙前定性这一概念被自然进化这一概念所代替了。在人类社会的组织方面我们可以特别强调,个人在团体中的地位的描写,显示着一些典型的互补方面;这些互补方面,和价值的估计及估计价值所在的背景之间的变动着的界线有关。确实,每一个稳定的人类社会都需要一种用法律条文规定下来的公平正道,但是同时,脱离了家庭和朋友的生活,显然会失掉它的某些最可宝贵的价值。而且,虽然公正和仁慈的尽可能密切的结合代表着一切文化中的共同目标,但是必须承认,任何需要严格执行法律的场合都没有显示仁慈的余地,而且,相反地,仁爱和恻隐可能是和一切的公正概念相冲突的。这一点,在很多宗教中通过象征这些理想的神祇之间的斗争而神话式地显示了出来;这一点,在古代的东方哲学中是用下述的训诫来加以强调的:当在人生中寻求和谐时,永远不要忘记我们自己在现实舞台上既是演员又是观众。

当比较以受到历史事件哺育的传统为基础的不同文化时,我们就遇到在一种传统背景上来估价另一民族的文化的困难。在这方面,民族文化之间的关系有时被形容为互补的关系,虽然这一说法不能按照它在原子物理学或心理分析学中的那种严格意义来理解;在原子物理学或心理分析学中,所遇到的是我们的处境的不变特征。事实上,不但民族之间的接触常常引起保持着民族传统之可贵因素的文化融合,而且人类学的研究越来越变成一种显示文化发展之共同特点的最重要的源泉。确实,知识的统一性问题,是和追求广泛理解以作为提高人类文化之一种方法的那种奋斗分不开的。

在结束这一演讲时,我感到必须请求原谅,因为在谈论这种一般性的问题时竟然如此大量地涉及了以物理科学为代表的特殊知识领域。但是,我曾经试图指示一种普遍的态度;这种态度受到我们今天在这一领域中所得教益的启示,而且在我看来这种态度对知识的统一性问题是很重要的。这种态度可以这样来总结:力求做到和谐地概括我们处境的越来越广泛的一些方面,承认任何经验都不能不用一种逻辑构架来加以定义,并承认任何外观上的不和谐都只能通过概念构架的适当扩充来加以消除。

原子和人类知识
（1955）

在科学史上，在知识的进步以及在我们自己就是其中一部分的那个自然界的掌握方面，本世纪内对于原子世界的探索是没有先例的。然而，和知识及能力的每一增长相联系着，有一种更大的责任；而各种协约的履行及原子时代新危险的消除则使我们的整个文化面临着一种严重的挑战；这种挑战，只能用建筑在人类共处关系之相互理解上的全体人民的合作来应付。在这种形势下，重要的在于意识到，多少年来，科学在阐明我们的知识基础的努力中曾经团结了人类；科学是无国界的，它的成就是人类的公共财富。正如我将试图说明的，原子的研究不但已经使我们的洞察力深入到一个新的知识领域中，而且已经刷新了一般知识问题的面貌；这种研究留下了非常广泛的后果，它的进步是以世界范围的合作为基础的。

初看起来，原子科学竟然包含了一种普遍性的教益，这似乎是使人惊异的；但是，我们必须记得，在它的一切发展阶段中，原子科学都曾经牵涉到一些意义深远的知识问题。例如，通过承认物质可分性有一种极限，古代的思想家们企图找到一种基础，来理解自然现象所显示的永久性的特征，而不管它们的多种多样和千变万化。虽然从文艺复兴以来原子概念曾对物理学及化学的发展越来越有贡献，但是，直到本世纪的初叶为止，这种概念都被看成了一种假说。事实上，人们曾经认为，本身就是由很多很多原子构成的我们的感官，对于观察物质的最小部分来说肯定是过于粗糙的。然而，通过上世纪末和本世纪初的伟大发现，这种形势在根本上起了变化；而且，众所周知，实验技术的进步，已经使人们有可能记录单个原子的效应并获得关于组成原子本身的更基本的粒子的知识。

虽然古代的原子论对于机械自然观的发展曾经有过深刻的影响，但是，使得追溯表现在所谓经典物理学中的那些规律成为可能的，却是直接可以认知的天文经验及物理经验的研究。按照伽利略的准则，现象的说明应该以可测量的量为根据；这种准则使人们有可能消除那些长期阻碍了力学之合理表述的物活主义观点。在牛顿的原理中，奠定了一种决定论描述的基础；按照这种描述，人们可以根据一个物理体系在某一给定时刻的状态的知识来预见该体系在后来任一时刻的状态。利用相同的方式，也可以说明电磁现象。然而，这就要求，除了各带电体及磁化体的位置和速度以外，体系状态的描述还应该包括每一空间点上的电力和磁力在所给时刻的强度和方向。

作为经典物理学的特征的观念构架，很久以来就被设想为提供了描述一切物理现象的正确工具，而且，它对原子概念的应用和发展也是相当有用的。当然，对于包括着很多很多组成部分的普通物体一类的体系，根本不存在什么体系状态的包举无遗的描述问题。但是，不放弃决定论的概念，也曾经可能根据经典力学原理导出一些反映着物质客体之很多属性的统计规律。虽然力学的运动定律允许单个过程沿完全相反的程序进行，但是，在作为分子相互作用结果的统计性的能量平衡中，却找到了热现象不可逆性的本征特点的充分解释。力学应用的这一巨大扩充，进一步强调了原子概念在描述自然方面的不可缺少性，并开拓了计算实物中的原子数目的初步可能性。

然而，热力学定律的基础的澄清，不可避免地开辟了认识原子过程中的一种整体性特点的道路；这种整体性特点远远超过了物质之有限可分性的古老学说。众所周知，热辐射的较深入的分析，变成了经典物理概念的适用范围的试金石。电磁波的发现，当时已经为理解光的传播准备了基础，这种发现解释了实物的很多光学性质；但是，解释辐射平衡的努力，却给这一类的概念带来了不可克服的困难。在这里，人们必须处理以普遍原理为根据的和物质结构的特殊假设完全无关的论证；这种情况在本世纪的第一年引导普朗克发现了普适作用量子；这种发现清楚地表明，经典物理描述是一种有着有限适用性的理想化。在普通规模的现象中，所涉及的作用量比作用量子大得多，从而可以把作用量子忽略不计。然而，在真正的量子过程中，我们就遇到一些和机械自然观完全不符的并且不能适用形象化的决定论描述的规律性。

普朗克的发现给物理学家们带来的任务，恰恰就是通过彻底分析应用我们的最基本概念时所根据的先决条件来在经典物理描述的一种合理推广中为作用量子提供余地。在引起了很多惊诧的量子物理学的发展过程中，我们时常被迫想到我们自己在一个经验领域中的处境的困难；这种经验和可以适用我们的表达方式来加以描述的那些经验很不相同。通过很多国家的物理学家们的广泛而有力的合作，曾经得到了很快的进步；这些物理学家的不同的处理方法，以一种最有成果的方式越来越明确地找到了问题的焦点。在今天这一场合下，当然不可能详尽地谈论个别的贡献，但是，作为以后考虑问题的基础，我将简略地对大家叙述一下这种发展的主要面貌。

普朗克曾经很慎重地把自己局限在统计的论证中，他并且强调了在细致地描述自然时放弃经典基础的困难，而爱因斯坦却很大胆地指出了在个体原子现象中考虑到作用量子的必要性。就在他通过相对论的建立而非常和谐地使经典物理构架得到完善的同一年，爱因斯坦曾经证明，要描述有关光电效应的观察结果，就需要承认对于从物质中逸出的每一个电子的能量传递是和一个所谓辐射量子的吸收相对应的。既然波动概念对于说明光的传播是必需的，那就不可能存在什么将波动概念简单地换成一种粒子描述的问题；从而人们就面临着一种奇特的两难推论，要解决这种问题就需要彻底地分析形象化概念的适用范围。

众所周知，由于卢瑟福发现了原子核，这一问题就受到了进一步的强调；这种原子核虽然很小，却几乎包含了原子质量的全部，原子核的电荷则和中性原子中的电子数相对应。这种发现提供了一种简单的原子图景，这种图景直接启发了力学概念及电磁学概念的应用。但是，很清楚的是，按照经典物理学原理，带电粒子的任何位形都不能具有说明原子的物理属性及化学属性所必需的那种稳定性。特别说来，按照经典的电磁理论，电子围绕原子核的任何运动都会引起能量的不断辐射；这种辐射意味着体系的迅速收缩,直到电子和原子核结合成一个线度远小于所给定的原子线度的中性粒子为止。然而,在一向完全无法理解的元素线光谱的经验定律中,发现了一种暗示,表明作用量子对于原子的稳定性及辐射反应是有着决定性的重要意义的。

新的出发点在这儿变成了所谓的量子假设;按照这种假设,一个原子的每一能量变化,都是原子在两个定态之间的一次完全跃迁的结果。进一步假设了一切的原子辐射反应都涉及一个单独光量子的发射或吸收,就可以根据光谱定出各定态的能量值。显然,在决定论描述的范围内,不可能对跃迁过程的不可分割性以及各过程在给定条件下的出现提出任何解释。然而,人们证实,有可能得到有关原子中电子的键合情况的一种概观;在所谓对应原理的帮助下,这种概观反映了很多的物质属性。通过和经典上预期的各过程的进程进行对比,曾经想寻找一些准则来适应量子假设而对描述加以统计的推广。但是,事情变得越来越清楚,为了得到原子现象的一种合理的说明,甚至必须进一步放弃图景的应用并对整个的描述进行一种剧烈的改造,以便为作用量子所蕴涵的一切特征留出余地。

由于很多现代最卓越的理论物理学家的天才贡献而得到的解答,是惊人的简单的。正如相对论的表述一样,在高度发展的数学抽象中找到了适当的工具。在经典物理学中用来描述一个体系的状态的那些量,在量子力学表述形式中被换成了一些符号性的算符,它们的对易性受到一些法则的限制,这些法则中包含着作用量子。这就意味着,像粒子的空间坐标及对应的动量分量这一类的量,不能同时被赋予确定的值。在这种方式下,这种表述形式的统计特征被表示成了经典物理学描述的一种很自然的推广。此外,这种推广也可以进一步表述一些规律性,它们限制着等同粒子的个体性,而且,像作用量子本身一样,这些规律性也不能用通常的物理图景表示出来。

利用量子力学的方法,可以说明大量的关于实物的物理属性和化学属性的实验事实。不但原子及分子中的电子键合情况得到了详尽的阐明,而且关于原子核的结构及反应也得到了一种深入的识见。在这方面我们可以指出,自发放射性嬗变的几率定律,已经被很和谐地纳入了统计的量子力学描述之中。对于新的基本粒子的属性的理解,也由于使这种表述形式适应于相对论不变性的要求而得到了不断的进步;这些新的基本粒子,近几年来是在高能原子核嬗变的研究中观察到的。但是,我们在这儿仍然面临着一些新问题;这些问题的解决显然要求进一步的抽象,以便把作用量子和基元电荷结合起来。

尽管量子力学在如此广阔的经验领域中富有成果,但是,它那种放弃对物理解释提出习见要求的做法却使得许多物理学家和哲学家发生了怀疑,他们怀疑我们在这儿所遇到的是原子现象的一种包举无遗的描述这一事实。特别说来,有人表示了这样一种看法:统计的描述方式必须认为是一种权宜之计;在原则上,应该用一种决定论的描述方式来代替它。但是,这一问题的彻底讨论,却使我们作为原子物理学中观察者的地位得到了澄清,而原子物理学是给我们带来了在此次演讲的开始时所谈到的那种认识论的教益的。

由于科学的目的就在于扩大并整理我们的经验,所以人类知识的条件的任何分析，必须以考虑我们的思想交流手段的特点及范围为基础。当然，我们的基本手段就是为了适应环境及组织人类团体而发展起来的语言。但是，经验的增长曾经反复地对日常语言中所包括的那些概念及想法的充分性提出疑问。由于物理问题比较简单，它们是特别适于用来考察我们的思想交流手段的应用的。事实上，原子物理学的发展曾经告诉我们，不脱离平常的语言，怎样就能够创造一种足够宽广的构架来对新的经验进行包举无遗的描述。

在这方面必须意识到，在物理经验的每一种说明中，人们必须利用在经典物理学中所利用的交流手段来既描述实验条件又描述观察结果。在分析单个的原子级粒子时，利用不可逆的放大机构可以做到这一点——例如，利用由电子撞击而造成的照相底片上的斑点，或是在一种计数器中造成的一次放电；而观察结果则只涉及粒子被记录下来的地点和时间，或是涉及到达计数器时的粒子能量。当然，在这种报道中，人们预先假设照相底片和实验装置其他部分的相对位置是已知的；例如，这些部分可能是用来确定时空坐标的起着调节作用的壁障及快门，或是一些确定着作用在粒子上的外力场并可用来量度能量的带电体及磁化体。实验条件可以在很多方面加以改变，但是问题在于，在每一种情况下，我们都应该能够告诉别人我们做了什么和学到了什么，因此，测量仪器的作用过程必须在经典物理的观念构架内加以描述。

由于一切测量都涉及一些足够沉重的物体，在描述这些物体时可以将作用量子忽略不计，因此，严格说来，原子物理学中并不存在什么新的观察问题。原子效应的放大过程只强调了观察概念本身的不可逆性;这种放大过程使说明建筑在可测量的量的基础上,并使现象得到一种奇特的封闭特点。在经典物理学的构架内,测量仪器的描述和研究对象的描述原则上并无区别,而当我们研究量子现象时情况却根本不同,因为作用量子在利用时空坐标及能量—动量等量来描述体系的态的方面加上了一些限制。既然经典物理学的决定论描述是以关于时空坐标和力学守恒定律之间的无限相容性的假设为基础的,那么,我们在量子现象中显然就面临着一个问题:在原子客体方面,这样的描述能否得到充分的保持?

人们发现,为了澄清这一要点,客体和测量仪器之间的相互作用在量子现象的描述中所占的地位是特别重要的。例如,正如海森伯所强调的,按照量子力学,将一个客体定位于一个有限时空域中就会涉及仪器和客体之间的一种动量交换和能量交换,所选的时空域越小,这种交换就越大。因此,最重要的就是要研究,在现象的描述中,可以在多大程度上分别考虑观察带来的相互作用。这一问题曾经是许多讨论的焦点,而且出现过许多旨在完全控制所有的相互作用的方案。但是,在这些考虑中,却对一件事实没有适当地加以注意,那就是:测量仪器作用过程的说明本身就意味着,作用量子所蕴涵的这些仪器和原子客体之间的任何相互作用,都是不可分割地存在于现象中的。

事实上,每一种可以在一个有限时空域中记录一个原子级粒子的实验装置,都需要用到固定的杆尺和校准的时钟;这些杆尺和时钟根据定义就排除了控制传给它们的动量及能量的可能。反之,动力学守恒定律在量子物理学中的任何无歧义的应用,都要使现象的描述涉及对于细致的时空标示的一种原则上的放弃。实验条件的这种互斥性就意味着,在现象的一种明确定义的描述中,必须把全部的实验装置考虑在内。量子现象的不可分性,在一种情况中得到了必然的反映,那就是:任何可定义的细分都要求着实验装置的一种改变,这种改变将引起新的个体现象。于是,决定论描述的基础本身就消失了,而预言的统计性则被这样一件事实所证实:在同一实验装置中,一般会出现和不同的个体过程相对应的观察结果。

这样的考虑不但澄清了上述那种光的传播方面的两难推论,而且完全解决了物质粒子行为的形象表示所面临的对应佯谬。当然,在这儿,我们不能寻求一种习见意义上的物理解释,我们在一个新的经验领域中所能要求的,只是消除任何表观上的矛盾而已。不论不同实验条件下的原子现象表现得多么矛盾,其中每一个现象却都是明确定义了的,而且所有这些现象的总体就包罗了有关客体的一切可定义的知识;在这种意义上,这些现象必须认为是互补的。量子力学表述形式的唯一目的,就是要概括在不同实验条件下得到的观察结果;这些实验条件是用简单的物理概念来描述的。这种表述形式,恰恰给出了一个很大经验领域的这样一种包举无遗的互补说明。形象表示的放弃只和原子客体的态有关系,而描述实验条件的基础,以及我们选择这些条件的自由,则仍然保留了下来。整个表述形式只能适用于封闭现象;在所有这些方面,这种表述形式必须认为是经典物理学的一种合理的推广。

由于机械自然观对哲学思维的影响,人们有时感到在互补性概念中有一种和科学描述的客观性不相容的关于主观观察者的论述,这是可以理解的。当然,在每一经验领域中,必须在观察者和观察内容之间保持一种明确的分界线，但是，我们必须意识到，作用量子的发现曾经刷新了描述自然的基础，而且揭示了一向未经注意的合理应用交流经验所必需的那些概念时的先决条件。我们看到，在量子物理学中，测量仪器的作用过程的一种说明对于现象的定义是不可缺少的，而且，可以说，我们必须适当地区分主观和客观，以便对于每一单独事例都能无歧义地应用描述中所用的那些基本物理概念。互补性概念绝不包括和科学精神不相容的任何神秘主义，它指示了描述并概括原子物理学中的经验的逻辑基础。

正如物理科学的早期进展一样，原子物理学的认识论教益，很自然地引起了关于在其他知识领域中进行客观描述时所用的交流手段的重新考虑。主要是对于观察问题的强调，提出了生命机体在自然描述中的地位问题，以及我们自己作为思想着和活动着的人的状况问题。虽然在某种程度上有可能在经典物理学构架中将机体和机器进行对比，但是，很明显，这种对比并没有充分考虑到很多的生命特征。在灵魂和肉体的原始区分所带来的困难中，机械自然观在描述人的处境方面的不适用性表现得特别明显。

在这儿，我们所面临的问题显然是和一件事实有联系的，那就是：人类存在的很多方面的描述，需要用到并不是直接以简单物理图景为根据的一种术语。然而，认识到这样的图景在说明原子现象方面的有限适用性，就为生物学现象和心理学现象怎样在客观描述的构架中得到概括提供了一种线索。和以前一样，在这儿，认识到观察者和交流内容之间的分别是很重要的。在机械自然观中，主观—客观分界线是固定的；而一种更广阔描述的用武之地，却通过这样一种认识而被提供了出来：我们的概念的合乎逻辑的应用，要求着这种分界线的不同画法。

不必企图包举无遗地定义有机生命，我们可以说，一个生命机体是由它的整体性和适应性来表征的；这就意味着，描述一个机体的内在机能及机体对外来刺激的反应，常常需要用到"有目的的"这样一个字眼；这个字眼是物理学和化学中所没有的。虽然原子物理学的结果在生物物理学及生物化学中得到了大量的应用，但是，封闭的个体量子现象当然不曾显示使人想到生命概念的任何特色。如上所述，在一个广阔的经验领域中表现为包举无遗的原子现象的描述，是以那样的测量仪器的自由应用为基础的，这些测量仪器是正确应用基本概念所必需的。但是，在一个生命机体中，测量仪器和研究对象之间的这样一种区分几乎是不能充分贯彻的，从而我们就必须对这样一种情况有所准备：每一种实验装置，如果它的目的在于对机体的机能提出一种在原子物理学意义上明确定义的描述，它就将是和生命的体现不能相容的。

在生物学研究中，关于机体的整体性特色及目的性反应的说法，是和关于结构及调节过程的越来越详细的知识共同使用的；这种知识甚至在医学上也带来了十分伟大的进步。我们在这儿遇到一种对待一个领域的实际方式；在这种领域中，用来描述该领域之各个方面的表达手段牵涉到互斥的观察条件。在这一方面必须意识到，所谓机械论的态度和目的论的态度并不是互相矛盾的两种观点；它们显示了一种和我们作为自然观察者的地位有关的互补关系。然而，为了避免误解，意识到一点是很重要的，那就是：和原子规律性的说明相反，有机生命的一种描述和生命发展的可能性的一种估价,都不能以观念构架的完备性为目的,而只能以其足够的广度为目的。

在心理经验的说明中,我们遇到一些和物理学术语距离更远的观察条件及对应的表达手段。且不说在描述动物行为时应用本能和理性这一类字眼的必要程度及合理程度,对于我们自己和对于别人同样适用的"意识"一词,当描述人类状况时也是不可缺少的。在适应环境时所用的术语,可以用简单的物理图景及因果概念作为出发点,而我们的意识状态的说明却需要用到一种典型的互补描述方式。事实上,思想和感觉这一类字眼的应用,并不牵涉到一个坚固地联系着的因果链,而是牵涉到一些经验;这些经验,因为意识内容和我们模糊地自称的背景之间的不同区分而相互排斥。

感到决心时的经验和有意识地考虑行为动机时的经验,二者之间的关系是特别有教育意义的。这些表面上相反的表达手段在描述意识生活的丰富性方面的不可缺少性,突出地使我们想起原子物理学中应用基本物理概念的那种方式。然而,在这样一种对比中我们必须意识到,心理经验并不能加以物理测量,而且,决心这一概念并不表示一种决定论描述的推广,而是从一开始就指示着人类生活的特征。不涉及关于意志自由的古老哲学讨论,我将仅仅指出,在我们的状况的客观描述中,"决心"一词的应用是和希望及责任这一类词的应用密切对应的,而这一类的词对于人类的思想交流也是同样不可缺少的。

在这儿,我们遇到一些问题,它们接触到人类的共处关系,而问题中表达手段的多样性则起源于利用任何固定分界线来表征个人在社会中所起作用的不可能性。在不同生活条件下发展起来的人类文化,在所建立的传统和社会型式方面表现了如此强烈的对比;这一事实使人可以在某种意义上把这些文化说成是互补的。然而,在这儿,我们绝不是在处理肯定互斥的一些特征,就像我们在物理学普遍问题及心理学普遍问题的客观描述中所遇到的那些特征一样;我们所处理的,是可以通过民族间的广泛交往而得到理解或改进的态度上的差别。在我们的时代,当增长着的知识和能力将一切人的命运空前地连接起来时,科学中的国际协作有着广泛的工作要做;这种工作,要靠对于人类知识的普遍条件的认识来推进。

物理科学和生命问题

(1957)

我欣然接受哥本哈根医学会的邀请来作一次斯提诺演讲；这个学会要用这种演讲来纪念这一著名的丹麦科学家；他的成就越来越受到赞扬，不但在本国，而且在整个的科学界。作为讲题，我选了这样一个问题，它在多少年来吸引了人们的注意，而尼耳斯·斯提孙本人也曾经对它深切关心*；那就是：物理经验可以在多大程度上帮助我们解释体现得繁复而多样的有机生命。我将试图说明，最近几十年中的物理学发展，特别是通过对一向我们未经进入的原子世界的探索而在我们作为自己是其一部分的那个自然界的观察者的地位方面得到的教益，曾经为看待这一问题的态度创造了一种新背景。

甚至在古希腊的哲学流派中，在说明生命机体和其他物质客体之间的显著差别所用的思维手段方面也可以发现很不相同的一些意见。众所周知，原子论者们认为，一切物质的有限可分性，不但对于简单物理现象的解释是必要的，而且对于机体的机能及其有关心理经验的解释也是必要的。另一方面，亚里士多德却反驳了原子概念，而且，有鉴于一切生命机体所显示的整体性，他主张

* 尼耳斯·斯提孙，即尼古拉斯·斯提诺，丹麦科学家，1638—1686年。——译者注

在自然的描述中必须引用完美性和目的性之类的概念。

差不多在 2000 年的时间内情况都基本上没有改变,而直到文艺复兴时代才在物理学中和生物学中得到了伟大的发现;这些发现后来带来了新的刺激因素。物理学的进步,首要地在于放弃了将推动力看成运动原因的亚里士多德概念。伽利略认识到匀速运动是惯性的表现,他强调了力作为运动变化的原因;他的认识和强调,后来成了力学发展的基础;牛顿以受到后世赞叹的方式赋予了这种力学以巩固而完备的形式。在这种所谓的经典力学中,一切有关目的性的说法都被消除掉了,因为事件的历程被描述成了所给初始条件的自动后果。

力学的进步不可避免地在当时的一切科学中造成了强烈的印象。特别说来,维萨留斯的解剖学研究和哈维关于血液循环的发现,就启示了生命机体和按力学定律而工作的机器之间的对比。在哲学方面,特别是笛卡尔,强调了动物和自动装置之间的类似性,但他认为人类有一个在脑部某一腺体中和肉体相互作用着的灵魂。但是,当时关于这种问题的知识的不足性,在斯提诺的关于脑的解剖学的著名巴黎演讲中受到了强调;这种演讲证实了斯提诺的一切科学工作的巨大观察能力和胸怀开阔的特征。

后来的生物学发展,尤其是在发明了显微镜以后,揭示了器官结构和调节过程的出人意料的精致性。在机械论概念就这样得到了越来越广泛的应用的同时,在机体中奇妙的再生能力和适应能力的启迪下,人们也一再地表示过所谓的活力论观点或目的论观点。这种观点并没有回返到关于在机体中起着作用的一种生命力的原始概念,而是强调了物理学处理方式在说明生命特征中的不足性。作为本世纪初期这方面的情况的一种清醒表示，我愿引用我的父亲、生理学家克里斯蒂安·玻尔在他的论文“论病理肺扩张”的绪言中的下列叙述；该论文发表于1910年的哥本哈根大学年报。

> 只要生理学可以被描述为自然科学的一个特殊分支，它的特定任务就在于作为一种给定的经验对象来研究机体所特有的现象，以便能够理解自动调节中的各种部分，并理解这些部分如何随着外在影响及内在过程的变化而相互平衡、相互协调。于是，用“目的”一词来描述机体的维持并认为达成这种维持的调节机构是有目的的，也就是合乎这种任务的本性的。正是在这种意义上，我们在以下将应用关于有机机能的“目的性”这一概念。然而，为了使这一概念在每一单独事例中的应用不至于显得空洞甚或引起误解，必须要求在这种应用之前应对所考虑的有机现象进行足够彻底的考查，以便一步一步地阐明该现象在机体的维持中有所贡献的那种特殊方式。这只不过是要求在科学上证实目的性这一概念是符合着它的定义而在所给事例中被应用的；虽然这种要求可能显得是不言而喻的，但是，强调这种要求却是不无必要的。事实上，生理学研究曾揭露了为数够多的极为精致的调节作用；这种情况就引诱人们将每一种被观察到的生命表现都认为是有目的的，而不去设法对它的详细作用过程进行实验上的探讨。利用在各种有机机能之间很容易出现的类似性，根据关于目的性在所给事例中的特点的主观判断来解释这种作用过程，这不过是其次的一步而已。但是，正如许多例子所证实的，在

> 我们关于机体的如此有限的知识下,这样的个人判断多么容易发生错误也是很明显的。在这种情况下,研究程序得到错误结果的原因,就在于缺乏对过程细节的实验演示。但是,作为一种启发性的原理,关于有机过程之目的性的先验假设,本身却是十分自然的;而且,由于机体中的条件的极端复杂和难以理解,为了表述所要研究的特殊问题并寻求解决该问题的途径,这种假设不但可能被证实为有用的,而且可能被证实为不可缺少的。但是,可以适当地用于预备性考查的是一件事物,可以合理地看成实际达成的结果却是另一件事物。至于一种给定机能在整个机体的维持方面的目的性问题,正如以上所强调的,这种结果只能通过详细示明达到目的所取的途径来取得。

这些说法表示了一些人的态度;我就是在这些人的圈子中长大的,在我的年青时代,我曾经倾听过他们的讨论;我所以引述这些说法,是因为它们为研究生命机体在自然描述中的地位问题提供了一个适当的出发点,正如我所要说明的,原子物理学的近代发展,在扩大了我们关于原子及其更加基本的组成的知识的同时,曾经揭示了所谓机械自然观的原则上的局限性,并从而为和我们的讲题最有关系的一个问题开创了一个新背景;这问题就是:对于一种科学解释,我们可以如何理解和要求什么?

为了尽可能清楚地表明物理学中的形势,我将从提请大家想到一种极端态度开始;这种态度,在经典力学伟大成功的冲动下,在拉普拉斯(Laplace)的著名的世界机器观念中表现了出来。这一机器的各个组成部分之间的一切相互作用都服从力学定律，从而，一个知道这些部分在一给定时刻的相对位置及速度的智者，就能预言世界上以后发生的一切事件，包括动物和人的行为在内。众所周知，这一观念曾经在哲学讨论中起过很重要的作用；在这整个的观念中，没有适当注意应用交流经验所不可缺少的概念时的先决条件。

在这方面，后来的物理学发展曾经给了我们一种有力的教训。将热现象看成气体、液体及固体中的分子的不断运动，这样一种影响深远的解释，已经唤起人们注意到说明经验时的观察条件的重要性。当然，这儿不可能存在详细描述不可胜数的粒子彼此之间的运动问题，而只能存在利用普遍的力学原理来推导热运动的统计规律问题。在简单力学过程的可逆性和作为很多热力学现象之特征的不可逆性之间，有一种独特的对立；这种对立用这样一件事实来说明：温度和熵之类的概念对于实验条件的应用，是和单个分子的运动的完全控制不相容的。

在生命机体的维持和生长中，人们常常看到和热力学定律所蕴涵的、在孤立物理体系中趋于温度平衡及能量平衡的那种趋势相矛盾的现象。然而，我们必须记得，一些机体是通过营养和呼吸不断地补充着自由能的，而且，最彻底的生理学研究也并不曾揭示对热力学定律的任何违背。但是，认识到生命机体和普通的动力机器之间的这些相似之点，当然还绝不足以回答机体在自然描述中的地位问题；这一问题显然要求我们对观察问题进行更深入的分析。

通过普适作用量子的发现，观察问题以一种出人意料的方式被提到了重要的地位;作用量子表示着原子过程中的一种整体性特点,该特点使人无法分辨现象的观察和客体的独立行为,而这种分辨是机械自然观的特征。在普通尺度的物理体系中,事件被表示为用可测量的量来描述的状态的序列;这种做法以一件事实为基础,那就是:这里所涉及的一切作用量都足够大,以致我们可以忽略客体和用作测量工具的物体之间的相互作用。在作用量子起着决定性作用从而这种相互作用成为现象的一个不可分割的部分的条件下,就不可能在同样程度上赋予事件以一种力学上明确定义的程序了。

我们在这儿所面临的通常物理图景的崩溃。突出地表现在不依赖于观察条件而谈论原子客体属性的困难中。事实上,一个电子可以被叫做一个带电的物质粒子,因为它的惯性质量的量度永远给出相同的结果,而且原子体系之间的电荷传递永远等于所谓单元电荷的若干倍。但是,当电子通过晶体时出现的干涉效应,却是和粒子运动的力学概念不相容的。在关于光的本性的著名的两难推论中,我们也遇到类似的特点,因为光学现象要求波动传播的概念,而原子光电效应中的动量传递及能量传递则涉及粒子的力学概念。

这种在物理科学中显得很新颖的形势,曾经要求人们重新分析应用我们用来描述环境的概念时的先决条件。当然,在原子物理学中,我们仍然保有通过实验来对自然提出问题的自由,但是我们必须认识到:可以用很多方式加以改变的实验条件都只是用那样重的物体来定义以致在描述这些物体的功能时我们可以忽略作用量子。有关原子客体的报道,只包括各该客体在这种测量仪器上造成的记号,例如由于一个电子的撞击而在放置于实验装置中的照相底片上产生的一个斑点。这种记号是由不可逆的放大效应显示出来的;这一情况就使现象具有一种独特的封闭特点,它直接指示着观察概念本身的原则不可逆性。

然而,量子物理学中最重要的特殊形势在于,所得的关于原子客体的报道,不能按照作为机械自然观之特征的处理路线来加以概括。一般说来,在同一实验装置下可以出现属于不同的个体量子过程的观察结果;这一事实,就已经为决定论描述方式带来了一种原则上的局限性。经典物理描述是以无限可分性的要求为基础的;这一要求也显然和典型量子现象中的整体性特点不能相容;该特点使得任何可以定义的细分都要求实验装置的一种改变,其结果将引起新的个体效应的出现。

为了表征在不同实验条件下观察到的现象之间的关系,必须引入互补性这一术语来强调这样一件事实:这样一些现象的总体,包罗了有关原子客体的一切可定义的报道。互补性概念绝没有包括对习见物理解释的随便放弃,这种概念直接指示了我们在一个经验领域中作为观察者的那种地位;在该领域中,用来描述现象的那些概念的无歧义应用是本质地依赖于观察条件的。通过经典物理学观念构架的一种数学推广,已经能够发展一种为作用量子的逻辑纳入留有余地的表述形式。这种所谓的量子力学,直接以表述统计规律为目的,这些统计规律适用于在明确定义的观察条件下得到的证据。这种描述之所以在原则上是完备的,是由于把经典物理概念保持到一种包括了实验条件的任何可定义的改变的程度。

量子力学描述的互补特点，清楚地表现在原子体系的结构及反应的说明中。例如，关于决定着元素的特征光谱并决定着化学价的原子能态及分子能态的规律，只有在排除了控制原子中及分子中电子位置的可能性的情况下才会出现。在这方面，注意到一点是很有兴趣的，那就是：结构式在化学中的有成果的应用，完全是以原子核比电子重得多这一事实为基础的。然而，在原子核本身的稳定性和嬗变方面，量子力学特点却又是具有决定意义的。只有在一种超出机械自然观范围以外的互补描述中，才可能为那些基本规律性找到用武之地；这些规律性决定着组成我们的工具及身体的那些物质的属性。

众所周知，原子物理学领域中的进步，在生物科学中得到了广泛的应用。特别说来，我可以提到我们所得到的、关于决定着物种之遗传性的细胞中那些化学结构的独特稳定性的理解，和关于用特殊射线来照射机体所引起的突变的统计定律的理解。此外，和观察个体原子级粒子时所用的效应相似的放大效应，在很多机体的机能中也起着决定性的作用。利用这种方法，典型生物学现象的不可逆性得到了强调，而机体作用过程的描述中所固有的时间方向，则在机体应用过去的经验来对将来的刺激发生反应的过程中显著地表示了出来。

在这种很有希望的发展中，我们遇到纯粹物理概念及化学概念的应用在生物学问题中的一种重要的、就其品格来说几乎是没有限制的引申；而且，既然量子力学表现为经典物理学的一种合理推广，那么整个的这种处理方式就可以叫做机械论的方式。然而，问题在于，这种进步在什么意义上消除了生物学中所谓目的论的论点的应用基础呢？在这儿，我们必须意识到，封闭量子现象的描述及概括，并没有显示任何的特点，表示一种原子组织可以按照我们在生命机体的维持及进化中所看到的方式来使自己适应环境。此外，必须强调，关于机体中不断交换着的一切原子的、在量子物理学意义上包举无遗的一种说明，不但是无法实现的，而且也要求着和生命的体现不相容的观察条件。

然而，关于观察工具在定义基本物理概念时所起作用的教益，为目的性之类的概念的逻辑应用提供了一个线索；这种概念不属于物理学的范围，但是在描述有机现象时却很适用。事实上，在这种背景上显然可见，所谓机械论的和目的论的态度，并不代表关于生物学问题的两种矛盾观点，倒不如说，它们强调了一些观察条件的互斥性，这些观察条件是在我们追求生命的一种越来越丰富的描述时所同样不可缺少的。在这儿，当然并不存在那样一种解释，该解释和简单机械装置或复杂电子计算机的作用过程的经典物理解释相类似；我们所关心的，是要更广泛地分析我们在交流中所用的思维手段的先决条件及范围，这种分析已经成为物理学较新发展的很重要的特征。

不论在观察条件方面有多么不同，生物学经验的交流并不比物理事实的描述包含更多的对于主观观察者的依赖性。例如，到此为止，一直不需要更加细致地分析作为心理现象解释之特征的观察条件；要进行这种解释，我们就不能依靠当确定我们在无机自然界中的位置时发展起来的观念构架。然而，有一件事实指示了心理经验和物理观察之间的对比，那就是：意识经验可以记忆下来，从而必须认为它是和机体的组成中的永久性改变有联系的。

在意识经验之间的关系方面,我们也遇到一些特点,使我们想起概括原子现象的条件。在交流我们的内心状态时所用的丰富词汇,事实上涉及一种典型的互补描述方式;这种描述方式对应于注意力集中于其上的那种内容的经常改变。

和说明原子现象的个体性所需要的那种力学描述方式的程度比较起来,机体的整体性和人格的统一性当然使我们面临着合理运用我们的交流手段的那种构架的进一步推广。在这方面必须强调,无歧义描述所必需的主观和客观之间的分界线,是用这样一种方法来保持的:在涉及我们自己的每一次交流中,我们可以说都引入了一个新的主体,它并不表现为交流内容的一部分。几乎用不着强调,正是选择主观—客观分界线的这种自由,为意识现象的多样性和人类生活的丰富性留下了余地。

本世纪物理学发展所导致的对待一般知识问题的态度,和斯提诺时代处理这种问题的方式是本质的不同。然而,这绝不意味着我们离开了斯提诺所走的、得到了很伟大成果的知识丰富化的道路;但是,我们已经意识到,作为斯提诺的工作的特点的、为了优美及和谐而进行的努力,要求我们不断地修正我们的交流手段的先决条件及范围。

第 三 卷

原子物理学和人类知识论文续编
（1958—1962年）

原编者序

本书形成两本较早的文集①的续编，书中包括尼耳斯·玻尔在他一生最后五年中所写的几篇文章。刊行本文集的计划，是由我父亲在若干时候以前制订的，只是因为等候《再论光和生命》一文的最后完工，才一直没有能够出版。现在这本书的出版，将把该文的未完成稿包括在内。

书中前四篇文章的主题，可以说是较早文集中所描述的那些观点的加工和进一步发展。因此，引用著者写的上一本文集的引言中的下列文句[来说明问题]或许是适当的：

> 对于一般哲学思维的发展来说，物理科学的重要性，不但在于它对我们与日俱增的有关自然界——我们自己也是自然界的一部分——的知识有所贡献，而且在于它时常提供一些检验和精化我们的观念工具(conceptual tools)的机会。在本世纪中，关于物质的原子构造的研究，曾给经典物理概念的范围揭示了一种出人意料的界限，而且曾经刷新了结合在传统哲学中的那种对于科学解释的要求。本来，理解原子现象需要一些基本概念，现在，无歧义地应用这些概念的基础受到了修正；那么，这种修正的影响，也就远远超出了物理科学这一特殊领域②。

---

① 见本书前两卷，《原子论和自然的描述》，《原子物理学和人类知识》。

② 《原子物理学和人类知识》，见本书 98 页。

第一篇文章描述量子物理学中的观测状况和互补性概念。我父亲觉得,在这篇短文中,他在论述某些本质问题上做得比早先更加清楚和简洁。

在第二篇文章中,比较详细地论述了处理心理学问题和社会学问题的互补方式。我父亲从青年时代就很喜欢的一本丹麦小说中的一段话,被用来阐明了其中互补关系很显著的那种心理状况。

其次两篇论文,接触到物理学和生物学之间的关系;这种关系是我父亲多年以来所深感兴趣的,而且是他在1932年的《光和生命》这篇演讲中初次讨论了的;这篇演讲已收入上一本文集中(按指《原子物理学和人类知识》——译者)。他觉得,从那时起,他的某些意见并不是经常得到正确诠释的,因此,特别是在分子生物学领域中一些伟大新发现的刺激下,他渴望按照从那时起的发展过程来对那些观点作出说明,而他是用很大热情一直注意着分子生物学中的新发现的。

这一课题在1960年所写的第三篇文章中就已经接触到了,但是,我父亲希望在一篇更详尽的文章中重新提起这一问题,该文的基础是1962年6月在科伦(Cologne)发表的一篇题名为《再论光和生命》的演讲。但是,不久以后他就病了,而且,虽然他已在相当程度上开始康复并已重新开始了该文的修订工作,但是,当他在1962年11月18日突然逝世时,这篇文章却还没有完成。

他留下了一篇作为科伦演讲的底稿而准备的原稿;在这篇稿子中,他阐述了自己关于物理学和生物学之间的关系的观点,在一定程度上比他早先那些文章阐述得更为详尽。然而,我们在发表这篇稿子时是颇感踌躇的。熟悉我父亲的工作方式的人们,都知道他是以何等的努力来准备他的一切出版物的。正文总将多次重写,而问题也将逐步澄清,直到在其不同方面的表现上达到了恰当的均衡为止。虽然这篇稿子已经做了很大的加工,但它离完成还是很远的。尽管如此,由于这篇稿子中包含的观点很有兴趣,我们终于把它收在这本集子中了;但是,读者请勿忘记,这些观点的表述还是很不成熟的。有些段落包含着关于特定的生物学问题的评论,著者曾打算对这些段落进行较大的修改。因此,这些段落被从正文中删掉了,而其内容则用插在正文中的小字注解指出。

书中最后三篇文章,从个人回忆的角度描述了原子物理学及量子理论的发展中的不同阶段。当和老老少少的同道们在一起时,我父亲时常喜欢生动地回忆那些和新见解的起源及逐步澄清相联系着的往往带有戏剧性的事件。这几篇为了不同的特定场合而写的文章的准备工作,引导他进行了广泛的历史研究;通过这种研究,他用自己在各有关时期的丰富的私人通信并用发表了的资料补充了自己的回忆。纪念卢瑟福的文章的写作,延续了好几年;在这几年中,他曾经和很多参加过有关事态发展的同道们商讨过。虽然最后这三篇文章是历史性的,但它们却同时也给我父亲提供了一种机会,来从新的角度阐明构成这一文集以至以前各文集之基本主题的那些一般性的观点。

在准备各篇文章时,我父亲曾经得到约恩·卡耳卡尔、奥格·皮特森和伊瑞克·吕丁格尔的协助。此外,他想必也愿意对 S. 海耳曼女士的有效协助表示感谢。

奥格·玻尔

1963年5月于哥本哈根

量子物理学和哲学

——因果性和互补性

(1958)

物理科学对哲学的意义，不但在于稳步地增加我们关于无生命物质的经验，而且首先在于提供一种机会，来检验我们的某些最基本概念的基础和适用范围。尽管实验资料的积累和理论概念的发展带来了术语的改进，但是，物理经验的所有阐述，当然归根结底是以日常语言为基础的；这种语言适用于确定我们的环境并追寻原因和结果之间的关系。事实上，伽利略的纲领，即把物理现象的描述建立在可测定的量的基础上的纲领，曾经给整理越来越大的经验领域提供了坚实的基础。

在牛顿力学中，物质体系的状态决定于各物体的瞬时位置和瞬时速度；在这种力学中已经证明，仅仅依据关于体系在一个已知时刻的状态以及作用于各物体上的力的知识，就能通过了解得很清楚的简单原理，推出体系在任一其他时刻的状态。这样一种描述，显然代表用决定论思想来表示的一种因果关系的理想形式；人们发现，这种描述是有着更宽广的适用范围的。例如，在电磁现象的阐明中，我们必须考虑力以有限速度而传播的过程，但是，决定论的描述仍然可以在这种阐明中保留下来，其方法是：在状态的定义中，不但要包括各带电体的位置和速度，而且要包括电力和磁力在给定时刻在每一空间点上的方向和强度。

相对性思想中包含着一种关于物理现象的描述对观察者所选参照系的依赖程度的认识，这种认识并没有从本质上改变上述这些方面的形势。在这里，我们涉及了一种最有成果的发展，它曾经使我们能够表述一切观察者所公有的物理定律，并将以前显得彼此无关的现象联系起来。虽然在这一表述中用到了四维非欧几里得度规之类的数学抽象，但是，对于每一观察者来说，物理诠释却还是建筑在空间和时间的普通区分上的，并且是保留了描述的决定论品格的。而且，正如爱因斯坦(Albert Einstein)所强调的，不同观察者的时空坐标表示法，永远不会蕴涵着可以称为事件因果顺序的那种序列的反向；因此，相对论不但扩大了决定论描述的范围，而且也加强了它的基础；这种决定论的描述，乃是通常称为经典物理学的那座宏伟大厦的特征。

然而，普朗克(Max Planck)的基本作用量子的发现，却在物理科学中开辟了一个新纪元；这种发现，揭示了原子过程中所固有的一种远远超过物质有限可分性这一古代见解的整体性特点。事实上，问题变得很清楚：经典物理理论的形象化描述，代表着仅仅对那样一些现象为正确的理想化，在各该现象的分析中，所涉及的一切作用量都足够大，以致可以将作用量子略去不计。尽管这一条件在普通规模的现象中是大大得到满足的，但是，在和原子级粒子有关的实验资料中，我们却遇到一种和决定论的分析不相容的新型规律性。这些量子定律规定着原子体系的奇特稳定性以及各体系之间的反应，因而它们归根结底也应该能够说明我们的观察手段所依据的那些物质属性。

因此，物理学家们当时面临的问题，就是要发展古典物理学的一种合理的推广,这种推广应该可以将作用量子很协调地包括在内。在用比较原始的方法对实验资料进行了预备性的考察之后,通过引入适当的数学抽象,这一困难任务终于完成了。例如,在量子力学表述形式中,通常用来定义物理体系的状态的那些物理量,被换成了一些符号性的算符,这些算符服从着和普朗克恒量有关的非对易算法。这种程序阻止我们,使我们不能将这些量确定到古典物理学之决定论描述所要求的那种程度,但是,它却允许我们确定出这些量的值谱分布,这也就是和原子过程有关的资料所揭示的那种值谱分布。适应着这种表述形式的非形象化品格,它的物理诠释被表示成了和在给定实验条件下所得观察结果有关的、本质上属于统计类型的一些定律。

尽管量子力学作为整理有关原子现象的大量资料的手段是很有力的,但是,它离开了因果解释的习惯要求,从而也就很自然地引起了一个问题:我们在这儿所涉及的,是不是经验的完备无遗的描述呢?这一问题的解答,显然要求人们比较仔细地检查检查在分析原子现象时无歧义地应用经典物理学概念的条件。决定性的一点在于认识到这一事实:实验装置的描述和观察结果的记录,必须通过用通常物理术语适当改进过的日常语言来给出。这是一种简单的逻辑要求,因为对于“实验”一词,我们只能理解为这样的程序:关于该程序,我们能够告诉别人我们作了什么和学到了什么。

在实际的实验装置中,这种要求的满足,是通过用一些刚体当作测量仪器来加以保证的;各刚体应该足够重,以致可以对它们的相对位置和相对速度进行完全经典的说明。与此有关,也很重要的是记住下述情况:一切有关原子客体的无歧义的知识,都是依据遗留在确定着实验条件的那些物体上的永久性记号——例如由电子的撞击而在照相底片上造成的一个斑点——来推得的。记录原子客体的出现所依据的那些不可逆的放大效应，并不会引起任何特殊的麻烦，它们仅仅提醒我们注意观察概念本身所固有的本质不可逆性而已。在这方面，原子现象的描述具有完全客观的品格，其意义是：这里没有明白地涉及任何个别的观察者，因此，只要适当照顾相对论的要求，就不会在知识的传达中引入任何歧义了。

在所有这些方面，量子物理学中的观察问题，是和经典的物理学处理方式毫无不同的。然而，在量子现象的分析中，本质上新的特色却在于引入了测量仪器和被研究客体之间的根本区别。这是下述必要性的直接后果：在说明测量仪器的功能时，必须应用纯经典的术语，而在原理上排除关于作用量子的任何考虑。在它们那一方面，现象的那些量子特色是由依据观察结果而推得的关于原子客体的知识来显露的。在经典物理学的范围内，客体和仪器之间的相互作用可以略去不计，或者，如果必要的话，可以设法将它补偿掉，但是，在量子物理学中，这种相互作用却形成现象的一个不可分割的部分。因此，在原理上，真正量子现象的无歧义的说明，必须包括对于实验装置之一切有关特色的描述。

重复进行按上述方式定义的同一实验，一般会得出关于客体的不同记录；这一事实本身就直接暗示着：这一领域中的经验的概括说明，必然是由统计规律表示出来的。几乎用不着强调，我们在这儿所涉及的，并不是统计学的习惯应用的一种类似事例；在习惯应用中，是用统计学来描述一些物理体系，它们的结构过于复杂，以致实际上无法将它们的状态定义得像决定论的说明所要求的那样完备。在量子现象的情况,决定论的说明所蕴涵的各事件的无限可分性,在原理上是被指定实验条件的要求所排除了的。事实上,真正量子现象所特有的整体性特点,是在下述情况中得到逻辑表示的:任何明确规定的再分划的尝试,都会要求对实验装置进行一种和所研究现象的定义不相容的改变。

在经典物理学的范围内,某一给定客体的一切特征属性,在原理上可以用单独一个实验装置来确定,尽管在实际上用不同的装置来研究现象的不同方面往往是方便的。事实上,用这种方法得到的数据仅仅互相补充,并且可能结合成关于所研究客体之性能的首尾一致的图景。然而,在量子物理学中,用不同实验装置得到的关于原子客体的资料,却显示着一种很新颖的互补关系。事实上,必须认识到,这样的资料就详尽无遗地概括了关于客体的一切可设想的知识,尽管当企图把它们结合成单独一种图景时这些资料显得是相互矛盾的。互补性这一思想绝不会限制我们以实验的形式向大自然提出问题的那些努力,它仅仅在测量仪器和客体之间的相互作用形成现象的一个不可分割的部分时,表征着我们通过这种询问所能接收到的答案而已。

当然,实验装置的经典描述以及关于原子客体的记录的不可逆性,保证着和因果性的基本要求相容的一种因果顺序,但是,决定论理想的无可挽回的放弃,却在支配着一些基本概念之无歧义应用的互补关系中得到了突出的表示,而经典的物理描述却以这些基本概念的无限制结合为基础。事实上,要确定一个原子级粒子在一个有限时空域中的出现,就要用到这样一种实验装置:它涉及对固定标尺及校准时钟之类物体的动量传递和能量传递,而这种传递是不能包括在各该物体之功能的描述中的，如果这些物体应该起到定义参照系的作用的话。反之，动量守恒定律和能量守恒定律对原子过程的任何严格应用，在原理上就暗示着放弃粒子的详细时空标示(coordination)。

这些情况，在海森伯(Werner Heisenberg)的测不准关系式中得到了定量的表示；这种关系式指示着在量子力学中确定一些运动学变量和动力学变量时的反比式的活动范围，而这些变量则是在经典力学中定义体系状态所必须用到的。事实上，在量子力学表述形式中表示着这些变量的那些符号的有限对易性，就对应于无歧义地定义各该变量时所要求的那些实验装置的互斥性。在这方面，我们所涉及的当然不是精确测量方面的限制，而是时空概念和动力学守恒定律的明确应用方面的限制；后一种限制是由测量仪器和原子客体之间的必要区分所带来的。

当处理原子问题时，借助于薛丁谔(Erwin Schrödinger)的态函数来进行具体的计算是最为方便的；由这种态函数，可以通过确定的数学运算推演出支配着在特定条件下所能得到的观测结果的那些统计规律。然而，必须认识到，我们在这里所处理的是一种纯符号性的手续，它的无歧义的物理诠释归根结底要涉及完备的实验装置。忽视这一点有时引起过混乱；特别说来，诸如“观察对现象的扰乱”或“测量对客体物理属性的创造”这一类语句的应用，就几乎是和日常语言及实际定义不相容的。

与此有关，甚至提出了这样的问题：为了更恰当地表示有关的形势，是否必须采用多值逻辑学呢？然而，由以上的论证就可看出，对于日常语言和普通逻辑学的一切违背都可以得到避免，只要将“现象”一词仅仅用来指示可以无歧义地传达的知识就行了,在这种知识的说明中,“测量”一词是在标准化的比较这一简单意义下被应用的。术语选择方面的这种慎重性,在探索新的经验领域时是特别重要的;在那种领域中,知识不能被概括于那种在经典物理学中得到如此不受局限的应用的习见构架之中。

正是在这一背景上,可以看到量子力学在一致性和完备性方面是满足有关合理解释的一切条件的。例如,强调在明确规定的实验条件下得到的永久性记录乃是量子力学表述形式之合理诠释的基础,这种强调就对应于经典的物理解释中所蕴涵的一个前提:事件之因果顺序的每一步,在原理上都是可以得到验证的。而且,可以将每一种可设想的实验装置全都考虑到,这种可能性就提供着描述上的完备性,和经典物理学中所追求的完备性相仿佛。

这样的论证当然并不意味着,在原子物理学中,我们在实验资料以及便于概括该种资料的数学工具方面就没有更多的东西好学习了。事实上,事情似乎是这样:为了说明在探索很高能量的原子过程时揭露出来的那些新颖特点,人们必须在表述形式中引入更进一步的抽象。然而,决定性的问题在于,在这方面也根本不存在回到那种描述方式的问题,该种描述方式在较高的程度上满足关于因果关系之形象化表示的习见要求。

我们已经看到,量子规律性不能按经典路线来加以分析,这一事实本身就要求,在经验的说明中,在测量仪器和原子客体之间要有一种逻辑的区分,这种区分在原理上就阻碍着概括性的决定论描述。总之,可以强调指出,互补性这一较宽广的构架,绝不会导致任何对于因果性这一理想的随意放弃,它直接表示着我们在说明物质基本属性方面所处的地位,这些属性是经典物理描述的前提,而它们又超出经典物理描述范围之外。

不管适用相对性思想和互补性思想的典型形势是何等地不相同,这两种形势在认识论方面却表现着深远的相似之点。事实上,在两种情况下我们都涉及对于协调性的寻求,这种协调性不能概括在说明范围更窄的物理经验领域时所采用的那种形象化概念之中。但是,有决定意义的一点是:不论在哪一种情况下,我们的观念构架的适当扩展,都并不蕴涵对于观察主体的任何引用,这种引用是会阻止经验的无歧义传达的。在相对论性的论证中,这种客观性是通过适当照顾现象对观察者参照系的依赖性来加以保证的;而在互补描述中,则通过适当注意基本物理概念之明确应用所要求的条件来避免全部的主观性。

从一般性的哲学观点来看,重要的是:在其他知识领域中的分析和综合方面,我们都面临着一些形势,它们是会使我们想起量子物理学中的形势的。例如,生命机体的不可分割性和有意识的个人以及人类文化的特征,都显示出一些整体性特色,这些特色的说明,蕴涵着一种典型的互补描述方式[①]。由于在这些较宽广领域中传达经验时可供应用的丰富词汇有着很不相同的用法,最重要的是由于在哲学文献中对于因果性概念有着各色各样的诠释,所以上述比较的目的有时是被误解了的。然而,用于描述物理科学中较简单形势的适当术语的逐渐发展却表明,我们所处理的并不是一些或多或少模糊的类比,而是在较宽广领域中的不同方面之间遇到的一些逻辑关系的清楚的实例。

---

① 参阅本书第二卷。

人类知识的统一性

（1960）

这一讲话题目中所提到的问题，是像人类文明本身一样古老的；但是，在我们的年代，随着学术研究和社会活动的与日俱增的专门化，这一问题却重新引起了人们的注意。人文学家们和科学家们对人类问题采取着明显不同的处理方式；对于由这些处理方式所引起的广泛的混乱，人们从各方面表示了关怀，而且，与此有关，人们甚至谈论着现代社会中的文化裂痕。但是，我们一定不要忘记，我们是生活在很多知识领域都在迅速发展的时代，在这方面，常使我们想起欧洲文艺复兴的时代。

不论当时对于从中世纪世界观中解脱出来感到多么困难，所谓“科学革命”的成果现在却肯定成为普通文化背景的一部分了。在本世纪中，各门科学的巨大进步不但大大推动了技术和医学的前进，而且同时也在关于我们作为自然观察者的地位问题上给了我们以出人意料的教益；谈到自然界，我们自己也是它的一部分呢！这种发展绝不意味着人文科学和物理科学的分裂，它只带来了对于我们对待普通人类问题的态度很为重要的消息；正如我要试图指明的，这种消息给知识的统一性这一古老问题提供了新的远景。

为了扩大并整理我们关于周围世界的经验而进行科学探索，

多少年来已被证实为富有成果的，尤其是在促进技术的不断进步方面；这种进步已在很大程度上改变了我们日常生活的体制。天文学、大地测量学和冶金学在埃及、美索布达米亚、印度和中国的早期发展，主要是为社会的需要服务的，而在古希腊，我们却初次遇到一些系统化的努力，其目的在于阐明用来描述知识和整理知识的那些基本原理。

特别说来，我们赞赏那些希腊数学家们，他们打下了牢固的基础，而后来的世世代代正是建筑在这种基础上的。对于我们的主题来说，重要的在于意识到这一事实：数学符号和数学运算的定义，是以普通语言的简单逻辑应用为基础的。因此，数学不应被看成以经验的积累为基础的一个特殊的知识分支，而应被看成普通语言的一种精确化，它用表示关系的适当工具补充了普通的语言，对于这些关系来说，通常的字句表达是不准确的或太纠缠的。

鉴于常使较广泛范围的人们感到可怕的那种数学抽象的表现难懂性，我们可以指出，甚至初等的数学训练都能使中学生们看透著名的阿乞利士和乌龟赛跑的佯谬问题。如果乌龟比阿乞利士超前极少的一点，这个行走如飞的英雄怎能追上并超过那个缓慢的爬行的动物呢？事实上，当阿乞利士到达乌龟的起跑点时，他将发现乌龟已沿着跑道爬到较远的地方了，而这种情况将无限地重复下去。我几乎用不着提醒你们，这种类型的事例的逻辑分析，在数学概念和数学方法的发展中是起了重要作用的。

从一开始，数学的应用对于物理科学的进步来说就是必不可少的。尽管欧几里得几何学已经足以使阿基米德阐明静力学平衡的基本问题，物质体的运动的详尽描述却要求发展微分算法，而牛顿力学这一宏伟巨厦就是建筑在这种算法上的。最重要的是，依据简单的力学原理及万有引力定律来对我们太阳系中各行星的轨道运动作出的解释，深刻地影响了以后各世纪中的一般哲学态度并且加强了下述观点：为了概括理解一切知识，空间和时间也像原因和结果一样应该被看成一些**先验的**(a priori)范畴。

但是，我们时代中的物理经验的扩大，却已经使我们有必要从根本上修正无歧义地应用我们那些最基本概念的基础，而且也已经改变了我们对于物理科学的目的的看法。事实上，从我们现在的观点看来，与其把物理学看成关于先验地(a priori)给出的某些事物的研究，倒不如把它看成整理并探索人类经验的一些方法的发展。在这方面，我们的任务必然是用一种方式来说明这种经验，该方式不依赖于个人的主观判断，从而在下述意义上是客观的：这种经验可以用通常的人类语言来无歧义地加以传达。

至于反映在“这儿”和“那儿”、“早些”和“晚些”等等原始用法中的空间概念和时间概念本身，那就必须记得，对于我们通常的判定方位来说，远大于我们附近各物体的速度的光的巨大传播速度是多么得重要。然而，已经证实，甚至通过最精密的测量也无法在实验室中确定地球绕日的轨道运动的任何效应，这种可惊异的情况就表明：彼此之间有着高速相对运动的观察者，对于刚体的形状和刚体之间的距离应该有不同的感受，而且，在一个观察者看来是同时发生的事件，在另一个观察者看来甚至也可以是在不同时刻发生的。认识到物理经验的说明对观察者的立足点的依赖程度，绝不会导致使人思想混乱的复杂性；相反地，在追寻对一切观察者都正确的基本规律时，这种认识已被证实为最富有成果的了。

事实上，通过广义相对论，爱因斯坦在放弃绝对空间和绝对时间的一切想法方面使我们的世界图景得到了一种超过任何以前梦想的统一性和协调性；这种理论，提供了关于普通语言之一致性及适用范围的有益的教益。虽然理论的适当表述涉及四维非欧几里得几何学这样的数学抽象，但是，它的物理诠释却是根本地建筑在下述可能性之上的：每一个观察者都可能保留空间和时间之间的截然区分，并且可能考察任一其他观察者在他的参照系中将如何借助于普通语言来描述经验和标示经验。

以本世纪第一年普朗克普适作用量子的发现为起点的发展，揭露了观察问题的新的基本方面；这些基本方面，就使我们必须对利用原因和效果等字眼来分析现象的基础本身加以修正。事实上，这一发现证明，所谓经典物理学的广阔适用性是完全以下述情况为依据的：在任何通常规模的现象中，所涉及的作用量是如此得大，以致可以将量子完全忽略掉。然而，在原子过程中，我们却遇到一种新颖的规律性，它们不具备因果的形象化描述，而原子体系的独特稳定性却以它们为依归，而物质的一切属性，归根结底是依赖于这种独特稳定性的。

在由物理实验技巧之现代精化所开辟的这一新的经验领域中，我们已经遇到很多伟大的惊人事件，甚至已经面临着这样一个问题：通过用实验来对大自然提出问题，我们所能接受到的是什么类型的答案？事实上，在普通经验的说明中被认为理所当然的是：所考察的客体是不受观察的扰乱的。诚然，当我们通过望远镜来看月球时，我们就接受到从月球表面反射过来的太阳光，但是，这种反射引起的反冲是太小了，它对像月球这样重的物体的位置和速度不可能有任何效应。然而,如果我们需要处理原子体系,它们的结构和对外界影响的反应是在根本上取决于作用量子的,那么,我们所处的地位就完全不同了。

我们所面对的问题是,在这种情况下,我们怎样才能得到客观的描述;这时,有决定意义的是意识到下述事实:不论现象超出普通经验的范围多么远,实验装置的描述和观察结果的记录都必须是以普通语言为基础的。在实际的实验过程中,这一要求是大大得到满足的,其方法是:应用光阑和照相底片之类的沉重物体来确定实验条件,这些物体的使用方式是可以用经典物理学来说明的。然而,恰恰是这种情况,就排除了把测量仪器和所考察的原子客体之间的相互作用和现象分开来加以说明的可能性。

特别是,这种形势阻碍着时空标示和动量、能量守恒定律之间的无限制的结合,而经典物理学的因果的形象化描述则是以这种结合为基础的。例如,对于在某时刻所占的位置已经被控制了的一个原子级粒子,目的在于确定该粒子在较后时刻位于何处的一种实验装置,就蕴涵着对固定标尺和校准时钟的一种在原理上不可控制的动量传递和能量传递,这种标尺和时钟是定义参照系所必需的。相反地,应用适于研究动量平衡和能量平衡的任一装置(这对说明原子体系的本质属性是有决定意义的),就意味着放弃对构成各该体系的粒子进行详细的时空标示。

在这些情况下,下述事实就是不值得惊异的了:利用同一种实验装置,我们可以得到对应于各种个体量子过程的不同记录;关于这些个体量子过程的出现,我们只能作出统计的说明。同样,我们必须准备发现:用不同的、互相排斥的实验装置得到的资料,可以显示没有前例的对立性，从而初看起来这些资料甚至显得是矛盾的。

正是在这种形势下，就有必要引用互补性思想来提供一种足够宽广的构架，以容纳那些不能概括在单独一个图景中的基本自然规律的说明。事实上，在明确规定的实验条件下得出的、并且是适当应用基本物理概念表示出来的那种资料，就其全部来说就完备无遗地概括了可以用普通语言来传达的关于原子客体的一切知识。

通过一种叫做量子力学的数学表述形式的逐步建立，按照互补性路线来详尽地说明一个新的广阔的经验领域已经是可能的了；在这种表述形式中，各个基本物理量被换成了一些服从某种算法的符号性的算符；这种算法牵涉到作用量子，并反映着各个对应测量手续的不可对易性。正是通过将作用量子看成一种并无习见解释的要素——这正如相对论中作为最大信号速度的光速所起的作用一样，这一表述形式才能被看成经典物理学观念构架的一种合理的推广。然而，对于我们的主题有着决定意义的一点却是：量子力学的物理内容，已由它的表述统计规律的能力包罗罄尽，这种规律支配着在用平常语言指明的条件下得到的观察结果。

在原子物理学中，我们关心的是无比准确的规律性；在这里，只有将实验条件的明白论述包括在现象的说明中，才能得到客观的描述；这一事实以一种新颖的方式强调着知识和我们提问题的可能性之间的不可分离性。我们在这儿涉及的是一般认识论的教益，它阐明着我们在许多其他的人类兴趣领域中所处的地位。

特别说来，所谓心理经验的分析和综合的条件，一直是哲学中的一个重要问题。很明显,牵涉到一些互斥经验的字眼儿,例如思想和情感之类,从刚刚开始有语言时就是以一种典型的互补方式被应用的了。然而,在这方面,需要特别注意主体—客体分界线。关于我们的精神状态和精神活动的任何无歧义的传达,当然就蕴涵着我们的意识内容和粗略地称为"我们自己"的那一背景之间的一种区分,但是,详尽无遗地描述意识生活之丰富性的任何企图,都在不同形势下要求我们不同地划定主体和客体之间的界线。

为了阐明这一重要论点,我打算引用丹麦诗人和哲学家保罗·马丁·摩勒(Paul Martin Møller)的话;他生活在大约一百年以前,并留下了一本未完成的小说,这本小说至今还被本国的年老一代、同样也被年青一代很愉快地阅读着。在他的叫做《一个丹麦大学生的奇遇记》的小说中,作者对于我们所处地位的不同方面之间的相互影响给出了特别生动和特别有启发性的说明;这是以一群大学生中间的讨论作为例证的,那些大学生有着不同的性格和不同的对待生活的态度。

我将特别提到两个堂兄弟之间的交谈;其中一个对实际事务是精明强干的,属于当时乃至现在的大学生们所说的实利主义者的类型,而其中另一个叫做硕士(licentiate)的,却热衷于对他的社交活动很不利的那些漫无边际的哲学冥想。当实利主义者责备硕士,说他没有能够下定决心来利用他的朋友们好心好意地提供给他的找到一个实际工作的机会时,可怜的硕士极诚恳地表示了歉意,但是他解释了他的思索使它遭遇到的那些困难。

于是他说:

"我的无休止的追问使我不能得到任何成就。而且,我开始想到我自己的关于发现自己所处的那种状况的想法。我甚至想到我在想它，并把我自己分成相互考虑的后退着的'我'的无限序列。我不知道停止在哪一个'我'上来将它看成实际的我，而且，我一经停止在某一个'我'上，事实上就又有一个停止于其上的'我'了。我被搞糊涂了，并且感到晕头转向，就如我低头注视着一个无底的深渊一样，而我的沉思终于造成了可怕的头疼。"

他的堂兄弟回答说：

"我无论如何不能帮助你搞清楚你那些'我'。那完全是在我的活动范围以外的事，而且，如果我让自己进入你那些超人的冥想，我就也会成为或变得像你一样疯疯癫癫了。我的路线是抓紧那些看得见摸得着的东西，并且沿着常识的康庄大道前进，因此，我的那些'我'从不会纠缠起来。"

完全撇开讲这故事时的那种精致的幽默不谈，要想比这个更贴切地说明我们大家都会遇到的那种状况的各个本质方面，那肯定是不容易的。幸好，在正常生活中，陷入硕士那种可悲境地的危险是很小的；在正常生活中，我们逐渐变得习惯于应付实际需要，并学会用普通语言来传达我们需要的是什么和我们想的是什么。在这种调节中，严肃和幽默之间的平衡起着不小的作用；这种平衡在儿童游戏中非常突出，而在成年生活中也同样是觉察得到的。

当转入多少年来被哲学家们讨论过的意志自由问题时，必须特别注意使用沉思和决心之类的字眼时的那种互补方式。即使我们无法说，是由于我们推测自己能做某件事情因而才愿意去做呢，还是由于我们愿意从而我们才能做这件事，但是我们可以说，能够尽可能好地适应环境的那种感觉，乃是一种普通的人类经验。事实上，决心这个概念在人类的思想传达中起着不可缺少的作用，就如希望和责任之类的字眼一样；脱离了应用这些字眼时的上下文，希望和责任等字眼同样是不可定义的。

说明意识生活时的主体—客体分界线的可变动性，是和一种经验丰富性相对应的，这些经验是如此地五花八门，以致引起了不同的处理方式。至于我们关于他人的知识，我们当然只看到他们的行为，但是我们必须意识到，当这种行为是如此复杂，以致在用普通语言说明它时要涉及自身知觉时，"意识"一词就是不可避免的了。然而，事情很明显，对于最终主体的一切追求都是和客观描述的目的相矛盾的，这种描述要求主体和客体处于面对面的地位。

这样的考虑绝不导致对于灵感的任何低估，这种灵感是伟大的艺术创作通过指示出我们地位中那种协调的整体性的一些特色而提供给我们的。事实上，当在越来越大的程度上放弃逻辑分析而允许弹奏全部的感情之弦时，诗、画与乐就包含着沟通一些极端方式的可能性，那些极端方式常被表征为实用主义的和神秘主义的等等。相反地，古印度的思想家们，就已经理解了对这种整体性作出详尽无遗的描述时的逻辑困难。特别说来，通过强调指出要求回答存在的意义问题乃是徒劳无益的，他们设法避免了生活中明显的不协调性；他们懂得，"意义"一词的任何应用都蕴涵着比较，而我们又能把整个的存在和什么相比较呢？

我们这种论证的目的在于强调：不论是在科学中、在哲学中还是在艺术中，一切可能对人类有帮助的经验，必须能够用人类的表达方式来加以传达，而且，正是在这种基础上，我们将处理知识统一性的问题。因此，面对着多种多样的文化发展，我们就可以寻索一切文明中生根于共同人类状况中的那些特色。尤其是，我们认识到，个人在社会中的地位本身，就显示着多样化的、往往是互斥的一些方面。

当处理所谓伦理价值的基础这一古老问题时，我们首先就得问问像正义和仁慈之类的概念的适用范围是什么；这些概念的尽可能密切的结合，在一切人类社会中都是被希求着的。但是，问题很明显，在可以明确地应用被公认了的司法条款的那种情况下，是没有自由地表现仁慈的余地的。但是，正如著名的希腊悲剧家们所特别强调的那样，同样清楚的是，恻隐之心是可以使每一个人和任何简明表述的正义概念发生冲突的。我们在这里面临着人类地位所固有的和令人难忘的表现在古代中国哲学中的一些互补关系；那种哲学提醒我们，在生存大戏剧中，我们自己既是演员又是观众。

当比较不同的民族文化时，我们就遇到依照一个民族的传统来评价另一个民族的文化的特殊困难。事实上，每一文化所固有的自足性的要素，都密切地对应着作为生物机体中任一物种之特征的自卫本能。然而，在这方面，重要的在于意识到这一事实：以由历史事件哺育成的传统为基础的各种文化，其互斥特征是不能和在物理学、心理学以及伦理学中所遇到的那些特征直接相比的，这里我们处理的是共同人类状况的内禀特点。

事实上，正如在欧洲史中特别明显地表示出来的，民族之间的接触往往造成文化的融合，而融合后的文化仍保存着原有民族传统的有价值的要素。在这次会议上，关于如何弥补所谓现代社会中的文化裂痕的问题,吸引了很大的注意力;归根结底,这一问题就是一个更狭义的教育问题;对待这一问题的态度,看来不但需要知识,而且,我想每人都会同意,这也还需要某种幽默。但是,最严重的任务就是要在有着很不相同的文化背景的民族之间促进相互了解。

事实上,科学和技术在现时代的急剧进步,带来了提高人类福利的无比希望,而同时也带来了对全人类安全的严重威胁;这种进步对我们的整个文明提出了迫切的挑战。当然,知识和潜力的每一次增加,曾经总是意味着更大的责任,但是,在目前的时刻,当一切人们的命运已经不可分割地联系起来时,以了解人类共同地位之每一方面为基础的相互信赖的合作,就比在人类历史中的任何较早时期都更加必要了。

各门科学间的联系
(1960)

我接受盛情的邀请来在这次国际制药科学会议的开幕式上讲话，虽然不无踌躇，但是却很高兴。作为一个物理学家，我当然没有那种对药物学领域的深入理解，就像此次与会的来自不同国度的很多杰出科学家们在最丰富的程度上所具有的那样。然而，在这个场合评论评论一切科学分支中我们的知识之间的密切联系，却可能是尚称恰当的。这种联系实在是由汉斯·克里斯蒂安·奥斯特(Hans Christian Ørsted)很有力地和很热诚地强调过的，他在丹麦初次建立了正规的制药检查，而且，在他的基础科学研究中以及他在丹麦社会中的多方面的和有成果的活动中，这种联系对他来说乃是一种经常的灵感源泉。

关于出现在自然界中的实物可能有助于治疗人类疾病的经验，可以追溯到人类文明的初期，当时人们还不知道理性的科学探索这一概念呢。但是，回忆一下在树林中和草地上寻找草药，曾经何等有力地刺激了植物分类学的发展，却是很有趣的。而且，药物的制备及其疗效的研究，对化学的进步来说也已证实为具有不可缺少的重要性了。

长期以来，对实物的属性及其转变的研究，曾经显著地远离了物理学处理方式所特有的那种用时间和空间以及原因和效果来说明我们周围各物体之性能的一些努力。事实上,这种处理方式就是牛顿力学的整个大厦的基础,甚至是以奥斯特和法拉第(Michael Faraday)的发现为根据的电磁理论的基础;通过它们的技术应用,这些理论已经大大地改变了我们的日常生活体制。

关于物质是由原子构成的这一古代见解,在上世纪中得到了发展;这种发展促使人们寻求化学和物理学之间的更密切的联系。一方面,化学元素概念的澄清,引导人们理解了支配着各该元素以何种比例出现于化学化合中的那些定律。另一方面,对于惊人简单的气体属性的研究又导致了热的动力论的发展,这就给有着如此有成效的应用(特别是在物理化学中的应用)的热力学普遍定律提供了解释。

然而,以电磁理论为依据的关于热辐射平衡的研究,却揭示了原子过程中的一种和经典物理学概念不可调和的整体性特点。事实上,普朗克普适作用量子的发现告诉我们,大块物质的性能的习见描述,其广泛适用性是完全建筑在下述情况的基础上的:在通常规模的现象中,所涉及的作用量是如此之大,以致量子是可以完全忽略不计的。然而,在个体的原子过程中,我们却遇到一些足以说明原子体系之独特稳定性的新颖规律性,而物质的一切属性归根结底是依赖于这种稳定性的。

为了整理这一新的丰富的经验领域,曾经要求从根本上修正无歧义应用我们最基本的物理概念的基础。为了说明我们在物理实验中实际上做了什么和学到了什么,当然就需要用普通语言来描述实验装置和观测记录。但是,在原子现象的研究中,我们却遇到这样一种情况：用相同的装置重复进行实验，可以导致不同的记录，而用不同装置来做的实验又可以得出一些初看起来仿佛是相互矛盾的结果。

这些表现佯谬的阐明已由下述认识给出：被研究客体和我们的观察工具之间的相互作用，在普通经验中是可以忽略或单独考虑的，而在量子物理学领域中它却形成现象的一个不可分割的部分。事实上，在这样的条件下，经验不能按习见方式被结合起来，而是必须认为各种现象是彼此互补的，其意义是：它们的全体就详尽无遗地概括了可以无歧义地表达出来的关于原子客体的一切知识。

对于沿互补路线的概括描述，已由所谓量子力学表述形式创造了适用的数学工具；利用这种表述形式，我们已经能够在很大的程度上说明物质的物理属性和化学属性。物理学家和化学家之间的幽默争论，阐明了这一进步的性质和范围；争论的问题在于：是化学已经被物理学并吞了呢，还是物理学已经变成了化学？

详细谈论今天的原子科学的巨大发展将使我们离题太远，从而我将只是简单地提到：在电子和原子核的键合中，以及在各电子将各原子键合成化合物分子时所起的作用中，我们都遇到典型的量子效应，对于这些效应，习见的形象表示法是不适用的。但是，由于原子核的质量比电子的质量大得多，因此就有可能高度近似地说明分子中的原子组态，该组态对应于知道得很清楚的、在整理化学资料时证实为如此不可缺少的化学结构式。

整个处理方式不但和普通的化学动力学相一致，而且甚至还加强了化学动力学所依据的那些简单假设。例如，在导致化学化合的任何过程中,新分子的属性并不会根本地依赖于发生相互作用而形成新分子的那些分子的组成,而是只依赖于组成新分子的各个原子的相对定位。这种分子的状态的任何次级特征(对应于从分子形成过程中遗留下来的振动),确实不会在本质上影响各分子的化学属性,而且,由于媒质中普遍的热骚动,这些特征将很快地和分子的以往历史不再有任何联系。

作用量子给物质特有属性的普遍理解提供了线索;这种普遍理解已经开始了一个自然科学迅速成长的时期,它使人在很多方面回想起十六世纪和十七世纪中的科学革命。在这些最能给人以深刻印象的发展中,生物化学的现代兴起就是一例;对于生理学和药物学来说,生物化学曾经是同等有益的。特别说来,有机化学和无机化学之间的界限的大大削减,就重新提出了一个古老问题:物理科学究竟可以在多大程度上说明生命的表现?

通过解剖学和生理学的发展,人们逐渐认识了生物机体结构的巨大复杂性和形形色色的控制机体机能的精致调节机制;这种认识经常导致一些疑问:机体中的秩序的保持,是否能够和热力学普遍定律相容呢?但是,从现代的化学动力学的观点看来,是不能期望存在任何这样的分歧的,而且,当彻底地考察伴随着机体的新陈代谢和运动的能量交换及熵交换时,事实上从来没有发现过热力学原理的任何局限性。

近年来,在生物细胞的复杂分子结构的知识方面,特别是在将遗传信息一代一代传递下去的特定分子链的知识方面,已经取得了巨大的进步。而且,我们对于一些酶过程的理解也在稳步增长中;通过这些酶过程,遗传信息完成着指导蛋白质之类的其他特定分子结构的形成的任务。事实上，据我们所知，我们在这里遇到的可能是细胞结构稳定性的稳步增长过程，这种过程的自由能损耗和普通不可逆化学过程中的熵增加相对应。

在这一背景上，很自然地会出现这样的观点：在机体的全部生活中，我们遇到一些并无直接可逆性质的过程，它们和由营养及呼吸所维持的有利条件下的不断增长的稳定性相对应。尽管生物机体和自动机器在规模和功能方面很不相同，我们在这里却遇到二者之间的一种影响深远的类似性。事实上，在最近的技术进步的基础上，已经可以设计按任何预定方式进行工作的机器，这也包括机器本身的维修和复制在内，只要它们能够得到必要的材料和能源。

但是，在关于机体和机器之间的比较这一争论很多的问题方面，最重要的是要记得，有机的生命是一些自然资源的表现，它们远远超过用来制造机器的那些资源。事实上，在说明用于计算及用于控制的那些装置的作用过程时，我们可以根本不管物质的原子构造，而仅仅说明所用材料的力学性质和电学性质，并仅仅应用支配着各机件之间的相互作用的简单物理定律。但是，有机进化的全部历史，却对我们显示着自然界中尝试原子相互作用之无限可能性的那些结果。

不足为奇的是，由于有着极大的复杂性，各机体显示出一些属性和潜力，这些和所谓无生命物质在简单的可重演的实验条件下所显示的那些属性和潜力形成突出的对照。正是在这一背景上，涉及机体整体行为的诸如目的性和自我保存性之类的概念，才在生物学研究中得到了富有成果的应用。

在有关生物学基础的讨论中,关于超出物理学语言之外的那些概念起什么作用的问题,曾经成为一个主要的论题。从一方面,曾经表示过这样的观点:尽管这种概念具有明显的有效性,但它们终于会被证实为多余的。从另一方面,却曾经有人这样论证:在这儿,我们遇到的是说明生命的表现时不可再简化的要素。

量子物理学在我们作为自然观察者的地位问题上给予我们的教益,给这种讨论提供了新的背景。事实上,这种教益提示我们,生物学现象的客观描述方面的形势,在普通生理学中和现代生物化学中反映着不同的处理方式。生物学中互补性描述方式的基础,不是与化学动力学中已经照顾到的客体和测量仪器之间的相互作用的控制问题相联系,而是与机体的实际上不可穷尽的复杂性相联系。

这种形势几乎不能看成是带有暂时性的,看来它倒是和我们整个观念构架所曾采取的发展道路有着内在的联系,这种发展从满足日常生活的较原始的要求,趋于适应系统科学研究所得的知识的增长。例如,只要“生命”一词因为实用的原因或认识论的原因而被保留下来,生物学中的二元处理方式就肯定会继续存在。

在我们的讨论中,我们一直是将生物机体看成被考察的客体的,其方式和我们在力图概括关于自然界任何其他部分的经验时所用的方式相同。当我们处理心理学问题时,我们就进入一个新的知识领域,在那里,分析和综合的问题多年以来就吸引着生动的兴趣。我们在社会交往中用来传达我们的精神状态的那种语言,确实是和物理科学中通常采用的那种语言很不相同的。例如,类似“沉思”和“决心”之类的字眼,指示着互相排斥的但又同样是意识生活之特征的一些状况，这些字眼从语言刚刚起源时就在一种典型的互补方式下被应用着了。

精神经验和我们身体中物理过程、化学过程之间的密切关系，在很大程度上被药物在精神病方面的应用所证实了。一切曾经意识到的东西都可以被记住，这种记忆的程度也清楚地反映着有关的生理过程的不可逆性。当然，继续进行这样的讨论是很引人入胜的，但是，每前进一步都会出现新的困难，这种困难同这种探索所能应用的各个概念的有限适用范围有着本质的联系。

在这次演讲中我曾经试图说明，原子世界中的研究怎样提供了新的机会来寻索奥斯特所谈到的自然界的和谐性，这种和谐性我们或许宁愿称之为人类知识的统一性。确确实实，只有意识到这种和谐性或统一性，才能帮助我们对我们的地位保持一种均衡的态度，并避免科学和技术的突飞猛进在几乎每一人类兴趣领域中可能如此容易地引起的那种混乱。此次会议的议程正是下述事实的证明：制药科学和药物科学代表着对自然奥秘的探索的一个不可分割的部分，通过这种探索，我们力图提高人类的理解和福利。我希望你们的集会将对这一伟大目标有所贡献，我愿意表示我最热诚的愿望，愿此次会议对你们所有的人都成为有启发性的经验。

再论光和生命[①]

(1962)

应我的老友马科斯·戴耳布吕克(Max Delbrück)之约,来在科伦大学这一新的实验遗传学研究所的落成典礼上讲话,这对我来说是一种很大的喜悦。当然,作为一个物理学家,我对本研究所要致力的那一广阔而迅速发展着的研究领域是没有第一手知识的,但是,我欢迎戴耳布吕克的建议,来在这里评论评论关于生物学和原子物理学之间的关系的某些一般见解;这些见解是我在题名为《光和生命》的一篇演讲中提出的,那篇演讲是在三十年前在哥本哈根召开的一次国际辐射疗法会议上发表的。戴耳布吕克当时作为一个物理学家在哥本哈根和我们一起工作,他对这些见解感到了很大的兴趣;他很亲切地说过,这些见解刺激了他对生物学的兴趣,并且在他那些成功的实验遗传学研究方面对他提出了挑战。

生物机体在一般物理经验中的地位问题,多年以来曾经吸引了科学家们和哲学家们的注意。例如,机体的不可分割性曾使亚里士多德感到这对物质有限可分性的假设是一种根本性的困难;在这种假设中,原子论学派企图找到理解在自然界起着统治作用

① 未完成稿(见本卷原编者序)。

的秩序——尽管物理现象是形形色色的,但秩序还是有的。相反地,卢克莱修(Lucretius)总结了原子论的论证,他把从种子到一棵植物的成长解释为某种基元结构在发展过程中的持久性的证据,这种考虑突出地使人联想到现代实验遗传学中的处理方式。

但是,在经典力学在文艺复兴时期的发展及其后来对热力学定律之原子论诠释的有成果的应用以后,机体的复杂结构及复杂机能中的秩序的保持,就常常被设想为会引起一些不可克服的困难了。然而,本世纪第一年发现了作用量子,这却给对待这种问题的态度创造了新的背景;这一发现揭示了原子过程中的一种整体性特点,远远超出了物质有限可分性的古代学说。事实上,这一发现给原子体系及分子体系的惊人稳定性提供了线索,而构成我们的工具乃至我们的身体的那些物质的属性,归根结底是依赖于这种稳定性的。

我在上述演讲中提出的那些见解,曾经因为当时刚刚建成了一种逻辑上无矛盾的量子力学表述形式而受到启示。这种发展,曾经从根本上澄清了原子物理学中客观说明的条件,这包括了一切主观判断的消除。决定性的问题在于,尽管我们所遇到的是超出了决定论的形象化描述范围之外的现象,但是,我们必须应用用经典物理学术语适当改进了的普通语言,来表达我们在以实验的形式向大自然提出问题时曾经做了什么和学到了什么。在实际的物理实验过程中,这一要求是这样满足的:应用光阑、透镜以及照相底片之类的刚体作为测量仪器,这些物体足够大和足够重,以致在说明它们的形状以及相对位置和相对位移时,可以忽略它们的原子构成中所根本涉及的任何量子特点。

在经典物理学中,我们假设现象可以无限地分割,特别是测量仪器和所考察客体之间的相互作用,是可以忽略的或者无论如何是可以补偿掉的。然而,普适作用量子所表示的原子过程的不可分性这一特色却意味着,在量子物理学中,这一相互作用是现象的一个不可分割的部分;如果仪器应该起到确定实验装置和记录观测结果的作用,这一相互作用就是不能分别开来加以说明的。这种记录,例如照相底片上由电子撞击而造成的斑点,本质上涉及一些不可逆过程;这一情况并不给实验的诠释带来特殊的困难,而是强调了观察概念本身在原理上就已蕴涵着的那种不可逆性。

在同一明确定义的实验装置中,我们一般会得到不同的个体过程的记录;那么,这一事实也就使得对量子现象应用统计说明成为不可缺少的了。而且,不可能将在不同实验装置下观察到的现象结合成一个单一的经典图景,这种不可能性就意味着,这些表观上矛盾的现象必须被认为是互补的;互补的意义是,将这些现象汇总起来,它们就将关于原子客体的一切明确定义的知识包罗罄尽了。事实上,这些方面的任何逻辑矛盾都已被量子力学表述形式的数学一致性排除掉了;这一表述形式起着表达统计规律的作用,那些统计规律适用于在任一组给定实验条件下求得的观察结果。

对于我们的主题具有决定重要性的是:量子物理学中的互补性这一根本特点,适于用来澄清众所周知的关于电磁辐射和物质粒子的二象性的佯谬问题;这一特点在原子体系属性及分子体系属性的说明中表现得同样突出。例如,企图在时间和空间中确定原子及分子中的那些电子，就要用到一种排斥光谱规律和化学键的出现的实验装置。但是，原子核比电子重得多，这一事实就使我们有可能将分子结构中各原子的相对位置确定到足以赋予化学结构式以具体意义的程度，而化学结构式在化学研究中是被证实为如此富有成果的。事实上，放弃原子体系的电子结构的形象描述，而仅仅应用关于分子过程中的阈能及结合能的经验知识，我们就能够在一个广阔的经验领域中，应用以明白确立的热力学定律为基础的普通化学动力学，来处理这种体系的反应。

这些说法同样适用于生物物理学和生物化学；在这些学科中，我们在本世纪中曾经亲眼看到了如此非凡的进步。当然，机体中在实际上可以认为是均匀的那种温度，就将热力学的要求归结成了自由能的固定不变或稳步递减。因此，看来可以这样假设：一切永久出现或暂时出现的大分子结构（macromolecular structures）的形成，代表着一些本质上不可逆的过程，这些过程在营养和呼吸所保持的有利条件下增加着机体的稳定性。当然，正如布瑞顿（Britten）和伽莫夫（Gamow）近来曾经讨论过的，植物中的光合作用，也是由全面的熵增过程伴随着的。

尽管有这样的一般考虑，长久以来事情却显得是这样的：生物机体中的那些调节机能，通过细胞生理学和胚胎学的研究而特别地受到了揭示，它们显示了对普通的物理经验及化学经验是如此陌生的精致性，以致这种精致性指示了一些生物学基本规律的存在，这些规律在以可重演的简单实验条件被研究的无生命物质属性中并没有对应的东西。强调了在以完备的原子说明为目的的条件下保持机体生命的那些困难,我从而就提出了这样的建议:生命的存在,本身就可以看成生物学中的基本事实,其意义正如作用量子在原子物理学中必须认为是不能归结为经典物理学概念的基本要素一样。

当从我们现在的立足点再来考虑这种猜测时必须记得,生物学的任务,不可能是说明长久地或暂时地包括在生物机体中的无数原子中每一原子的命运。在研究调节性的生物学机构时,形势却是这样的:在这些机构的详细结构和它们在维持整个机体的生命中所完成的机能之间,不能划定截然的分界线。事实上,实用生理学中所用的很多名词,都反映着一种研究程序,在这种程序中,人们从认识机体各部分的机能作用开始,企图对各该部分的更精致结构以及涉及各该部分的那些过程进行物理的和化学的说明。毫无疑问,只要人们为了实用的或认识论的原因而谈到生命,就一定要用这样一些目的论的名词来补充分子生物学的术语。然而,这一情况本身,并不意味着在把明白确立的原子物理学原理应用于生物学时会受到任何限制①。

为了处理这一根本问题,必须区分下述两种概念:第一,在很小的范围内发生并在很短的时段内完成的个别的原子过程;第二,由分子聚集而形成的较大结构的构造和机能,这些分子在可以和细胞分裂的周期相比或大于该周期的时间内保持在一起。即使是

① 在(用德语作的)科伦演讲中,作者插入了下列的话:归根结底,这是人们在生物学中如何前进的问题。我想,三十年前物理学家们的惊奇感现在已经进入了新的轮回。生命将永远是可惊奇的,而改变的却是惊奇感和试图着去理解的那种勇气之间的平衡。(据录音记录译出)——英文版编者原注

机体的这种结构要素，也时常显现出一些属性和一种性能，它们蕴涵着一种特殊的组织，比我们所能制造的任何机器部件所显示的更为特殊。事实上，现代的机械装置及电磁计算装置的零件，其功能只不过取决于它们的形状以及机械刚度、电导率和磁化率之类的普通材料属性。只要所考虑的是机器的构造，这些材料就总是由原子的或多或少规则的结晶集体形成的；而在生物机体中我们却遇到另一种可注意的节奏，在那种节奏中分子的聚合作用时常被扰乱，这种聚合作用如果无限进行下去，是会使机体像一块晶体那样地僵死的。

此处略去一段，评论了赫维斯(George Hevesy)的同位素示踪原子的研究；这种研究表明，在胎儿阶段引入老鼠骨骼中的钙原子，绝大部分都会在老鼠的一生中停留在那里。作者讨论了这样一个问题：在骨骼生长期间，机体怎样才能在这样惊人的程度上节约它的钙呢？

物理方法和物理观点的应用，已经在很多其他生物学领域中引起了巨大的进步。近来关于肌肉精细结构的发现以及关于神经活动所需物质的输运的发现，就是一些给人以深刻印象的例子。这些发现增加了我们关于机体复杂性的知识，而它们同时也指示着一些迄今未被注意到的物理机制的可能性。在实验遗传学中，季莫叶夫-李索夫斯斯(Timofjeev-Ressofskij)、齐莫尔(Zimmer)和戴耳布吕克关于由穿透性辐射引起的突变的早期研究，使人们第一次可以近似地确定染色体内对基因稳定性而言的临界空间广延。但是，整个这一领域中的新的转折点，是在大约十年以前随着克里克(Crick)和瓦特孙(Watson)关于解释 DNA 分子结构的一种天才建议而相与俱来的*。我很生动地记得戴耳布吕克是怎样告诉我这一发现的,他说,这一发现可能在微观生物学中导致一次革命,足以和以卢瑟福有核原子模型为起点的原子物理学中的发展相媲美。

与此有关,我也可以回想起几年以前克里斯蒂安·安分森(Christian Anfinsen)在哥本哈根一次讨论会上的演讲是怎样开头的。他说,他和他的同道们一直认为自己是有学问的实验遗传学家和生物化学家,但是,现在他们感到自己好像一些试图在多多少少不连贯的生物化学资料中找出一点头绪的业余爱好者一样了。他所描绘的这种形势,确实和物理学家们因为原子核的发现而面临过的形势非常相似;那一发现以如此出人意料的程度完善了我们关于原子结构的知识,它对我们挑战,要我们看看怎样才能利用它来整理累积起来的关于物质的物理属性和化学属性的知识。众所周知,通过整整一代的物理学家们的共同努力,这一目的在几十年内就已大大地达到了;这种情况在强度上和范围上都和近年来出现于实验遗传学及分子生物学中的情况相仿佛。

此处略去了评论细胞生长过程中的节奏问题的一段。作者特别讨论了 DNA 倍生过程的控制,讨论了染色体的结构在这一过程中以及在遗传物质的稳定性中所可能起的作用。更进一步,他讨论了倍生过程和来自 DNA 的信息的传递有

---

* 1953年,克里克和瓦特孙提出脱氧核糖核酸(DNA)的双螺旋结构模型,为有关遗传学的许多研究开辟了道路。许多实验证明。染色体上的遗传物质不是蛋白质而是DNA,这种物质是“遗传密码”的载体。——译者注

着密切关系的可能性。

在结束之前,我愿意简单地提到和生命有关的所谓精神经验所可能提供的生物学知识来源。我几乎用不着强调,"意识"一词是出现于一种行为的描述中的,那种行为如此复杂,以致它的传达蕴涵着关于个体性机体对自己的认知的问题。而且,例如思想和情感之类的字眼都涉及互斥的经验,因此,自从人类语言刚刚起源时起,这些字眼就已经是以一种典型的互补方式被应用着了。当然,在客观的物理描述中并不涉及观察着的主体,而在谈到意识经验时我们却说"我想"和"我感到"。但是,这和量子物理学中将实验装置之一切重要特点全都考虑在内的要求颇为类似,这种类似性是由我们联系在代名词上的不同动词来反映的。

我们所曾意识到的任一事物都会被记住,这一事实指示着该事物会在机体中留下永久性的记号。当然,我们这里涉及的只是对于行动和思考具有重要性的新颖经验。例如,我们在正常情况下不会意识到我们的呼吸和心跳,而且也几乎不会注意到当我们运动四肢时的肌肉动作和骨骼动作。然而,当接收到我们当时或以后要按照它来有所行动的知觉印象时,神经系统中就会发生导致新的调节作用的某种不可逆的变化。无须涉及脑活动之分区和汇集的或多或少素朴的任何图景,将这种调节作用和用来在新形势下恢复稳定性的那种不可逆过程相比较是很引人入胜的。当然,有遗传性的只是这种过程的可能性而不是它们的实际痕迹,这就使各个后代不会受到思维历史的影响,不论这种思维对后代的教育可能有多大价值。

为了对在这一设备精良的新研究所中工作着的一群杰出科学

家即将取得研究上的成功表示我最热诚的愿望,我所能想到的最美好的远景就是:这个研究所将对增加我们在一种自然秩序方面的深入理解有所贡献,而那种秩序的阐明则正是原子概念的最初目的!

〔英文本编者注〕:当为了出版而校订这一稿件时,曾经作了一些小的形式上的改动。

1958 年度卢瑟福纪念演讲[①]

——关于原子核科学的奠基人和以他的工作为基础的若干发展的一些回忆

(1961)

接受物理学会的邀请来在"卢瑟福纪念演讲"的序列中作出一点贡献,这对我来说是一种喜悦;多少年来,在这种演讲中,卢瑟福的很多最亲近的合作者曾经评述了他的基本科学成就,并且叙述了关于他的伟大人格的回忆。作为在很年轻时就有幸参加在卢瑟福的启示下进行工作的物理学家集体的一员,作为在连续许多年中如此受惠于他的温暖友情的一个人,我对于重提我最珍贵的某些回忆的任务是欢迎的。因为在单独一次演讲中不可能企图对恩耐斯特·卢瑟福的宏伟的、多方面的终生工作及其深远后果进行概括叙述,我将仅仅谈到我具有个人回忆的那些时期,以及我了解得最清楚的那些发展。

I

我初次得到瞻仰卢瑟福的风采和亲聆卢瑟福的谈吐的伟大经

① 本文完成于 1961 年,根据一篇无底稿的演讲补充而成;该演讲在 1958 年 11 月 28 日发表于伦敦物理学会在皇家科学技术学院召开的一次集会上。

验,是在1911年的秋季;当时,经过在哥本哈根的大学学习之后,我正在剑桥和J.J.汤姆孙(J.J.Thomson)一起工作,而卢瑟福则从曼彻斯特来到剑桥,在开文迪什年度聚餐会上发表演说。虽然在此场合我并没有和卢瑟福发生个人接触,但我对他的性格上的魅力和魄力却得到了深刻的印象;不论在哪儿工作,卢瑟福都曾经通过他的性格完成了几乎难以置信的功绩。聚餐会是在最有风趣的气氛中进行的,它使卢瑟福的许多同道有机会重提当时已经和他的名字联系在一起的很多逸事。在关于他是如何沉浸在他的研究中的各种例证中间,据说有一个开文迪什实验室的助手曾经注意到这样一件事:在多少年来曾经在这一著名实验室中工作过的所有热心的青年物理学家当中,卢瑟福是最能够狠狠地咒骂他的仪器的一个人。

在卢瑟福自己的演说中,我特别记得他对他的老朋友C.T.R.威耳孙(C.T.R.Wilson)的最新成就表示祝贺时的那种热情;那时威耳孙刚刚用天才的云室方法得到了最初的几张α射线径迹的照片,这些照片表明,在通常是显然很直的径迹中,有几条径迹很清楚地有着突然的曲折。当然,卢瑟福是完全熟悉这一现象的;仅仅在几个月以前,这种现象才引导他得到了关于原子核的划时代的发现;但是他却承认,α射线生活史的这样的细节现在竟可以直接用我们的眼睛看到,这真是使他极端高兴的一个惊人事件。联系到这一点,卢瑟福非常赞赏地谈到,当他们在开文迪什协力工作时,威耳孙就已经用越来越精密的仪器坚持不懈地研究云雾的形成了。正如威耳孙后来告诉我的,他对这一优美现象的兴趣是早在年轻时代就已被唤醒了的,那时他曾经注意过，当气流升上苏格兰的山岭而后再下降到山谷中时，云雾就会出现而后又消失。

在开文迪什聚餐会的几个星期以后，我到曼彻斯特去拜访我逝世不久的父亲的一个同事，他也是卢瑟福的一个亲密朋友。在那里，我再次有机会见到卢瑟福，这期间他曾经参加了在布鲁塞尔召开的索耳威会议的开幕式，在那里他初次会晤了普朗克和爱因斯坦。在谈话中，卢瑟福用他所特有的热诚谈到物理科学中很多新的前景，他欣然同意了我的志愿：当我预计在 1912 年初春结束了在剑桥的学习以后，我将参加在他的实验室中工作的那一集体；在剑桥，我曾经对 J. J. 汤姆孙关于原子的电子构造的创见深感兴趣*。

在那些日子里，很多来自不同国度的年轻物理学家，曾经在卢瑟福作为物理学家的才华和作为科学合作领导人的独一无二的天赋的吸引下，集合在他的周围。虽然卢瑟福总是非常忙于从事他自己的工作的进展，但是，当任何一个青年人觉得自己有了一种哪怕是不很高明的想法时，他也总是很耐心地听下去。同时，他有着完全的独立态度，他对于权威很少有什么敬意，而且不能容忍他所谓的那种“夸夸其谈”。在这种场合下，他有时甚至可以用一种孩子气的方式谈到那些年高德劭的同道，但他从来不让自己卷入个人的争端中，而且他经常说：“能够败坏某人名誉的只有一个人，那就是他自己！”

---

* 据一般传说，玻尔和汤姆孙在学术见解和其他方面是有龃龉的，但是，在各种场合下，玻尔一直很称道汤姆孙；这也许是玻尔的“世故”之处。——译者注

很自然,沿每一方向追索发现原子核所将引起的后果,这就是整个曼彻斯特集体的兴趣中心。在我留在实验室中的头几个星期中,我按照卢瑟福的建议学习了一门关于研究放射性的实验方法的入门课程;这种课程是在盖革(Geiger)、马考沃(Makower)和马斯顿(Marsden)的有经验的教导下为大学生和新的访问者们开设的。但是,我的兴趣很快就转向了新原子模型的一般理论含义,特别是这种模型所提供的一种可能性,即在物质的物理属性和化学属性中,有可能明确地区分起源于原子核本身的那些属性和主要依赖于受到原子核束缚的电子的分布的那些属性,各该束缚电子到原子核的距离是比原子核的线度大得多的。

尽管放射性蜕变的解释必须到原子核的内在结构中去找,但是,事情很明显,各元素的普通的物理特征和化学特征是表现着周围电子体系的属性的。甚至也已经弄清楚,由于原子核的质量很大而其体积则比整个原子的体积小得多,从而电子体系的结构也就几乎仅仅依赖于核的总电荷了。这种考虑立刻就揭示了一种前景:可以将每种元素的物理属性和化学属性的说明建筑在单独一个数上,这个数表示着作为电荷基元单位之倍数的核电荷,现在大家把它叫做原子序数。

在发展这样一些观点时,我通过和乔治·赫维斯讨论而受到了很大鼓励;在曼彻斯特集体中,他的化学知识是特别广博的。特别说来,早在1911年,他就想出了巧妙的示踪原子法;从那时起,这种示踪原子在化学研究和生物学研究中已经变成如此有力的工具了。正如赫维斯自己很幽默地描述过的,引导他得到这种方法的是一件繁重工作的负结果,这件工作是在卢瑟福的挑战下进行的；卢瑟福告诉他说，“如果他真有本领”，他应该助一臂之力，来从大量的氯化铅中分离出宝贵的镭 D，这种氯化铅是从沥青铀矿中提取出来的，并且是由奥地利政府赠送给卢瑟福的。

在和赫维斯谈到在蒙得利耳(Moutreal)和曼彻斯特进行奇妙探险的那些年头时，我的观点取得了更加确切的形式；在那几年中，在贝克勒耳(Becquerel)和居里夫人(Madame Curie)的发现之后，卢瑟福和他的合作者们通过逐步解决放射性蜕变的次序和相互联系而建立了关于放射性的科学。例如，当我听说已经鉴定下来的稳定元素和衰变元素的数目超过了著名的门捷列夫周期表中可以利用的位置数时，我一下子就想到，这些在化学上无法分离的物质具有相同的核电荷，其不同只在于核的质量和内在结构了；关于这种物质的存在，索迪(Soddy)早就提到过，后来他把这种物质命名为“同位素”。直接可以得到的结论是：和原子量的任何改变完全无关，元素将通过放射性衰变而在周期表中向下移两位或向上移一位，这分别对应于由 α 射线或 β 射线的发射而引起的核电荷的减少或增加。

当我找到卢瑟福去听听他对这些见解的反应时，他照例对任何有希望的简单性表示了敏锐的兴趣，但他以特有的慎重提出告诫说，不要过度强调原子模型的意义而从比较贫乏的实验资料进行外推。但是，或许从很多方面都有人提出过的这种观点，在当时的曼彻斯特集体中是曾经讨论得很热闹的，而且，特别是通过赫维斯的以及罗素(Russell)的化学研究，支持这种观点的证据也在迅速出现着了。

特别说来,关于原子序数确定着元素的一般物理属性的这种见解,曾经从罗素和洛西(Rossi)关于镭和钍的混合物的光谱研究中得到了有力的支持;这种研究指示了这两种物质的光谱的等同性,尽管它们的放射性及原子量是不同的。依据对当时可用的全部资料的分析,罗素在1912年秋末对化学学会所作的一次演讲中,指出了各别放射过程和所引起的元素原子序数的改变之间的普遍关系。

在这方面很有趣的是,经过进一步的研究,特别是经过富来克(Fleck)的研究,完整形式的放射性位移定律在几个月以后就由在格拉斯哥工作的索迪提出了,同样也由在卡尔斯汝(Karlsruhe)的法扬斯(Fajans)提出了;这些作者并没认识到该定律和卢瑟福原子模型的基本特点之间的密切关系,而且法扬斯甚至认为,显然和原子的电子构造有关的化学属性的改变,是反驳认为α射线和β射线全都起源于核的那种模型的有力证据。大约就在同时,阿姆斯特丹的范登布略克(Van den Broek)也独立地引入了原子序数的概念,但是,在他的元素分类中,对于每一种稳定的或放射性的物质仍然分别指定了不同的核电荷。

直到那时,在曼彻斯特集体内部,讨论的主要对象还是发现原子核所引起的直接后果。然而,要依据卢瑟福原子模型来解释积累起来的关于物质的普通物理属性和普通化学属性的经验,其一般程序却带来了更加烦难的问题,这些问题是要在后来几年中逐渐澄清的。因此,在1912年,问题只能是当时形势的一般面貌的初步了解而已。

从一开始就很明显,按照卢瑟福模型,原子体系的典型稳定性,是完全不能和经典的力学原理及电动力学原理相容的。事实上,根据牛顿力学,任何的点电荷系都不可能有稳定的静态平衡,而按照麦克斯韦电动力学,电子绕核的任何运动又都会通过辐射而引起能量耗散,并伴随着体系的持续收缩,结果,原子核和电子就会结合到一个比原子尺寸小得多的区域中去了。

但是,这种形势并不是过于值得惊奇的,因为,对于经典物理学理论的一种根本性的限制,已由 1900 年的普朗克普适作用量子的发现揭示了出来;这种发现,特别是经过爱因斯坦的处理,已经在比热和光化反应的说明方面得到了如此有希望的应用。因此,完全独立于原子结构方面的新的实验资料,当时已经存在着一种广泛的期望,认为量子概念可能和物质的原子构造这一整个问题有着决定性的关系了。

例如,正如我后来得知的,A. 哈斯(A. Haas)在 1910 年就曾经企图以汤姆孙的原子模型为基础,用能量和谐振子频率之间的普朗克关系式来确定电子运动的线度和周期。而且,在 1912 年,J. 尼科耳孙(J. Nicholson)在研究星云光谱和日冕光谱中某些谱线的起源时也曾应用了量子化的角动量。然而,最值得提到的是,遵循着能斯特(Nernst)关于分子的量子化转动的早期概念,N. 别尔鲁姆(N. Bjerrum)在 1912 年已经预言了双原子气体中红外吸收谱线的带结构,而这样他就向着分子光谱的详尽分析迈出了第一步,这种分析是依据后来的量子理论对普遍的光谱并合定律的解释而最终完成的。

在 1912 年春天,在我停留于曼彻斯特的早期阶段,我已经确信卢瑟福原子的电子构造是彻头彻尾地由作用量子支配着的了。

这种观点得到了不止一件事实的支持;这不但是普朗克关系式显得近似地适用于和元素的化学属性及光学属性有关的那些结合得较松的电子,而更重要的是关于原子内部结合得最紧的那些电子的类似关系也被追溯过了。由巴克拉(Barkla)发现的特征穿透辐射,就显示着这种关系。例如,当我还在剑桥时,威丁顿(Whiddington)就测量了用电子轰击各种元素来产生巴克拉辐射时所需的能量,这种测量结果显示着一些简单的规律性,这正是依据对最紧密结合电子的结合能的估计所应预期的那种规律性,该电子是沿普朗克轨道绕核转动的,而核的电荷由原子序数来确定。根据最近发表的劳伦斯·布喇格(Lawrence Bragg)的卢瑟福纪念演讲,我曾经很感兴趣地得知,当时正在黎兹(Leeds)的威廉·布喇格(William Bragg),在他那以劳厄(Laue)的1912年的发现为基础的关于X射线谱的初次研究中,就已充分认识到威丁顿的结果同巴克拉辐射及门捷列夫周期表中的元素次序之间的联系很有关系了;这一问题通过莫斯莱(Moseley)在曼彻斯特的工作而很快地得到了非常完备的阐明。

在我停留在曼彻斯特的最后几个月中,我主要从事于物质对α射线及β射线的阻止本领的理论探讨。这一问题最初曾由J.J.汤姆孙依据他自己的原子模型的观点讨论过,而当时则刚刚由达尔文(Darwin)依据卢瑟福模型重新进行了检查。联系到上述那种关于原子中电子结合过程所涉及的频率的考虑,我觉得从射线粒子到电子的能量传递可以仿照辐射的色散和吸收来简单地加以处理。这样就证明,可以把关于阻止本领的测量结果,解释为对赋予氢和氦以原子序数1和2的那种做法的又一种支持;这种做法可以和一般的化学资料相容,特别是和卢瑟福及罗依兹(Royds)的演示相容;他们曾经演示,通过收集从薄壁射气管中逸出的 α 粒子,可以形成氦气。对于较重物质的更复杂情况,也和预料的原子序数及电子结合能的估计值达成了近似的符合,但是,理论方法过于原始,以致不能得到更精确的结果。众所周知,利用现代量子力学方法对这一问题加以适当处理,是由 H. 贝提(H. Bethe)在 1930 年首次完成的。

虽然卢瑟福当时正在集中精力准备他的巨著《放射性物质及其辐射》,但他还是用持久的兴趣注意了我的工作;这使我得到一个机会知道,他对自己的学生所发表的东西一向是很关心的。在我回到丹麦以后,我在 1912 年仲夏结了婚,而且,在我们于八月间到英格兰和苏格兰做婚后旅行时,我的妻子和我路过曼彻斯特去拜访卢瑟福,并交出我关于阻止本领问题的论文的完成稿。卢瑟福和他的夫人很热诚地接待了我们,这种热情给多年以来联系着我们两家的亲密友谊打下了基础。

II

在哥本哈根安顿下来以后,我和卢瑟福保持了密切的接触,我定期地向他报告了我在曼彻斯特已经开始的关于一般原子问题的工作进展。卢瑟福的复信总是很鼓舞人的,这些复信的共同点就是当谈到他的实验室中的工作时的那种主动性和兴致勃勃。这事实上是历时 25 年的长期通信的开始;每当翻阅这些信件时,我都会重新想起卢瑟福对他所开辟的领域中的进步所抱的热诚,以及他对试图在该领域中有所贡献的任何人的努力所感到的热烈兴趣。

我在 1912 年秋季写给卢瑟福的那些信件,谈到了追寻作用量子在卢瑟福原子的电子结构中所起的作用的持续努力,其中也包括分子键合的问题和辐射效应及磁效应的问题。但是,稳定性问题在所有这些考虑中引起了纠缠不清的困难,这些困难刺激着我们去寻求更坚实的立脚点。然而,经过按更一致的方式来应用量子概念的各式各样的尝试以后,我在 1913 年的初春才认识到,直接适用于卢瑟福原子的稳定性问题的一个线索,是由支配着元素光谱的惊人简单的定律提供出来的。

在罗兰(Rowland)等人对谱线波长的极端精确的测量的基础上,在巴耳末(Balmer)的贡献和卢瑟福在曼彻斯特的前任教授舒斯特(Schuster)的贡献之后,普遍的光谱定律已由里德伯(Rydberg)最巧妙地搞清楚了。彻底分析线光谱中的主要线系及其相互关系的主要结果,就在于认识到已知元素的光谱中每一谱线的频率 ν 都可以无比精确地写成 $\nu = T' - T''$,式中 T' 和 T'' 是作为元素之特征的许多谱项中的两项。

这一基本的并合定律显然不能有普通的力学解释,而且,可以很有兴趣地回想起,瑞利勋爵(Lord Rayleigh)在这方面曾经怎样恰当地强调过下述事实:一个机械模型的各个简正振动模式的频率之间的任何普遍关系,应该是各该频率的二次式而不是它们的一次式。对于卢瑟福原子来说,我们甚至不能期望有什么线光谱,因为,按照普通的电动力学,伴随着电子运动的辐射,其频率应该随着能量的发射而连续变化。因此,很自然地可以试图将光谱的解释直接建筑在并合定律的基础上。

事实上,接受了爱因斯坦关于能量为 $h\nu$(h 是普朗克恒量)的光量子或光子的概念,人们不免就要假设,原子对辐射的每一发射或吸收,都是由一个能量传递 $h(T'-T'')$所伴随的一次个体过程,并将 hT 解释为原子的某种稳定状态中或所谓定态中的电子结合能。特别说来,这一假设给线系谱中各发射谱线及吸收谱线的表观奇特性提供了直截了当的解释。例如,在发射过程中,我们看到的是原子从高能级到低能级的跃迁,而在吸收过程中,我们遇到的则一般是原子从具有最低能量的基态到它的一个受激态的跃迁。

在氢光谱这一最简单的情况中,各谱项可以很精确地表示为 $T_n=R/n^2$,式中 n 是一个整数,而 R 是里德伯恒量。这样,上述解释就导致氢原子中电子结合能的一系列递减的值;这指示着一种跨步式的过程;通过这种过程,原来离核很远的电子将通过辐射跃迁而进入用越来越低的 n 值表征着的结合得越来越牢固的定态,直到达到了用 $n=1$ 来标志的基态为止。此外,将这一定态的结合能和沿着开普勒(Kepler)轨道绕核运动的电子的能量相比较,所得到的轨道线度是和由气体属性推得的原子线度具有相同数量级的。

在卢瑟福原子模型的基础上,这一观点也直截了当地为里德伯恒量在其他元素的更复杂光谱中的出现提示了解释。例如,我们得到结论,这儿遇到一些涉及原子受激态的跃迁过程;在这种受激态中,有一个电子被弄到结合在核周围的其他电子所占的区域以外去了,因此这个电子就受到和单位电荷周围的力场相似的一个力场的作用*。

探索卢瑟福原子模型和光谱资料之间的更密切的关系,很明显地带来了一些烦难问题。一方面,电子和原子核的电荷及质量的定义本身,是完全建筑在依据经典力学原理和经典电动力学原理对物理现象进行分析的基础上。另一方面,认为原子内能的任何改变都是二定态间的完全的跃迁,这种所谓量子公设就排除了按照经典原理来说明辐射过程或说明涉及原子稳定性的任何其他反应的可能性。

正如我们今天所知道的,这种问题的解决要求发展一种数学表述形式,其恰当诠释蕴涵了对无歧义地应用基本物理概念的基础的根本修正,蕴涵了对于在不同实验条件下观察到的各种现象之间的互补关系的认识。但是,在当时,仍可利用经典物理图景来在定态的分类方面取得某种进步,这种分类是以关于谐振子能态的普朗克原始假设为基础的。特别说来,更仔细地比较频率已定的振子和电子以依赖于结合能的公转频率而绕核进行的开普勒运动,就能得到一个分类的出发点。

事实上,正如在谐振子情况下一样,简单的计算表明,对于氢原子的每一定态来说,可以令在电子的一个轨道周期中求出的作用量积分等于 nh,这一条件在圆形轨道的情况下和角动量以 $h/2\pi$ 为单位的量子化相等效。这种相等关系使我们可以用电子电荷 e、电子质量 m 和普朗克恒量将里德伯恒量表示出来,所遵循的公式是:

---

* 就是说,核电荷受到剩下来的那些电子电荷的"屏蔽",从而在效果上有一个单位电荷(即电子电荷的正值)。——译者注

$$R = \frac{2\pi^2 me^4}{h^3}$$

在当时可用的 e、m 和 h 的测量结果的精确范围内，我们发现这一结果和 R 的经验值是一致的。

虽然这种一致性指示了应用力学模型来把定态形象化的适用范围，但是，量子概念和普通力学原理的任何结合都会涉及的那些困难当然还是存在着的。因此，最令人放心的就在于发现了下述事实：光谱问题的全部处理方式，满足一种明显的要求，即它可以包括经典描述，作为所涉及的作用量够大以致可以忽略单个量子的那种极限情况。这种考虑确实提供了所谓对应原理的初次指示，该原理的目的在于将量子物理学的本质上是统计性的说明，表示成经典物理描述的合理推广。

例如，在通常的电动力学中，从一个电子体系发出的辐射的成分，应该取决于将体系的运动分解成谐振动时所能得到的那些频率和振幅。当然，在电子绕重核的开普勒运动和由体系定态间的跃迁所发射的辐射之间，是不存在这样的简单关系的。然而，在一种极限情况，即对于量子数 n 的两个值远大于它们的差数的那种跃迁，却可以证明，作为一些无规的个体跃迁过程的结果而出现的辐射，其成分谱线的频率是和电子运动的谐振动分量的频率渐近地重合的。而且，在开普勒轨道中，不同于简谐振动，除了公转频率以外还会出现较高的泛频，这一事实就提供了给氢光谱中各谱项的任意并合寻求一种经典案例的可能性。

但是，卢瑟福原子模型和光谱资料之间的关系的明确证实，却在一段时间内受到一种奇特情况的阻碍。早在二十年前，匹克灵

(Pickering)就曾经在遥远星体的光谱中观察到一个线系，其中各谱线的波长和普通氢光谱中的波长显示着很密切的数值关系。因此，这些谱线一般被认为属于氢，甚至里德伯也这样认为，其目的是要消除氢光谱的简单性和包括最接近氢光谱的碱金属光谱在内的其他元素光谱的复杂性之间的明显对立。就连杰出的光谱学家A. 否勒也持有这一观点，当时他刚刚在用充有氢氦混合气体的放电管做的实验室实验中观察到了匹克灵线及新的有关线系。

然而，匹克灵谱线和否勒谱线不能包括在适用于氢光谱的里德伯公式中，除非允许谱项表示式中的数 n 既可以取整数值又可以取半整数值；但是，这种假设却将明显地破坏向能量和光谱频率间的经典关系的渐近式的趋近。另一方面，这种对应性对于另一种体系的光谱却是仍然适用的，该体系由一个电子和一个电荷为 Ze 的核组成，其定态由相同的一些作用量积分值 nh 来确定。事实上，这种体系的谱项应表为 Z^2R/n^2，这一表示式在 $Z=2$ 的情况下将和在里德伯公式中引用半整数 n 值时得出相同的结果。于是，很自然地可以认为，匹克灵谱线和否勒谱线属于被星体中或否勒所用放电管中的强烈热骚动所电离了的氦。事实上，如果这种结论得到证实，那就是已经向着依据卢瑟福模型来建立不同元素的属性之间的定量关系迈出了第一步。

Ⅲ

当我在 1913 年 3 月间写信给卢瑟福并附寄我的一篇关于原子结构的量子理论的论文底稿时，我强调了解决匹克灵谱线的起源问题的重要性，并借此机会询问了以此为目的的实验能否在他的实验室中进行；在那里，从舒斯特时代起就有了适当的光谱学仪器了。我接到了即时的复信；这封信如此典型地显示了卢瑟福的敏锐的科学判断和助人为乐的对人态度，因此我愿将此信的全文引出如下：

3 月 20 日，1913 年

亲爱的玻尔博士：

您的论文已安全收到，我抱着很大兴趣读过了，但是，俟有余暇，我要再仔细地读一读。您关于氢光谱起源方式的想法是很巧妙的，而且看来是很合用的；但是，普朗克概念和旧式力学的混合却使人很难对什么是它的基础得到一个物理概念。在我看来，您的假说中有一个严重困难，我毫不怀疑，您也充分意识到了这种困难；那就是，当一个电子从一个定态转入另一定态时，它怎样决定它将以什么频率振动呢？在我看来，您似乎不得不假定电子事先就知道它将在什么地方停下来。

在论文的布局方面，我愿提出一点较次要的批评。我想，当您力图做到叙述清楚时，您有一种将文章写得太长的倾向，也有一种在文章的不同部分重复您的叙述的倾向。我认为您的文章实在应该加以精练，而且我认为这是在清楚性方面不作任何牺牲就可以做到的。我不知道您是否注意到这样一件事实：长篇的论文可以将读者吓倒，他们感到自己没有时间泡到这种论文中去。

我愿意很仔细地阅读您的论文，并将我对于各个细节的意见告诉您。我将很高兴地把它转给 Phil. Mag. *,但是如果它的篇幅能够精简到适当的分量我就更高兴了。无论如何,我将在英文方面对它做一切必要的修改。

我很愿意看到您继续写出的论文,但是,望您牢牢记住我的劝告,并在不影响清楚的条件下将它们写得尽量地简单一些。听到您以后要到英国来我很高兴,当您来曼彻斯特时我们将非常愿意见到您。

附带说到,我对于您在否勒光谱方面的思索深感兴趣。我在这里对伊万士(Evans)谈了一下,他告诉我,他也对此深感兴趣,而且,我想,当他在下学期回到这里时,我们完全可能尝试着就此问题做一些实验。一般的工作进行得很好,但我因为发现 α 粒子的质量比应有的值颇大一些而暂时受阻了。如果这是对的,它就是如此重要的一个结论,以致我非到在每一点上都肯定其精确性时是不能发表它的。实验要用去大量的时间,而且必须以很大的精确度来进行。

您的最忠诚的

E. 卢瑟福

再者,我想您并不反对我按照自己的判断,在您的论文中删去我认为不必要的材料吧? 盼复。

卢瑟福的第一点意见肯定是很恰当的,它接触到即将在后来的长期讨论中成为中心的一个问题。正如我于 1913 年 10 月在丹麦物理学会一次集会上发表的演讲中所表示的,当时我自己的观

* Phil. Mag. 即《哲学杂志》,玻尔的早期论文大多在该刊发表。——译者注

点是:正是量子公设中所涉及的那种和对物理解释的习见要求的根本分歧,就应该自动地给在适当时期将新假设纳入逻辑一致的方案中的可能性留下足够的余地。联系到卢瑟福的意见,特别有兴趣的是想到下述事实:爱因斯坦在他 1917 年关于推导温度辐射的普朗克公式的著名论文中,也采取了有关光谱起源的同一出发点,他并且指出了支配着自发辐射过程之发生的统计定律与早在 1903 年已由卢瑟福和索迪表述出来的放射性衰变基本定律之间的类似性。事实上,这条使他们一举而解决了当时所知形形色色的天然放射性现象的定律,也被证实为理解后来观察到的自发衰变过程中的奇特分支现象的一个线索。

卢瑟福来信中如此强调提出的第二点意见,使我陷入了十分为难的窘境。事实上,在接到卢瑟福的复信的前几天,我曾经给他寄去了上次稿件的经过相当扩充的修订本,增加的内容特别涉及了发射光谱和吸收光谱之间的关系以及同经典物理学理论的渐近对应关系。因此,我感到解决问题的唯一方法,就是立刻赶往曼彻斯特去同卢瑟福本人当面谈清楚。虽然卢瑟福是像往常一样忙碌的,但他却对我表示了几乎是天使般的耐心,而且,经过很多长长的夜晚的争论,他在争论中宣称从来没有想到我竟会那样得顽固,后来他终于同意把一切新旧论点全都保留在最后的论文中了。当然,不论是风格还是文字,都在卢瑟福的帮助和建议下得到了重大的改进,而且我常常有机会想到,他在反对颇为复杂的表达方面,特别是反对因谈到早先的文献而引起的很多重复方面是何等地正确。因此,此次卢瑟福纪念演讲给了我一个很可欢迎的机会,使我能够更加简练地说明一下当年那些论点的实际发展情况。

在后来的几个月中，关于被指定给氦离子的光谱的起源的争论，发生了一次戏剧性的转变。首先，伊万士已经能够在极纯氦的放电过程中得到否勒谱线，这里连普通氢谱线的一点痕迹也看不到。但是，否勒仍然不完全信服，他强调了光谱在混合气体中可能表现的那种虚假方式。最重要的是他注意到，他对匹克灵谱线波长的精确测量结果，和令 $Z=2$ 时从我的公式算出的波长不能精确地相符。然而，这后一问题的答案很容易就被找到了，因为很明显，在里德伯恒量的表示式中，质量 m 不应被看成自由电子的质量而应被看成所谓的约化质量 $mM(m+M)^{-1}$，此处 M 是核的质量。事实上，将这一改正考虑在内，所预言的氢光谱和氦离子光谱之间的关系就和一切测量结果完全一致了。这一结果立刻受到了否勒的欢迎，他借此机会指出了这样一件事实：在其他元素的光谱中也观察到了一些线系，在那些线系中，普通的里德伯恒量必须乘上一个接近于 4 的数。通常称为电火花光谱的这种线系光谱，现在可以认为是起源于受激离子的了，这和起源于受激中性原子的所谓弧光谱是不同的。

在后来的几年中，继续进行的光谱学研究又揭示了许多原子光谱，这些原子不是失去了一个电子而是甚至失去了多个电子。特别说来，玻文(Bowen)的众所周知的研究导致了这样的认识：尼科耳孙所讨论过的星云光谱的起源，不应该到新的假说性的元素中去找，而应该到高度电离状态下的氧原子和氮原子中去找。后来，终于出现了这样的前景：通过分析电子一个一个地受到核的键合的那些过程，可以对每一电子在卢瑟福原子的基态中的键合情况得到一个概观。当然，在 1913 年，实验资料还太不充分，而用来对定态进行分类的理论方法也还没有发展到足以应付这一野心勃勃的工作的地步。

Ⅳ

这期间,关于原子的电子构造的工作也在逐渐进行;不久以后,我就又去请求卢瑟福的帮助和劝告了。于是,在 1913 年 6 月,我带着第二篇论文到了曼彻斯特;这篇论文除继续讨论放射性位移定律以及巴克拉辐射的起源以外,还处理了包含着多个电子的原子的基态。关于这一问题,我尝试着企图将一些电子轨道排列成类似于壳层结构的闭合圈;J. J. 汤姆孙在早期企图依据他的原子模型来说明门捷列夫元素表中的周期性特点时,就首次地引入了这种壳层结构。

在卢瑟福的实验室中,这一次我遇到了赫斯和潘内特(Paneth);他们告诉我,初步利用示踪原子法来系统地研究硫化铅和铬酸铅的熔度已经成功,这种研究是他们在那一年的年初在维也纳共同进行的。在每一方面来说,这些对曼彻斯特的反复访问是一种巨大的鼓舞,而且使我有宝贵的机会和实验室中的工作保持密切联系。那时,卢瑟福正在鲁滨孙(Robinson)的协助下忙于分析 β 射线的发射,并且正和安得雷德(Andrade)合作研究 γ 射线谱。此外,达尔文和莫斯莱当时正紧张地忙于有关晶体中 X 射线衍射的精细的理论探讨和实验探讨。

由于大英科学促进协会于 1913 年 9 月在伯明翰召开会议,我不久就又得到了再次见到卢瑟福的一个特殊的机会。在这次有居里夫人参加的会议上,特别开展了关于辐射问题的一般讨论,参加讨论的有瑞利、拉摩尔(Joseph Larmor)和洛伦兹(Lorentz)这样的权威人士,特别是金斯(Jeans),他作了关于量子理论对原子结构问题之应用的介绍性的叙述。他那明晰的论述,事实上是对那些在曼彻斯特集体之外通常受到很多怀疑的见解第一次公开地表示了严肃的兴趣。

使卢瑟福和我们大家都感到很好玩的一次意外事件是瑞利勋爵的发言。当约瑟夫·拉摩尔爵士很郑重地请他对最近的发展表示自己的意见时,这位在早年曾经对阐明辐射问题有过如此决定性贡献的伟大的老前辈很快地回答道:"我在年轻的时候很强烈地保持过许多看法,其中一种看法就是,一个过了六十岁的人不应该对摩登的见解表示他自己的看法。虽然我必须承认,今天我的看法不再那么强烈了,但是我仍然足够强烈地保持着它,因而我不能参加这种讨论!"

当我在六月间访问曼彻斯特时,就曾经和达尔文及莫斯莱讨论过按照元素的原子序数来排列它们的适当顺序的问题,而且那时我第一次得知了莫斯莱的计划,他要用劳厄—布喇格方法系统地测量各元素的高频辐射谱,以期解决这一问题。通过莫斯莱的非凡精力和有目的地进行实验的才能,他的工作进展得惊人地迅速,而早在 1913 年 11 月我就已经从他那里得到了一封最有兴趣的来信,信中说明了他得到的一些重要结果,并且关于如何按照已被证实为适用于光谱的那些路线来解释这些结果提了一些问题。

莫斯莱发现的简单定律,可以根据任一元素的高频辐射谱来不含糊地定出它的原子序数;在近代的物理学史和化学史中,很少有什么事件像莫斯莱的发现一样从一开始就吸引了如此普遍的兴趣。不但对于卢瑟福原子模型的决定性支持一下子就得到了承认，而且，引导门捷列夫，使他在自己的周期表中某些位置上脱离开原子量的递增顺序的那种直觉，也突出地显示了出来。特别说来，事情很明显，莫斯莱定律提供了一种明确无误的指南，可以借以寻求尚未发现的元素，将它们纳入原子序数顺序的空位中去。

关于原子中的电子组态问题，莫斯莱的工作也引起了重要的进步。在原子的最内部，原子核对个体电子的引力超过各电子的相互斥力；这种优势肯定地提供了一个基础，可以理解莫斯莱谱和人们预料某一体系所应有的另一些辐射谱之间的惊人类似性；该体系由一个赤裸的核和一个束缚电子组成。然而，更仔细的比较却带来了关于原子中电子构造的壳层结构的新知识。

不久以后，考塞耳(Kossel)就对这一问题作出了重要贡献；他指出，一个电子从核周围的一系列圈或壳层中的某一壳层中被取走，可以看作 K 型、L 型及 M 型巴克拉辐射的起源。特别说来，他把莫斯莱谱中的 $K\alpha$ 成分线和 K_β 成分线归因于一些个体的跃迁过程，通过这种过程，K 壳层中的一个电子空额将分别被 L 壳层或 M 壳层中的一个电子所补充。按照这种方式进行下去，考塞耳就能够在莫斯莱对谱线频率的测量结果中间找出进一步的关系；这就使他能够将一种元素的整个高频辐射谱表示为一个并合方案，在这种方案中，任一谱项和普朗克恒量的乘积，被认为等同于从原子的一个壳层中将一个电子移到一切壳层之外时所需的能量。

此外，考塞耳的观点也给另一事实提供了解释，那就是：波长渐增的穿透性辐射的吸收，实际上是从一个吸收界限开始的，这个界限代表着电子从对应壳层中一下子就完全离开的过程。中间受激态的不出现，被认为是由于原子基态中的一切壳层都已被占满。众所周知，通过泡利(Wolfgang Pauli)在 1924 年对适用于电子结合态的普遍不相容原理的表述，这一观点终于得到了最后的表示形式；泡利的表述曾受到斯唐谔(Stoner)的启示，他依据对光谱规律性进行的分析，推导了卢瑟福原子的壳层结构的精致细节。

V

在 1913 年的秋天，斯塔克(Stark)的发现在物理学家中间引起了另一次轰动；他发现了电场对氢谱线结构的惊人巨大的效应。卢瑟福按照对物理科学中一切进步的无休止的注意，当从普鲁士科学院收到斯塔克的论文时，他立刻就给我写了信："我认为时机已到，您现在应该针对塞曼效应和电效应写一些东西，如果有可能将这些效应和您的理论调和一致的话。"我响应了卢瑟福的挑战，尝试着仔细考察了这个问题，而且很快地我就弄清楚，在电场的效应和磁场的效应中，我们必须处理两种很不相同的问题。

关于塞曼(Zeeman)在 1896 年得到的著名发现，洛仑兹和拉摩尔的解释的精髓就在于：这种发现直接指示着作为线光谱起源的电子运动，其方式大致地不依赖于有关原子中电子键合机制的特殊假设。即使光谱的起源被认为是由于定态间的个体性的跃迁，按照拉摩尔的普遍定理，人们也会在对应原理的引导下，预期电子所发射的一切谱线都显示正常的塞曼效应，如果这些电子是像在卢瑟福原子中一样键合在一个中心对称的场中的话。而所谓反常塞曼效应的出现却带来一些新的疑难；只有在十多年以后，当线系谱中各谱线的复杂结构被追根到一种内禀性的电子自旋时，这些疑难才算得到了解决。不同的方面都对这一发展有过重要的贡献；关于这一发展的一种最有兴趣的历史叙述，可以在最近出版的一本纪念泡利的众所周知的书中找到*。

然而，在电场的情况下，不能预期谐振子发射的辐射显示任何正比于电场强度的效应，从而斯塔克的发现就肯定地排除了将电子的弹性振动看成线光谱的起源的那种通常见解。但是，对于电子绕核的开普勒运动来说，即使是比较弱的外电场也会通过久期微扰而使轨道形状及轨道取向发生相当大的变化。通过研究轨道在外场中仍为纯周期性的那种特例，有可能应用和适用于未受扰氢原子之定态的那种论证类型相同的论证，来推求斯塔克效应的数量级，特别是解释该效应在氢光谱线系中从一条谱线到下一条谱线的迅速增大。但是，这些考虑很显然地表明，为了解释现象的更精致的细节，原子体系的定态分类方法还是发展得不够的。

恰恰是在这一方面，在以后几年中，通过引入标志着角动量分量及其他作用量积分的量子数而得到了巨大的进展。这些方法是由 W. 威耳孙(W. Wilson)在 1915 年初次提议的，他对氢原子中的电子轨道应用了这些方法，然而，按照牛顿力学，每一轨道在这种情况下都是单周期的，其公转频率仅仅依赖于体系的总能量，由于这种情况，任何物理效应都没有被揭示出来。但是，爱因斯坦的新力学所预言的电子质量对速度的依赖性，却消除了运动的简并性，

---

* 按指 *Theoretical Physics in the Twentieth Century*(二十世纪中的理论物理学)，Interscience Publishers Inc. ,1960. ——译者注

并通过开普勒轨道远核点的不断的缓慢进动而在运动的谐振分量中引入了第二个周期。事实上，正如1916年索末菲(Sommerfeld)在他的著名论文中所证明的，角动量和径向运动作用量的分别量子化，就使我们可以详细地解释所观察到的氢原子光谱和氦离子光谱中各谱线的精细结构了。

不仅如此，索末菲和艾普斯坦(Epstein)还处理了磁场和电场对氢光谱的效应；通过熟练地应用多周期体系的量子化方法，他们已经能够完全符合于观察结果地通过并合而得出氢谱线的分解的谱项。这种方法和爱伦菲斯特(Ehrenfest)为了适应热力学的要求而在1914年表述的定态浸渐不变性原理是相容的，这种相容性得到了下述情况的保证：各个量子数按照古典力学而关涉到的作用量积分，并不会因外场的改变而改变，如果这种外场的改变比体系的特征周期变化要慢的话。

这种处理方式的有效性的进一步证据，是从对应原理对多周期体系所发射的辐射的应用中得出的，这种应用可以得出关于不同跃迁过程的相对几率的一些定性结论。这些考虑同样得到克喇摩斯(Kramers)的肯定，他解释了氢谱线的斯塔克效应成分线的表观上没有规律的强度变化。我们甚至发现可以用对应论证来说明其他原子中某种类型的跃迁的不出现；这些跃迁不属于鲁滨诺维兹(Rubinowicz)所指出的那些通过对原子和辐射之间的反应应用能量守恒定律和角动量守恒定律就能够排除掉的跃迁。

借助于迅速增长的关于复杂光谱的结构的实验资料，同样也借助于席格班(Siegbahn)及其合作者们关于高频辐射谱较精细规律性方面的方法论的寻求，多电子原子中束缚态的分类不断地得到了进展。特别说来,通过研究电子被原子核逐次键合而建成原子基态的那种方式,导致了对于原子中电子组态的壳层结构的逐渐阐明。就这样,虽然当时还不知道例如电子自旋之类的重要解释要素,但是,大约在卢瑟福发现原子核后的十年之内,就已经有可能对于门捷列夫元素表中许多最突出的周期性特点得到一种总结性的解释了。

然而,整个的处理方式还是带有很大的半经验性质的,而且,人们很快就清楚地认识到,为了详尽无遗地说明各元素的物理属性和化学属性,必须以根本上新的方式脱离开经典力学,以便将量子公设纳入一种逻辑上无矛盾的方案中去。下面我们还有机会谈到这一众所周知的发展,现在我先接着讲我对卢瑟福的回忆。

VI

第一次世界大战的爆发,几乎使曼彻斯特集体完全解体,但是我很幸运地仍然和卢瑟福保持了密切的接触,他在 1914 年的春天曾经约我接替达尔文的舒斯特数理物理学讲席的职位。当我们在早秋时节经过一次绕过苏格兰的有风暴的航行而到达曼彻斯特时,我的妻子和我受到了少数几个老朋友的最热情的接待;在外国的合作者们已经离开而大多数的英国同事也都参了军之后,留在实验室中的就只有那几个老朋友了。卢瑟福和他的夫人当时还在美国,他们正在到新西兰探亲的归途中*,而且毋庸赘言,当几星

* 卢瑟福原籍新西兰。——译者注

期后他们安全地回到曼彻斯特时,我们大家都如释重负地高兴地祝贺了他们。

卢瑟福本人很快地就被吸收参加了军事设计工作;他特别致力于发展追踪潜艇的声学方法,而教学生的工作则几乎完全留给了伊万士、马考沃和我。但是,卢瑟福仍然抽一些时间来继续进行他自己的开创性的工作,这种工作在战争结束之前就已经得出了如此伟大的结果;同时,他仍然一贯地对同事们的努力表示了同样的热烈兴趣。至于原子结构的问题,在1914年发表的弗朗克(Franck)和赫兹(Hertz)用电子碰撞来激发原子的那些著名实验,也给这种问题带来了新的冲击。

一方面,用汞蒸气作的这些实验给原子过程中阶梯式的能量传递提供了最显著的证据;另一方面,实验在表观上指示出来的汞原子电离能的值,却比依据汞光谱的解释所预期的电离能的一半还要小。因此,这就引导我们猜想,所观察到的电离并不是直接和电子碰撞有关,而是起源于电极上的一种伴随着的光电效应,这种效应是由汞原子当从第一受激态回到基态时所放出的辐射引起的。在卢瑟福的鼓励下,马考沃和我计划了一些实验来探索这一问题,而且,在本实验室的有能耐的德籍玻璃工人的协助下,制成了一个有着各式电极及各式栅栏的复杂的石英仪器;这个玻璃工人从前曾经替卢瑟福吹制过研究氦的形成问题的精致的α射线管。

卢瑟福曾经以其自由主义的人道态度,试图替这个玻璃工人申请批准,让他能够在战时留在英国继续工作,但是,这个人的脾气在他这一行匠人中也不是少见的,他发表了一些激烈的高度爱国的言论,后来终于被英国官方拘留了。于是,当我们的精致仪器在一次事故中因支架起火而损坏时，就没有人帮我们再制造一个了，而且，当马考沃不久也自愿参了军以后，这种实验就被放弃了。我几乎不用再说，这一问题已由大卫(Davis)和高西叶(Gauthier)于 1918 年在纽约做的光辉实验完全独立地解决了，他们得到了预期的结果；我提到我们的无结果的尝试，只是为了说明当时曼彻斯特实验室的工作所遇到的那种困难，这些困难很像妇女们居家过日子时所要应付的那种缺米无柴的情况。

但是，卢瑟福的坚持不懈的乐观主义对他周围的人们仍然起了最大的鼓舞作用，而且我还记得，在战争受到严重挫折时，卢瑟福曾经引证过据说是来源于拿破仑的一种说法，那就是说不可能战胜英国人，因为他们太蠢，以致连自己什么时候已经打输都不能理解。对我来说，被接受加入卢瑟福个人的一群朋友中间的每月讨论会，也是一种最可喜和最有启发性的经验；这些人包括哲学家亚历山大(Alexander)、历史学家陶特(Tout)、人类学家伊里亚特·斯密士(Elliot Smith)和化学家开姆·外兹曼(Chaim Weizmann)；三十年后，外兹曼成了以色列的第一任总统，卢瑟福对他的杰出人格是评价很高的。

1915 年莫斯莱在加里波里战役中不幸牺牲的可悲消息，对于我们大家是一次可怕的打击；他的死使全世界的物理学家感到了深切的哀痛，卢瑟福更是伤心得厉害，他本来曾经努力争取将莫斯莱从前线调到较安全的职位上的。

在 1916 年夏天，我的妻子和我离开曼彻斯特回到了丹麦；在那里，我被任命为新设立的哥本哈根大学理论物理学教授。尽管邮政通信越来困难越多，我和卢瑟福还是保持了不断的通信。在我这方面,我报告了和原子结构之量子理论的更普遍表示有关的工作进展,这种工作当时更加受到了前面已经提到的定态分类方面的发展的刺激。在这方面,卢瑟福对于我所能从欧洲大陆方面报道的任何新闻都很感兴趣,特别是我和索末菲及爱伦菲斯特的初次个人接触。在他自己的信中,卢瑟福也生动地描述了他怎样在与日俱增的困难和其他负担的压力下,尽力继续进行他在各方面的研究,例如,在 1916 年秋季,卢瑟福描写了他对有关硬 γ 射线吸收的某些可惊异结果的强烈兴趣,这种 γ 射线是由当时刚刚能够使用的高电压管产生的。

在次一年,卢瑟福越来越忙于研究利用高速 α 射线来产生核蜕变的可能性了,而在 1917 年 12 月 9 日的一封信中他已经写道:

> "我有时也抽出半日余暇来搞几个自己的实验,而且我想我已经得到了一些终于会证实为具有巨大重要性的结果。我很愿意您在这里,以便详谈。我正在探测并计数被 α 粒子碰得动了起来的较轻的原子,而且我想,所得的结果在很大程度上暴露了核附近的力的性质和分布。我也在试图用这种方法把原子打破。在一件事例中,结果似乎是有希望的,但是要确定下来还得做大量的工作。凯意(Kay)协助我,他现在是一个熟练的计数者了。"

一年以后,在 1918 年 11 月 17 日,卢瑟福用他的特有方式宣布了更进一步的进展:

> "我很愿意有您在这儿,以便和您讨论我在核碰撞方面所得某些结果的意义。我已经得到了某些我想是颇为惊人的结果,但是,要得到我的推论的肯定证明却还是一件繁重而冗长

的工作。数那些微弱的闪烁对于老年人的眼睛是很费劲的，但是，还是在凯意的协助下，我在过去四年间的空闲时间里仍然搞了大量的工作。”

在卢瑟福在1919年的《哲学杂志》上发表的著名论文中，包括了关于他在受控核蜕变方面的基本发现的说明；他在文中提到了他的老同事恩耐斯特·马斯顿于1918年11月到曼彻斯特的访问，马斯顿是在停战日*在法国退伍的。在他在曼彻斯特和盖革合作的过去岁月里，马斯顿曾经完成过引导卢瑟福发现了原子核的一些实验；利用他在闪烁实验方面的伟大经验，马斯顿协助卢瑟福澄清了高速质子的统计分布中的某些表观上的反常，这种质子是在用α射线轰击氮时被放出的。马斯顿从曼彻斯特回新西兰担任他自己的大学职务去了，但是，多少年来他仍和卢瑟福保持着密切的接触。

在1919年7月，当在停战日以后旅行又成为可能时，我到曼彻斯特去看卢瑟福，并且更详细地了解了他关于受控核嬗变或所谓人为核嬗变的伟大的新发现；通过这种发现，他创立了他喜欢称呼的“近代炼金术”，而且这种发现在时间过程中要在人对自然力的掌握方面引起如此惊人的后果。卢瑟福当时几乎是独自一个留在实验室中的，而且正如他在信中告诉我的，除了马斯顿的短期访问以外，对他那基本研究的唯一帮助就只有他那忠实的助手威廉·凯意了；多年以来，凯意因他的善良和帮助而受到了实验室中每一个人的喜爱。在我的访问中，卢瑟福也谈到了他必须作出的

* 11月11日为欧战停战日。——译者注

巨大决定，他被邀请担任因J.J.汤姆孙辞职而出缺的剑桥大学开文迪什教授。当然，在曼彻斯特过了这么多丰富的年月之后，决定离开这地方对卢瑟福来说是并不容易的，但是，他当然应该响应召唤，去把独一无二的开文迪什教授系列接续下去。

Ⅶ

从一开始，卢瑟福就在开文迪什实验室中在自己周围聚集了一大群杰出的研究工作者。一个最可注意的人物就是阿斯顿(Aston)，他多年以来就和J.J.汤姆孙在一起工作，而且在战时就已开始发展质谱仪方法了，这种发展后来导致了几乎每一种元素都有同位素存在的证实。给卢瑟福原子模型提供了如此有说服力的证据的这一发现，并不是完全出人意料的。人们在曼彻斯特的早期已经理解到，当按照化学属性排列元素次序时看到的原子量顺序中的表观不规则性就暗示着，甚至对于稳定元素说来，也不可能预期核电荷和核质量有一种单值的关系。在1920年1月间和2月间写给我的信中，卢瑟福表示了对阿斯顿的工作，特别是关于氯的同位素的工作的喜爱，这种工作如此清楚地显示了化学原子量对整数的偏差的统计特性。他也很幽默地评论了阿斯顿的发现在开文迪什实验室中引起的关于不同原子模型之相对优缺点的活跃争论。

属于往日的曼彻斯特集体的杰姆士·查德维克(James Chadwick)，从一开始就参加了卢瑟福所领导的开文迪什实验室的工作，他刚刚从德国的长期拘留中回国，在战争爆发时他是在柏林和盖革一起工作的;不论对于卢瑟福关于原子核的构造及蜕变的开创性工作的继续,还是对于这一巨大实验室的管理来说,查德维克的参加都是大有帮助的。在卢瑟福的早期剑桥时代的同事中,还有布拉开特(Blackett)和艾理士(Ellis),二人本来都在国防方面任职,艾理士是在德国被拘留时受到查德维克的影响而开始搞物理的。几年以后卡匹察(Kapitza)的到来使开文迪什集体进一步得到好处,他带来了很巧妙的设计,特别是产生未之前闻的强磁场的设计。在这一工作中,他从一开始就得到了约翰·考克劳夫(John Cockcroft)的协助;考克劳夫后来以其科学洞察力和技术洞察力的独特结合变成了卢瑟福如此杰出的同事。

在开始时,查理·达尔文和拉耳夫·否勒共同负责了开文迪什实验室活动的理论部分;在曼彻斯特的年代里,达尔文的数学洞察力曾经是如此有帮助的。在合作中,他们当时对统计热力学及其在天体物理学问题上的应用作出了重要贡献。在达尔文去了爱丁堡以后,直到第二次世界大战,否勒都是剑桥的主要的理论顾问和理论教师,他已经成为卢瑟福的女婿。否勒不但热情地参加了开文迪什的工作,而且还很快就得到许多有天赋的学生,这些学生深得否勒的启发之益。其中很突出的就是李纳-琼斯(Lennard-Joens)和哈特瑞(Hartree),二人都沿着各自的路线对原子物理学和分子物理学的发展作出了贡献;更突出的是狄喇克(Dirac),他从很年轻时就以自己的独一无二的逻辑能力而显得出类拔萃了。

自从我于 1916 年离开曼彻斯特以后,我当然就试图着应用在卢瑟福的实验室中获得的经验了;而且,我很感激地想起卢瑟福曾经怎样从一开始就亲切而有效地支持了我在哥本哈根创办一个研究所,以促进理论物理学家和实验物理学家之间的密切合作的那些努力。一个特殊的鼓励就是,早在 1920 年秋天,当研究所的建筑接近完工时,卢瑟福就抽出时间到哥本哈根访问了我们。为了表示尊重,哥本哈根大学授予他以名誉学位,而在这一场合下他发表了一篇最激动人的和最幽默的演讲,听讲的人很久很久都还记得这篇演讲呢。

对于新研究所中的工作有很大裨益的就是,在战后不久,我在曼彻斯特的老朋友乔治·赫维斯就参加到我们中间来了;在他在哥本哈根的二十多年的工作中,赫维斯在同位素示踪原子法的基础上进行了他那许多著名的物理化学的研究和生物学的研究。卢瑟福所深感兴趣的一个特殊事件,就是考斯特尔(Coster)和赫维斯应用莫斯莱的方法成功地找到了现在称为铪的未知元素,它的属性给元素周期表的解释提供了进一步的有力支持。杰姆士·弗朗克在实验室开幕时的一次访问,给一般的实验工作带来了一个很幸运的开端;他在以后的几个月中,在用电子轰击来激发原子光谱的精密技术方面极可感地教导了丹麦的同事们,这种技术是他和古斯塔夫·赫兹一起很巧妙地发展起来的。在许多曾经长期和我们在一起的杰出理论物理学家中,汉斯·克喇摩斯是其中最早的一个,他在战时作为一个很年轻的人来到哥本哈根,而且在他和我们一起工作的十年中间被证实为我们集体的无价之宝;直到 1926 年,他才离开本研究所的讲师职位,到乌得利支作教授去了。在克喇摩斯到达哥本哈根不久以后,又来了两个很有希望的青年人,即来自瑞典的奥斯卡·克莱恩(Oscar Klein)和来自挪威的斯外恩·罗西兰(Svein Rosseland),他们早在 1920 年就已通过指出所谓第二类碰撞而知名了；在这种碰撞中，原子受到电子轰击而从一个较高的定态进入较低的定态，而电子则获得较大速度。事实上，这种过程的发生对于保证热平衡来说是有决定意义的，这在某种方式上和被诱辐射跃迁相类似，那种跃迁在普朗克温度辐射公式的爱因斯坦推导中是起了不可缺少的作用的。关于第二类碰撞的考虑，对于阐明星体大气的辐射属性是特别重要的；在剑桥和否勒一起工作的萨哈（Saha），当时对这种阐明作出了非常基本的贡献。

泡利于1922年参加了哥本哈根研究所的集体，两年以后，海森伯也参加了；他们都是索末菲的学生，尽管还很年轻，他们却已经完成了最辉煌的工作。当我于1922年夏季到哥廷根讲学时，我认识了他们并对他们的非凡才能得到了深刻的印象；这次讲学开始了哥本哈根集体同玻恩（Max Born）和弗朗克领导的哥廷根集体之间的长久而有成果的合作。从很早的时候起，我们就和剑桥这一伟大中心保持了密切联系，特别是通过达尔文、狄喇克、否勒、哈特瑞、莫特（Mott）等人对哥本哈根的较长期的访问。

Ⅷ

在那几年中，通过来自很多国家的整整一代理论物理学家的独一无二的合作，一步一步地创立了经典力学和经典电动力学的一种逻辑上无矛盾的推广；那几年有时被描述为量子物理学上的英雄时代。看到概括物理经验方面的一种新前景如何通过不同处理方式的结合及适当数学方法的引入而逐渐显现出来，这对经历了这一发展的每一个人都是一种难忘的经验。在达到这一目的以前有很多障碍要克服,而且决定性的进步一再地是由我们中间某个最年轻的人得到的。

共同的出发点在于这样一种认识:尽管力学图景的应用给孤立原子或恒定外力下的原子的定态分类暂时提供了很大的帮助,但是很清楚,正如已经提到过的,一个基本上新的开端却是必要的。不但依据卢瑟福原子模型来描绘化合物电子构造的困难是越来越明显了,而且不可克服的困难也出现于详细说明光谱复杂性的任何企图中,而在氦的弧光谱的独特双线性中表现得尤其突出。

走向对应原理的更普遍表述的第一步,是由光学色散问题提供的。事实上,原子色散和谱线的选择吸收之间的密切关系,从一开始就暗示着一种对应性的处理方式;这种密切关系已由 R. W. 伍德(R. W. Wood)和 P. V. 贝万(P. V. Bevan)关于碱金属蒸气中的吸收和色散的巧妙实验如此优美地证实了。依据关于在原子体系定态间发生辐射诱发跃迁的统计定律的爱因斯坦表述,克喇摩斯于 1924 年在建立一个普遍色散公式方面得到了成功,该公式只涉及这些定态的能量以及它们之间的自发跃迁几率。这种理论经过克喇摩斯和海森伯进一步发展之后,甚至包括了新的色散效应,这种效应和在未受扰原子中并不出现的跃迁在辐射影响下出现的可能性有关,分子光谱中的喇曼效应(Raman effect)就是这种跃迁的一个类例。

不久以后,海森伯完成了一次具有根本重要性的进展;他在 1925 年引入了一种最为巧妙的表述形式,在这种表述形式中,超出渐近对应性以外的轨道图景的一切应用都被避免了。在这种大胆的观念中，力学中的正则方程仍在其哈密顿形式下被保留了下来，但是，各个共轭变量都被换成了一些服从非对易性算法的算符，那些算法中既涉及普朗克恒量又涉及$\sqrt{-1}$这个符号。事实上，通过将力学量表示成厄密矩阵，各矩阵元涉及定态间一切可能的跃迁过程，就发现有可能毫不含糊地导出这些定态的能量和有关的跃迁过程的几率。玻恩和约尔丹(Jordan)，同样还有狄喇克，都从一开始就对这种所谓量子力学的制订作出了重要的贡献；这种量子力学为许多原子问题的无矛盾的统计处理开辟了道路，这些问题过去一直是只能用一种半经验的方式来处理的。

对于这一伟大工作的完成来说，对最早由哈密顿强调过的力学和光学之间的形式类比的重视曾经是最有帮助和最有教育意义的。例如，指出了量子数在利用力学图景来对定态进行分类方面和波节数目在表征弹性媒质中可能的驻波方面所起的类似作用，L. 德布罗意在 1924 年就已经被引导着对自由物质粒子的性能和光子的属性进行了比较。特别能够说明问题的是他关于粒子速度和波包群速度的等同性的演证，该波包由波长介于一个很小区间中的许多成分组成，每一成分都联系着一个动量，其关系由光子动量和对应的辐射频率之间的爱因斯坦方程来表示。众所周知，这一对比的恰当性，不久就通过戴维孙(Davisson)和革末(Germer)以及乔治·汤姆孙(George Thomson)发现电子在晶体上的选择散射而得到了决定性的证实。

这一时期中登峰造极的事件，就是薛丁谔在 1926 年建立了一种更容易掌握的波动力学；在这种力学中，各个定态被设想为某一基本波动方程的本征解，该方程是通过将带电粒子系的哈密顿量看成一个微分算符而得到的,该算符作用在确定着体系位形的那些坐标的一个函数上。在氢原子的情况下,这一方法不但导致定态能量的惊人简单的确定,而且薛丁谔也已证明,任何两个本征解的叠加都对应于原子中电荷和电流的一种分布,按照经典电动力学,这种分布就将引起一种单色辐射的发射或共振吸收,而辐射的频率则和氢光谱的某一谱线频率相重合。

同样,把受到入射辐射扰动的原子的电荷及电流的分布,表示成确定着未受扰体系之可能定态集合的那些本征函数的叠加*,薛丁谔就能够解释原子对辐射的色散的基本特点。特别有启发性的是按这种方式推导了关于康普顿(Compton)效应的定律;这一效应虽然给爱因斯坦关于光子的创见提供了突出的支持,但起初却给对应性的处理带来了明显的困难;这种处理企图将能量及动量的守恒和把过程分成两个独立步骤的做法结合起来,那两个步骤就是辐射的吸收和发射,和原子体系定态之间的辐射跃迁相类似。

这种论证蕴涵着和经典电磁场论中的叠加原理相类似的一种叠加原理的应用,这种原理只是隐含地包括在量子力学的矩阵表述中的;对于这种论证的广阔适用范围的上述认识,意味着原子问题的处理方面的一大进步。但是,从一开始就很清楚,比起对应原理所意识到的统计描述来,波动力学并不指示着对于经典物理学处理方式的任何较缓和的修订。例如,当薛丁谔在1926年到哥本哈根进行访问时,他曾经就他那美妙工作对我们作了给人以深刻

---

* 这就是量子力学中的一种"微扰法"。——译者注

印象的说明，我记得我们是怎样和他辩论的：不考虑量子过程之个体性的任何程序，是绝不能说明普朗克关于热辐射的基本公式的。

尽管原子过程的基本特点和经典共振问题的基本特点之间有着引人注意的类似性，但是，确实必须注意，在波动力学中，我们所处理的是一般并不取实数值而是必须用到 $\sqrt{-1}$ 这一符号的一些函数，这正如量子力学的矩阵一样。而且，当处理不止包含一个电子的原子的构造或处理原子和自由带电粒子之间的碰撞时，态函数并不是在普通空间中而是在一个位形空间中表示出来的，该空间的维数等于整个体系的自由度数。由波动力学得到的物理推论在本质上是统计性的，这种统计性通过玻恩对普遍碰撞问题的光辉处理而终于得到了澄清。

两种不同数学表述形式的物理内容的等价性，被变换理论所完全阐明了；这种理论是由在哥本哈根的狄喇克和在哥廷根的约尔丹所独立地表述出来的，它在量子物理学中引入了换变量的可能性，和经典动力学运动方程在哈密顿提出的正则形式下的对称特性所提供的可能性相类似。在表述包括光子概念的量子电动力学时也会遇到类似的情况。这一目的是在狄喇克的辐射量子理论中初次达到的，这种理论将场的谐振分量的周相和振幅当作非对易的变量来处理*。众所周知，在约尔丹、克莱恩和维格纳(Wigner)的进一步巧妙贡献以后，这一表述形式在海森伯和泡利的工作中得到了基本上的完成。

量子物理学数学方法的威力和范围的一个特殊例证，是由关

---

* 即所谓“二次量子化”。——译者注

于等同粒子系的奇特量子统计学提供的;在这种粒子系中我们遇到一种像作用量子本身一样超出经典物理学之外的特色。事实上,任何需要用到玻色-爱因斯坦统计学或费密-狄喇克统计学的问题,在原理上都排斥形象化的说明。特别说来,这一情况就给泡利不相容原理的表述留下了余地;这一原理不但提供了门捷列夫表的周期性关系的最后阐明,而且在以后的年代中也被证实为对于理解物质原子构造的各式各样的方面都是很有用的。

海森伯在 1926 年对氦光谱的双线性的巧妙解释,对于澄清量子统计学的原理作出了基本贡献。事实上,正如他所证明的,具有两个电子的原子,其定态的集合包括着对应于对称空间波函数和反对称空间波函数的两个不相并合的组,这两种波函数分别和电子自旋的反向取向及平行取向相联系。不久以后,海特勒(Heitler)和伦敦(London)成功地沿相同路线解释了氢原子中的键合机制,并从而开辟了理解同极化学键的道路。正如莫特所证明的,甚至卢瑟福关于原子核对带电粒子的散射的著名公式,当应用于等同粒子例如质子和氢核或 α 射线和氦核之间的碰撞时,也必须进行重大的修改。然而,在重核对高速 α 射线的大角散射的实际实验中,我们却是很好地在经典力学的适用范围内研究问题的,而卢瑟福就是从这种实验得出了他的根本性的结论。

人们与日俱增地应用了越来越精密的数学抽象,以保证原子现象的说明中的无矛盾性;在 1928 年,这种应用在狄喇克关于电子的相对论性量子理论中达到了暂时的高潮。例如,对于处理电子自旋的概念,达尔文和泡利是有过重要贡献的,而这种概念现在很谐和地被包括在狄喇克的旋量分析学中了。然而,最重要的是,联系到安德孙(Anderson)和布拉开特关于正电子的发现,狄喇克理论准备了关于存在同质量的正、反粒子的认识;这种正、反粒子具有异号电荷和相对于自旋轴的相反的磁矩取向。众所周知,我们在这里遇到了一种发展,它以一种新颖的形式恢复了和扩大了曾经作为经典物理学处理方式的基本概念之一的那种空间各向同性和时间可逆性。

我们关于物质的原子构造的知识,以及可以用来获得并整理这种知识的方法,都得到了奇妙的进步;这种进步,确实已经领着我们远远地超出了决定论的形象描述,这种描述曾经被牛顿和麦克斯韦弄得十分完善。紧紧地追随着这种发展,我曾经常常有机会想到卢瑟福关于原子核的创始性发现的重大影响,这种发现在每一阶段都对我们提出了如此有力的挑战。

Ⅸ

在卢瑟福以其不倦的精力在开文迪什实验室工作的全部长久而丰富的年月里,我常常来到剑桥,在那里,我应卢瑟福的邀请作了很多关于理论问题的系统演讲,其中也包括关于量子理论发展的认识论含义问题的演讲。在所有的这些场合下,感觉到卢瑟福在追随这一研究领域中的进步时的那种广阔的胸怀和强烈的兴趣,都永远对人是一种巨大的鼓舞;这一研究领域是他自己所大大开拓了的,而这一领域的扩大竟然带领着我们远远地超出了在较早阶段曾经限制我们视野的那种地平线。

确实,人们广泛地应用了抽象数学方法来适应迅速增长着的关于原子现象的资料,这就使整个的关于观察的问题越来越显得重要了。这一问题在其根源方面是和物理科学本身一样古老的。例如,将实物的特定属性的解释建筑在一切物质的有限可分性上的古希腊哲学家们,认为我们的感官的粗糙性,理所当然地会永远阻止对个体原子的直接观察。在这种方面,通过云室和计数机构之类的放大装置的制造,在我们的时代情况已经迅速改变了;上述计数机构原来就是由卢瑟福和盖革联系到他们对 α 粒子的数目及电荷的测量而发展起来的。但是,正如我们已经看到的,对于原子世界的探索,注定要揭露普通语言中所包括的那种描述方式的固有局限性;这种普通语言,是为了适应环境和说明日常生活中的事件而发展起来的。

按照和卢瑟福的整个态度相适应的说法,我们可以说,进行实验的目的就是对大自然提出问题,而且,卢瑟福在这种工作方面的成功,当然就是由于他那种塑造问题以便能够得出最有用的答案的直觉。为了使问题能够扩大共同的知识,一个明显的要求就是:观测结果的记录以及确定实验条件所必需的仪器的构造和用法,都必须用平常语言来描述。在实际的物理研究中,这一要求是通过应用光阑和照相底片之类的物体来确定实验装置而大大得到满足的;这些物体是如此地大而且重,以致它们的运用可以用经典物理学来说明,尽管构成仪器的材料也和构成我们自己身体的材料一样,其属性当然在本质上依赖于作为该材料之组成的原子体系的构造和稳定性,而这种构造和稳定性是不能用经典物理学来说明的。

普通经验的描述,当然是以现象进程在空间和时间中的无限可分性以及借助于原因和结果等说法将一切步骤连成一个不间断的链条为前提。归根结底，这种观点是以我们的感官的精密性为依据的；为了有所感觉，我们的感官要求和所考察的客体发生如此小的相互作用，它小得在通常情况下对事件的进程没有可觉察的影响。在经典物理学的大厦中，这一形势在下述假设中得到理想化的表达：客体和观测工具之间的相互作用可以忽略不计，或者起码可以加以补偿。

然而，以作用量子为其象征的完全超出经典物理学原理之外的整体性要素，却具有这样一种后果：在研究量子过程时，任何的实验探索都蕴涵着原子客体和测量工具之间的一种相互作用；这种相互作用虽然对于表征现象是必不可少的，但是，如果实验应该完成给我们的问题得出无歧义答案的任务，那么这种相互作用就是不能[和现象本身]分开来加以说明的。确实，正是对于这一形势的认识，才使得在预期同一实验装置中的个别量子跃迁是否发生时不得不应用统计描述方式；正是对于这一形势的认识，才消除了在互斥的实验条件下观察到的那些现象之间的任何表观矛盾性。不论初看起来这些现象可能是如何的对立，但是，必须意识到，它们在下述意义上是互补的：它们的总和就详尽无遗地包罗了可以无歧义地用普通语言来表达的关于原子客体的一切知识。

互补性这一概念，并不蕴涵着任何足以限制我们的探询范围的对详尽分析的背弃，而只是强调着任何一种经验领域中的不依赖于主观判断的客体描述的特性，在该种经验领域中，无歧义的传达不可避免地要涉及获得资料时所处的情况。在逻辑方面，这样一种形势在关于生理学问题和社会问题的讨论中是人所共知的；

在那种讨论中,很多字眼从语言刚刚起源时就是在一种互补的方式下被应用着的。当然,我们在这里常常处理一些品质,它们并不适用于作为所谓严密科学之特征的定量分析,而按照伽利略的纲领,严密科学的任务就是将全部描述建筑在明确定义的测量上。

尽管数学总是对这种任务提供很大帮助,但是必须知道,数学符号和数学运算的定义本身就建筑在普通语言的简单的逻辑应用上。事实上,数学不应该看成是以经验的积累为基础的一种特殊的知识分支,而应该被看成是普通语言的一种精确化,这种精确化给普通语言补充了适当的工具来表示一些关系,对这些关系来说,普通的字句传达是不精确的或过于纠缠的。严格说来,量子力学和量子电动力学的数学表述形式,只不过给推导关于观测的预期结果提供了计算法则,这些结果是在用经典物理学概念来确定的明确定义的实验条件下得到的。这一描述的详尽无遗性,不但依赖于表述形式所提供的以任何可以设想的方式来选择这些条件的自由,而且也同样依赖于下述事实:为了完备起见,所考虑的各种现象的定义,本身就蕴涵着观察过程中的一种不可逆要素,它强调了观察概念本身的基本上不可逆的性质。

当然,量子物理学中的互补说明中的一切矛盾,事先就都已被数学方案的逻辑一致性所排除了,这种数学方案保证了对应关系的每一要求。但是,认识到确定任何两个正则共轭变量时的反比性的变动范围,却是走向阐明量子力学中的测量问题的决定性步骤;这种变动范围表示在海森伯于1927年表述出来的测不准原理中。确实,问题变得很明显了:非对易算符对各物理量的形式化表示,直接地反映了一些操作之间的互斥关系,而有关物理量就是通过这些操作来定义、来测量的。

为了熟悉这一形势，需要对这种论证的许多很不相同的实例进行详尽的处理。尽管量子物理学中的叠加原理有着推广的意义，但是，在瑞利对于显微镜成像的精确度和光谱仪器的分辨本领之间的反比关系的经典分析中，却多次地找到了更详细地研究观察问题的重要指导。在这方面，达尔文对于数理物理学方法的精通曾多次被证实为极有帮助。

不论我们多么赞赏普朗克在引入普适"作用量子"概念时的幸运的选词，不论我们多么赞赏"内禀自旋"概念的启发价值，我们总是必须意识到，这样一些概念只涉及明确规定的实验资料之间的关系，这种资料是不能用古典描述方式来加以概括的。事实上，用通常物理学单位表示着量子值或自旋值的那些数字，并不是直接地关系到经典地定义了的作用量或角动量的测量，而是只有通过量子理论的数学表述形式的无矛盾应用才能得到逻辑的解释的。特别说来，讨论得很多的用普通磁强计来测量自由电子的磁矩的不可能性，是直接可以从下述事实看出的：在狄喇克理论中，自旋和磁矩并不是基本哈密顿运动方程的任何改变的结果，而是作为算符计算法的奇特的不可对易性的后果而出现的。

互补性和测不准性这两个概念的适当诠释问题，并不是没有经过活跃的争论、特别是1927年和1930年的索耳威会议上的争论就解决了的。在这些场合，爱因斯坦用他那灵妙的批评对我们进行了挑战，他的批评特别地启发了我们，使我们对仪器在测量过程中所占的地位进行了更详细的分析。不可挽回地排除了回到因果性形象描述的可能性的决定性的一点，是这样一种认识：无歧义地应用动量和能量的普遍守恒定律的范围,从根本上受到一种情况的限制,那就是,使我们能够在空间和时间中定位原子客体的任何实验装置,蕴涵着对固定标尺和校准时钟的一种在原理上无法控制的动量和能量的传递,而这种标尺和时钟是定义参照系所不可缺少的。量子理论的相对论表述的物理诠释,归根结底是以一种可能性为依据的,那就是,在宏观测量仪器的使用说明中,相对论的一切要求都可以得到满足。

这种情况,在关于电磁场分量的可测量性的讨论中得到了特别的阐明;这种讨论是由朗道(Landau)和排尔斯(Peierls)作为反对量子场论之无矛盾性的一种严重论证而掀起的。事实上,我和罗森菲耳德(Rosenfeld)一起进行的详细研究证明,如果适当照顾到测定电场强度值和磁场强度值同指定场的光子组成之间的互斥性,理论在这方面的一切预见就都是可以应验的。在正电子理论中也遇到类似情况;在这种理论中,任何适用于测量空间电荷分布的装置都必然地蕴涵着电子偶的不可控制的产生。

电磁场的典型的量子特色并不依赖于时空尺度,因为两个基本恒量(光速 c 和作用量子 h)不会使我们能够确定任何具有长度量纲或时间量纲的量。然而,相对论性的电子理论却牵涉到电子电荷 e 和电子质量 m,而且现象的本质特征是限制在线度数量级为 h/mc 的空间中的。然而,这一长度比“电子半径”e^2/mc^2 还是大得多的,这种电子“半径”确定着经典电磁理论概念的无歧义应用的界限;这种事实就暗示着:量子电动力学仍然有着广阔的适用范围,尽管它的很多推论并不能应用涉及那样一些测量仪器的实际实验装置来检验;各该仪器足够大,以致可以略去它们的构造和使用中的统计性因素。这样一些困难,当然也会阻止对于物质基本成分的近距离相互作用的任何直接探索(这些基本成分的数目已经由于近来的发现而大大地增加了),从而当探索它们之间的关系时我们必须准备遇到超出目前量子理论范围的新的处理方式。

几乎用不着强调,这样一些问题并不出现于以卢瑟福原子模型为依据的对物质的普通的物理属性和化学属性的说明中;在分析这些属性时,只会用到成分粒子的明确定义的特征。在这里,互补描述确实对我们从一开始就遇到的原子稳定性问题提供了一种适当的处理方式。例如,光谱规律性和化学键的解释,就涉及一些实验条件,而这些实验条件就和允许我们准确地控制原子体系中个体电子的位置和位移的那些实验条件是互斥的。

在这方面,决定重要的是意识到,化学中结构式的有成果的应用,仅仅建筑在这样一件事实上:原子核比电子重得多,因此,和分子线度比较起来,核的位置的不准度是大大可以忽略的。当我们回顾整个的发展过程时,我们确实会认识到,关于原子质量集中在远小于原子大小的区域中的发现,曾经是理解某一巨大经验领域的一个线索,这一领域既包括着固体的结晶结构,也包括着携带生命机体遗传特性的那些复杂的分子体系。

众所周知,量子理论的方法,对于阐明有关原子核本身的构造及稳定性的许多问题也是绝对重要的。关于这样一些问题的某些发现得较早的方面,我在继续论述我对卢瑟福的回忆时将有机会谈到,但是,企图详细叙述由现在一代实验物理学家和理论物理学家的工作所带来的对于内在核结构的迅速增长的洞察,那是会超出这一卢瑟福纪念演讲的范围的。这一发展,确实会使我们中间年纪较大的人想起在卢瑟福的基本发现以后的起初几十年中对于原子的电子构造的逐步澄清。

X

当然,每一个物理学家都熟悉那一大串辉煌的研究,通过这些研究,卢瑟福扩大了我们对于原子核的属性及构造的洞察,直到他逝世为止。因此,我将仅仅提到我关于那几年的几点回忆;在那几年中,我常常有机会追随开文迪什实验室中的工作,并通过和卢瑟福交谈而理解到他的观点的倾向,以及他和他的同事们所致力的那些问题。

卢瑟福很早就以他的深透的直觉认识到由复杂原子核的存在及其稳定性所带来的那些奇异的和新颖的问题。事实上,早在曼彻斯特时代他就已经指出,这些问题的任何处理都要用到核成分之间的短程力的假设,这种力是和带电粒子之间的电力有着本质的不同的。为了进一步搞清楚这些特殊的核力,卢瑟福和查德维克在剑桥时代的早期就彻底地研究了近核碰撞中的反常 α 射线散射。

虽然在这些研究中得到了许多很重要的新资料,但是人们却越来越感到,为了更广泛地研究原子核问题,天然 α 射线源是不够的,因而就想获得由人工加速离子而产生的可用的大强度的高能粒子注。虽然查德维克急切地要求开始建造一个适用的加速器,卢瑟福却在很多年内不愿意在他的实验室中搞这样一件巨大的和费钱的事业。当人们考虑到卢瑟福一直是借助于很平常的实验设备来得到奇妙的进步时，他这种态度就是完全可以理解的了。在当时看来，和天然的放射源相竞争的工作想必也是很可怕的。然而，这种前景被量子理论的发展及其对原子核问题的初次应用所改变了。

早在 1920 年，卢瑟福本人就曾在他的第二次巴克尔演讲(Bakerian Lecture)中指出，尽管简单的力学概念在解释 α 粒子被核所散射时是很有用的，但是依据简单的力学概念来解释 α 射线被核所发射时却会遇到困难，因为放出的粒子速度不够大，以致当它们反向运动时不能反抗电斥力而重新进入核内。然而，粒子穿透势垒的可能性很快就作为波动力学的推论而被认识到了，而且，在 1928 年，在哥廷根工作的伽莫夫(Gamow)，同样还有普林斯顿的康顿(Condon)和哥尔内(Gurney)，就在这种基础上提出了 α 衰变的普遍解释，甚至提出了核寿命和所发现的 α 粒子的动能之间的关系的详尽说明，这是同盖革和努塔耳(Nuttall)在曼彻斯特早期所发现的经验规律相符的。

当伽莫夫在 1928 年夏季来到哥本哈根并参加了我们的集体时，他正在研究带电粒子通过逆隧道效应而透入核中的问题。他曾经在哥廷根开始了他的工作，并和霍特曼(Houtermans)及阿金孙(Atkinson)讨论过这个问题；结果，阿金孙就被引导着提出了这样的建议：太阳能可以归结于由具有巨大热运动速度的质子的碰撞所引起的核嬗变，而按照爱丁顿(Eddington)的见解，是应该期望太阳内部存在着这样的质子的。

在 1928 年 10 月，伽莫夫到剑桥作了一次短期的访问，他和考克劳夫讨论了从他的理论考虑得出的实验前景；考克劳夫经过更仔细的估计后确信,用能量远小于天然放射源所发出的 α 粒子能量的质子来轰击轻核,有可能得到可观察的效应。由于这种结果显得很有希望,卢瑟福接受了考克劳夫为这种实验建造一个高压加速器的建议。考克劳夫在 1928 年的年底开始了制造这一仪器的工作,并且在第二年在和瓦耳顿(Walton)的合作下继续进行了。他们在 1930 年 3 月间用加速了的质子做了起初的几个实验,在这些实验中他们希望得到作为质子和靶核相互作用的结果而发出的 γ 射线,但是实验没有得出结果。当时由于改换实验室的关系必须重建这种仪器,而众所周知,由质子撞击锂核而产生的高速 α 粒子是在 1932 年 3 月间得到的。

这些实验开始了一个最重要进步的新阶段,在这一阶段中,不论是我们关于核反应的知识还是对于加速器技术的掌握都逐年地迅速增长了。考克劳夫和瓦耳顿的早期实验,就已经在很多方面给出了有很大意义的结果。他们不但在一切细节方面证实了量子理论关于反应截面和质子能量之间的函数关系的预言,而且也已经有可能将所发射的 α 射线的动能和参加反应的粒子的质量联系起来了;感谢阿斯顿对质谱学的天才发展,这些粒子的质量当时已经知道得足够精确了。事实上,这种比较就给著名的能量和质量之间的爱因斯坦关系式提供了初次的实验检验,这种关系式是爱因斯坦在多年以前通过相对论的论证而得出的。几乎用不着重述,在原子核研究的进一步发展中,这一关系式曾被证实为何等的基本。

关于查德维克发现中子的故事,也表现了同样的戏剧性特色。卢瑟福以其特有的远大眼光,很早就预料到核中存在着一种重的中性的成分，其质量和质子质量接近相等。后来问题逐渐变得清楚起来，这种见解确实可以解释阿斯顿关于同位素的发现；差不多一切元素都有同位素，各同位素的原子量很近似地等于氢原子量的倍数。联系到他们对各种类型的由 α 射线诱发的核蜕变的研究，卢瑟福和查德维克对于存在这种粒子的证据进行了广泛的寻索。然而，通过玻特（Bothe）和约里奥-居里（Joliot-Curie ）夫妇对于由 α 粒子轰击铍而得到的一种穿透性辐射的观察，问题就达到了高潮。起初这种辐射被假设为属于 γ 射线类型，但是，查德维克是完全熟悉辐射现象的形形色色的方面的，他清楚地感到实验资料和这种观点不能相容。

事实上，在一种精巧的研究中揭示了现象的一些新特色，查德维克依据这种研究就能够证明，人们所遇到的是通过中性粒子进行的动量交换和能量交换；按照他的测定，这种粒子的质量和质子质量相差不到千分之一。由于中子比带电粒子更容易不将能量传给电子而穿透物质和进入原子核，查德维克的发现就提供了产生新型的核嬗变的巨大可能性。这种新效应的某些最有兴趣的事例，很快就由菲则（Feather）在开文迪什实验室中演示出来了，他得到了表明氮核通过中子轰击而在放出 α 粒子时发生蜕变的云室照片。众所周知，在很多实验室中沿这种路线继续进行的研究，很快地增加了我们关于核构造和核嬗变过程的知识。

在 1932 年春季，我们在哥本哈根研究所召开了一年一度的会议，在这种场合我们一向有幸看到很多我们的老同事；在这次年会上，主要的讨论题目之一当然就是发现中子的含义，而出现的一个特殊问题就是一种表观上很奇异的情况：在狄（Dee）的美丽的云室图片中，没有观察到中子和原子中束缚电子之间的任何相互作用。与此有关，我们提出了这样的论点：由于量子力学中散射截面对碰撞粒子的约化质量的依赖性，这一事实看来甚至和关于中子、电子间的短程相互作用的假设都不相容，该假设认为这种相互作用和中子、质子间的相互作用强度相近。几天以后，我得到卢瑟福一封信，这封信偶然地接触到了这一问题；我止不住地要把这封信的全文引述如下：

1932年4月21日

亲爱的玻尔：

否勒已回剑桥，我很高兴地从他那里听到关于你们的近况，并知道你们和老朋友们开了一个很精彩的会。听到你的中子理论，我很感兴趣。我看到《曼彻斯特卫报》的科学通信员克罗塞很精致地描述了这种理论，他对这种事情是很有理解力的。听到你对中子有好感我很高兴。我想，查德维克等人得到的支持中子的资料，现在在主要方面已经完备了。除了和原子核的碰撞以外，将要产生或应该产生多大电离才能说明吸收现象，这还是一个有待讨论的问题。

"不雨则已，雨必倾盆"，因而我要告诉你另一个有趣的发展；关于这种发展，在下周的《自然》上将发表一篇短讯。你知道，我们有一个高电压实验室，在那里很容易得到600000伏或更高一些的直流电压。他们最近正在检查用质子轰击轻元素的效应。质子射在和管轴成45°角的物质表面上，所产生的效应则在旁边用闪烁法进行观察，硫化锌荧光屏用足够的云母遮盖了起来，以阻止质子。在锂的情况下，观察到很亮的闪光，闪光从大约 125000 伏的电压下开始而随电压很快地增加；用几个毫安的质子流可以得到每分钟若干百次的闪光。α 粒子显然有一个确定的、实际上依赖于电压的射程，在空气中其射程为 8 厘米。所能提出的最简单的假设就是，锂 7 俘获一个质子而分裂成两个普通的 α 粒子。按照这种观点，所释放的总能量大约是 16 兆伏，而在能量守恒的假设下这对于所涉及的质量改变也恰恰是正确的数量级。

以后将做些特定的实验来检验粒子的本性，但是，根据闪光的亮度和云室中的径迹看来，它们或许是 α 粒子。在最近几天的实验中，在硼和氟中也观察到了同样的效应，但是粒子的射程较小，虽然它们显得像是 α 粒子。很可能，硼 11 俘获一个质子而分裂成三个 α 粒子，而氟则分裂成氧和 α 粒子。能量的改变量是差不多和这些结论相适应的。我确信您对这些新结果一定很感兴趣，我们希望在不久的将来还要扩大这些结果。

很清楚，α 粒子、中子和质子可能会引起不同类型的蜕变，而迄今为止只在质量数为 $4n+3$ 的元素中观察到结果，这也可能是很有意义的。看来好像第四个质子的加入会立刻导致一个 α 粒子的形成并导致随之而来的蜕变。然而，我设想，整个问题应该看成一个过程的结果而不是几个步骤的结果。

我很高兴，为得到高电压而付出的精力和费用已经通过确定的和有兴趣的结果而获得报偿了。事实上，他们在一两年前就应该已经观察到这种效应了，但他们没有按照正确的方法进行试验。您可以很容易地理解到，这些结果可能打开一条普遍地研究嬗变的广阔路线。

我们家中都很好，而我明天就要开始讲课了。谨向您和玻尔夫人致意。

卢瑟福谨启。

铍显示了某些奇特的效应——尚待确定。

我可能于4月25日星期四在皇家学会关于原子核的讨论中提到这些实验。

当然，在阅读这封信时必须记得，以前我到剑桥的那些访问已使我熟悉了开文迪什实验室中正在进行的工作，从而卢瑟福没有必要特别指明他的同事们的个人贡献。这封信确实很自发地表现了他在当年那些伟大成就中所获得的完满喜悦，表现了他在追求这些成就的后果方面的热切心情。

XI

作为一个真正的开创者，卢瑟福从来不仅仅依靠直觉，不论直觉能带他走多远；他永远不忘寻求可以导致出人意料的进步的那种知识的新来源。例如，也是在剑桥，卢瑟福和他的同事们用巨大的精力和不断改进的仪器继续研究了关于α衰变和β衰变的放射过程。卢瑟福和艾理士关于β射线谱的重要工作，揭示了明白区分核内效应同β粒子和外围电子系的相互作用的可能性，并且导致了关于内变换机制的阐明。

而且，艾理士关于直接由核放出的电子的连续能谱分布的演证，掀起了一个有关能量守恒的难以捉摸的问题；这一问题终于被泡利关于同时发射一个中微子的大胆假说所回答了，这种假说给费密关于 β 衰变的巧妙理论提供了基础。

通过卢瑟福、维恩-威廉士（Wynn-Williams）等人在测量 α 射线谱的精确度方面进行的巨大改进，这种射线谱的精细结构以及它们和由 α 衰变而得到的剩余核的能级的关系，都得到了大大的揭示。早期阶段的一个特殊的进展，就是 α 射线对电子的俘获的发现；在 1922 年亨德孙（Henderson）对此现象的第一次观察以后，卢瑟福就在他的最精通的研究之一中对这种俘获进行了探索。众所周知，带来了这么多关于电子俘获过程的知识的这一工作，在卢瑟福逝世几年以后即将吸引新的注意；那时，随着中子撞击所引起的重核裂变过程的发现，研究高度带电的核碎片在物质中的穿透就变得特别重要了；在这种研究中，电子俘获是一种主要的特色。

不论是从一般前景还是从实验技术来看，巨大的进步是从 1933 年菲德利·约里奥（Frédéric Joliot）和爱伦·居里（Iréne Curie）的所谓人工 β 放射性的发现开始的，这种放射性是由 α 射线轰击所引起的核嬗变产生的。我几乎用不着在这儿重述，通过恩瑞科·费密（Enrico Fermi）对由中子诱发的核嬗变所进行的光辉的系统研究，发现了许多种元素的放射性同位素并得到了关于由慢中子俘获所引起的核过程的大量知识。特别是这种过程的继续研究揭示了最引人注意的共振效应，其尖锐度远远超过由包斯（Pose）首次观察过的 α 射线所诱发的反应的截面中的峰值尖锐度，而且，伽莫夫立刻就使卢瑟福注意了哥尔内依据势阱模型对此现象所作的解释。

布拉开特用其巧妙的自动云室技术进行的观测已经证明，在卢瑟福用有关人工核蜕变的原始实验研究过的那种过程中,入射的 α 粒子就是留在质子逸出后的剩余核中的。现在问题变得很清楚,在一个很大的能量范围中,一切类型的核嬗变都要经过分划得相当开的两步。其中第一步是形成一个寿命较长的复核,而第二步则是释放复核的激发能,这一步是各种可能的蜕变方式和辐射过程彼此竞争的结果。卢瑟福对它很感兴趣的这种观点,就是我在1936年应卢瑟福的邀请在开文迪什实验室所作最后一次系统演讲的主题。

在卢瑟福于1937年逝世以后,不到两年,他在蒙特利耳时的老朋友和老同事,当时和弗里茨·斯特拉斯曼(Fritz Strassmann)在柏林一起工作的奥托·哈恩(Otto Hahn),就发现了最重元素的裂变过程,而这一发现就开始了一种新的戏剧性的发展。紧接在这一发现之后,当时在斯德哥尔摩和哥本哈根工作而现在则都在剑桥工作的丽丝·迈特纳(Lise Meitner)和奥托·弗里什(Otto Frish)就对这一现象的理解作出了重要的贡献;他们指出,高电荷核的稳定性的临界减低,乃是核组分间的内聚力和静电斥力相平衡的一种简单后果。我和惠勒(Wheeler)合作进行的对裂变过程的更详细的研究已经证明,该过程的很多特征,都可以借助于以复核的形成作为第一步的那种核反应机制来加以说明。

在卢瑟福一生的最后几年中,他和马尔卡斯·奥里凡(Marcus Oliphant)成了同事和朋友,后者本人的一般态度和工作能力都是使我们非常想念的。在那时候,尤里(Urey)发现了重氢同位素 ^2H 或氘,而劳伦斯(Lawrence)则建造了回旋加速器并在用氘核注引起的核蜕变的初期研究中得到了一些惊人的新效应;这些都开辟了进行研究的新的可能性。在卢瑟福和奥里凡的经典性实验中，他们在用质子和氘核轰击分离出来的锂同位素时发现了^{3}H或氚，并发现了^{3}He；在这些实验中，确实已经给应用热核反应来将原子能源的全部指望付诸实现的那种精力充沛的现代企图奠定了基础。

从他刚刚开始研究放射性时起，卢瑟福就敏锐地认识了这些研究在许多方向上打开的广阔前景。特别说来，他很早就对估计地球年龄和理解地壳热平衡的可能性深感兴趣。尽管当时还不能为了技术的目的而释放核能，但是，能够在生前看到对于一向未知的太阳能源所作的解释已经作为自己所开始的那种发展的结果而在远方出现，这对卢瑟福想必是一种巨大的满足吧！

XII

当我们回顾卢瑟福的一生时，我们当然是在他的划时代科学成就的独一无二的背景上来理解它的，但是，我们的回忆将永远受到他人格的魅力的照耀。在较早的那些纪念演讲中，卢瑟福的很多最亲密的同事曾经提到从他的精力和热诚中放射出来的灵感，提到他的冲动态度的魅力。事实上，尽管卢瑟福的科学活动和行政活动有着很大的和迅速增长的范围，但是，我们大家在早期曼彻斯特时代如此欣赏的那种精神，在开文迪什也是同样占着统治地位的。

关于卢瑟福从童年到晚年的丰富生活的一个忠实写照，已经由他的蒙特利耳时期的老友 A. S. 伊伍（A. S. Eve）写成了。伊伍书中引自卢瑟福数量惊人的通信中的那很多引文，特别使人对于他和全世界的同道及学生们的关系得到一个生动的印象。伊伍也很成功地报道了经常在卢瑟福周围生长起来的某些幽默的故事，而当卢瑟福于1932年第二次亦即最后一次到哥本哈根访问我们时，我曾经在一次演讲中提到这种故事；那篇演讲也重印在伊伍的书中了。

作为卢瑟福整个态度的特征的，是他对曾经和他在短期或长期内接触过的许多青年物理学家中的每一个都表示热烈的兴趣。例如，我生动地记得我在开文迪什的卢瑟福办公室中和年轻的罗伯特·奥本海末(Robert Oppenheimer)初次相遇时的情况；奥本海末后来是和我发生了非常亲密的友谊的。事实上，在奥本海末进入办公室以前，卢瑟福已经用他对于才能的敏锐感觉描述了这一年轻人的丰富天赋；在时间过程中，这种天赋为奥本海末创造了他在美国的科学生活中的显著地位。

众所周知，在访问剑桥以后不久，奥本海末当在哥廷根学习时就已成为让人们注意到粒子穿透势垒这一现象的最早人物之一；这种现象以后要成为伽莫夫等人对 α 衰变的巧妙解释的基础。伽莫夫在哥本哈根停留了一段时期以后，于1929年到了剑桥，在那儿，他对解释核现象所作的持续贡献得到了卢瑟福的很高评价；他也很欣赏伽莫夫在日常交往中所保持的那种奇妙而轻松的幽默，后来伽莫夫在他的著名的通俗书籍中充分地表现了这种幽默。

在当时在开文迪什实验室工作的很多从外国来的青年物理学家中，色彩最鲜明的人物之一就是卡匹察，卢瑟福对他作为一个物理工程师的那种想象力和才能大为赞赏。卢瑟福和卡匹察之间的关系，对他们两人都是很有特征性的，而且，尽管不可避免地在情感上有些冲突，但是这种关系自始至终都以深深的互相钟爱作为标志。在卡匹察于 1934 年回到俄国以后，卢瑟福仍然努力支持他的工作，隐藏在这种支持的后面的也正是上述那些感情；而在卡匹察一方面，在卢瑟福逝世以后我接到他的一封信，这封信也很动人地表达了那些感情。

在本世纪三十年代的初期，为了实施卡匹察的很有希望的计划，在卢瑟福的倡议下作为开文迪什实验室的附属单位建立了蒙德实验室；当时，卡匹察希望在该实验室的装饰上表现他在和卢瑟福的友谊中得到的喜悦。但是，外壁上的一个鳄鱼雕像却引起了议论，只有当提到有关动物生活的特殊的俄国民间故事时，这些议论才得以平息*。然而，最重要的是，放在门廊中按照伊瑞克·吉耳(Eric Gill)的艺术笔调做成的卢瑟福浮雕像，使卢瑟福的很多朋友都深为震惊。在一次到剑桥的访问中，我承认我不能同意这种愤慨之情；这种意见是如此地受到欢迎，以致卡匹察和狄喇克把一个雕像复制品送给了我；这个复制品放在我在哥本哈根研究所的办公室中的壁炉上，从那时起它一直给我以每日的享受。

当卢瑟福因其在科学上的地位而被封为英国贵族时，他对自己作为贵族院的一员而负有的新责任感到了敏锐的兴趣，但

---

* 在一个故事中(《潘彼得》?)，一群孩子为了防御鳄鱼而设法使它吞下了一个马蹄表，结果，孩子们当听到表的滴答声时就知道鳄鱼来了。据说，卢瑟福在谈笑时声音很大。如果有人在工作中偷懒，听到他的声音就可以赶快开始工作，所以卢瑟福有一个绰号叫做“鳄鱼”。——译者注

是,在他的行为的直率和淳朴方面肯定是没有任何改变的。例如,在一次皇家学会俱乐部的宴会上,在和他的一些朋友交谈时我用第三人称提到卢瑟福勋爵,他生气地转身向我喊道"你把我叫做'勋爵'吗?"这就是我所能记得的他对我说过的最严厉的话了。

直到他逝世为止,卢瑟福以其不衰的精力在剑桥工作了将近二十年;在这二十来年中,我的妻子和我都同他和他的家庭保持了密切的接触。几乎每一年我们都会在他们的纽汉姆庐中的优美的家中受到殷切的款待;他们的住家位于古老学院的后面,那里有一个可爱的花园,卢瑟福可以在这里得到休息,而管理花园也是玛丽·卢瑟福的很有乐趣的工作。我记得在很多平静的晚间,我们在卢瑟福的书室中不但讨论物理科学的新前景,而且讨论人类兴趣的很多其他领域中的课题。在这种谈话中,一个人永远不会受到引诱去过高估计他自己的贡献的兴趣,因为,在一天的工作以后,只要觉得谈话和自己无关,卢瑟福就很容易沉沉地睡去。于是,人们就必须等他醒来,然后他就重新用他常有的精力加入谈话,就像什么事也没有发生一样。

在星期天,卢瑟福照例在早晨和几个亲密的友人玩玩高尔夫球,而在晚上则到三一学院用饭;在那里,他会遇到许多杰出的学者并欣赏关于各色各样问题的讨论。带着对生活的一切方面都不知满足的好奇心,卢瑟福对他的有学问的同事们是很尊重的;但是,我记得在我们有一次从三一学院回来的路上他曾经谈到,在他看来,当所谓人文学家们因为不知道为什么在他们的门口按一下电钮,他们厨房中的铃子就会响起来而感到骄傲时,他们是有点太过分了。

卢瑟福的某些说法曾经引起误解，使人们认为他不能充分认识数学表述形式在物理科学的进步中的价值。事实上完全相反，当主要是由他创立的那一物理学分支迅速地发展起来时，卢瑟福是常常对新的理论方法表示赞赏的，他甚至对量子理论的哲学含义问题也很感兴趣。我特别记得，在他逝世前几个星期当我和他最后一次在一起时，他对于生物学问题和社会问题的互补处理方式是何等地醉心，以及他多么热心地讨论了通过在民族之间交换初生婴儿之类的不寻常的程序，来得到有关民族传统和民族偏见之根源的实验资料的可能性。

几星期以后，在波罗那的伽瓦尼二百周年诞辰纪念会上，我们悲痛而震惊地听到了卢瑟福逝世的消息，而我立刻就到英格兰参加了他的葬礼。我在不久以前还和卢瑟福夫妇在一起，并且看到卢瑟福完全健康并像往常那样地神采奕奕；因此，当我又见到玛丽·卢瑟福时，那确实是处于悲剧性的境界之中了。我们谈到了恩耐斯特（即卢瑟福——译者）的伟大的一生；在这一生中，从很早的青年时代她就是他如此忠诚的伴侣，而他对于我则几乎是像第二个父亲一样的。过了些天，卢瑟福就被安葬在威斯敏斯特教堂的牛顿墓地附近了。

卢瑟福没有活到能够看见因为他的原子核的发现以及随后的基本研究而引起伟大技术革命的时候。但是，对于和我们的知识及能力的任一增长相联系着的责任，他一直是很清楚的。我们现在正面临着对于我们整个文明的最严重的挑战；我们必须阻止人类已经掌握了的可怕力量的灾难性的应用，而将巨大的进步转到促进全人类的福利方面来。我们中间被召唤参加了战争设计的某些人常常想到卢瑟福,并且很恭谨地努力按照我们设想的卢瑟福所会采取的方式来行动。

卢瑟福留给我们的回忆,对于有幸认识他并接近他的每一个人都永远是鼓励和坚毅的丰富源泉。今后要对原子世界进行探索的世世代代,将继续从这一伟大开创者的工作和生活中吸取灵感。

量子力学的创立[①]

(1962)

威尔纳·海森伯的六十寿辰,使我得到一个可欢迎的机会来谈谈我对当年的某些回忆;那时他在哥本哈根和我们一起工作并以那样的天才创立了量子力学的基础。

在将近四十年前,在1922年的春天,我初次遇到了青年大学生海森伯。那是在哥廷根,我应邀到那里进行一系列关于原子构造之量子理论现状的演讲。索末菲及其学派,由于十分精通哈密顿和雅可俾发展起来的利用作用量不变量来处理力学体系的那些方法而取得了很大的进步,但是,将作用量子纳入古典物理学的无矛盾推广中的问题,却仍然包含着深刻的困难。对待这一问题的各种不同态度,引起了很活跃的讨论,而我很高兴地想起,当我强调对应原理作为进一步发展的指导时,人们、特别是青年听众们都很感兴趣。

在这一场合下,我们讨论了索末菲以为最有希望的两个青年学生到哥本哈根来的可能性。泡利在同一年就已经参加了我们的集体,而海森伯则按照索末菲的建议还要在慕尼黑停留一年,以完成他的博士论文。在海森伯于1924年秋天到哥本哈根来住一较

---

① 据德文文章 *Die Entstehung der Quantenmechanik* 译成。——英文版编者原注

长时期之前,我们在前一年春天已经很高兴地在哥本哈根短期地见到了他。那时,我们就继续进行了在哥廷根开始的讨论,既在研究所中,也在长时间的散步中,而我对海森伯的少有的天赋也得到了更强烈的印象。

我们的谈话接触到物理学和哲学中的许多问题,而且特别强调了对于有关概念的无歧义定义的要求。原子物理学问题的讨论,最重要地涉及了作用量子在与描述全部实验结果所用各概念的关系方面的奇特性质,而且,联系到这一点,我们也谈到了数学抽象在这儿也像在相对论中一样被证实为有用的那种可能性。在当时,我们面前还没有这种前景,但是物理概念的发展却刚刚进入一个新的阶段。

我曾经和克喇摩斯及斯累特(Slater)合作,企图将个体的原子反应纳入古典辐射理论的构架中。虽然我们起初在能量和动量的严格守恒方面遭遇到一些困难,但是,这些研究却导致了作为原子和辐射场之间的联系纽带的虚振子这一概念的进一步发展。不久以后,克喇摩斯沿对应原理的路线发展起来的色散理论就将问题向前推进了一大步,这种理论与爱因斯坦关于吸收过程及自发发射、诱发发射等过程的普遍几率法则建立了直接的联系。

海森伯和克喇摩斯很快就进行了密切的合作,结果得到了色散理论的一次扩充。特别说来,他们研究了一种新颖的原子反应,这种反应和由辐射场引起的微扰有关。然而,在下述意义上这种处理仍然是半经验性的,那就是,仍然没有自圆其说的基础来推导原子的谱项或原子的反应几率。当时只有这样一种模模糊糊的希望:刚才谈到的色散效应和微扰效应之间的那种联系,或许可以用来逐渐地重新表述理论，通过这种再表述，可以一步一步地把经典概念的每一不适当的应用都消除掉。我们深切感到这样一种程序的困难，因此，当二十三岁的海森伯发现可以如何一蹴而就地达到目的时，我们大家都感到深为钦佩。

通过用非对易算符来巧妙地表示运动学的和动力学的量，事实上他已经奠定了进一步的发展所即将依据的基础。新量子力学的形式化的完成，很快地就在他和玻恩及约尔丹的密切合作中得到了。在这方面我愿意提到，当收到约尔丹的一封信时，海森伯描述了他的感想，他的话大致是这样："现在有学问的哥廷根数学家们这样起劲地谈论什么厄密矩阵，而我却甚至连什么是矩阵都不知道。"在访问剑桥时，海森伯曾把自己的新见解告诉了狄喇克；不久以后，狄喇克就成了能够针对自己的工作来自己创造适当数学工具的那种青年物理学家的另一个光辉范例。

虽然新的表述形式显然已在量子问题的无矛盾表示方面得到了决定性的进步，但是，在一段时间之内，对应性的要求却似乎还没有完全得到满足。例如，我记得，泡利对氢原子能态的处理就是海森伯观点的早期的有成果应用之一，但是泡利本人却对当时的形势表示过不满意。他强调指出，月球在其绕地轨道上的位置可以测定，这应该是显而易见的，但是，按照矩阵力学，具有明确规定的能量的二体体系的每一个态，在有关的运动学量方面却只有统计的期许值。

正是在这一方面，当时即将从物质粒子的运动和光子的波动传播之间的类比中看到新的光明；这种类比是德布罗意在 1924 年已经提到过的。在这种基础上，通过建立他的著名的波动方程，薛丁谔在1926年在应用函数论这一有力工具来处理很多原子问题方面得到了辉煌的成功。至于对应性问题,最重要的是薛丁谔方程的每一个解都可以表示成谐和本征函数的叠加,这就使人们有可能详细追寻如何可以将粒子的运动和波包的传播相对比。

然而,在开始时,关于量子问题的表面上如此不同的两种数学处理之间的相互关系,仍然是有点不大清楚的。作为当时的争论的一个例子,我可以提到,海森伯对依据波的传播来解释施特恩-盖拉赫(Stern,Gerlach)效应的可能性表示过的一种怀疑,是怎样被奥斯卡·克莱恩打消了的。克莱恩特别熟悉哈密顿所指出的力学和光学之间的类比,从而他本人已经走上了波动方程的道路,他简单地提到惠更斯(Huygens)对于晶体中的双折射的旧解释,这样就解决了问题。薛丁谔于1926年秋天到哥本哈根的访问,提供了活跃地交换观点的一个特殊机会。在这一场合下,海森伯和我曾试图使他相信,如果不把吸收过程和发射过程的个体特性明显地考虑在内,他对色散现象的优美处理就不可能和普朗克的黑体辐射定律相协调。

薛丁谔波动力学的统计诠释,不久就通过玻恩对碰撞问题的研究而被阐明了。不同方法的完全等价性,也在1926年就已通过狄喇克和约尔丹的变换理论而确立了*。在这方面我记得,海森伯在一次研究所讨论会上指出,矩阵力学使我们不但能够确定一个物理量的期许值,而且可以确定该量的任意乘幂的期许值,而在

---

* 参阅 J. Mehra 所编的《物理学家的自然观》(*The Physicist's Conception of Nature*, D. Reidel Publishing Company, 1973),第276—293页。——译者注

下一次讨论中，狄喇克就说这一见解给他提供了普遍变换的线索。

在 1925—1926 年的冬季，海森伯是在哥廷根工作的，而我也到那里去过几天。我们特别谈到了电子自旋的发现；这一发现的戏剧性的历史，近来在泡利纪念文集中曾得到各方面的阐明。使得哥本哈根集体感到很高兴的是，在这一次访问中，海森伯同意到我们研究所来接替克喇摩斯的讲师职位，那时克喇摩斯已经受聘为乌得利支的理论物理学教授了。海森伯在下一学年中的讲课，不但在内容方面，而且也在他对于丹麦语言的完善掌握方面受到了学生们的赞赏。

这一年，对于海森伯的基本科学工作的继续来说是特别有成果的一年。一个突出的成果就是氦光谱双线性的阐明，这一问题是原子构造之量子理论中久经考虑的最大困难之一。有了海森伯联系到波函数的对称特性来对电子自旋进行的处理，泡利原理也变得清楚多了，而这立刻就带来了一些最重要的后果。海森伯本人被直接引导到了铁磁性的理解，而且不久就出现了海特勒和伦敦对同极化学键的阐明，同样也出现了邓尼孙（Dennison）对于氢比热这一老难题的解答。

联系到那几年中原子物理学的迅速发展，人们的兴趣越来越集中到丰富经验数据的整理问题上去了。海森伯对这些问题的深入考察，在《量子论中运动学和力学的形象化内容》这篇著名的论文中得到了表现；该文是在他停留在哥本哈根的末期问世的，文中第一次表述了测不准关系式。从一开始，对待量子理论中那些表观佯谬的态度，就以重视和作用量子有关的基元过程的整体性特点为其特征。尽管一直都很清楚，能量和其他不变量只有对于孤立体系才能严格地定义，但是，海森伯的分析却揭示了原子体系的态在任何观察过程中会在多大程度上受到和测量工具间不可避免的相互作用的影响。

对于观察问题的强调，又把海森伯在第一次访问哥本哈根时和我谈到的那些问题提到了首要地位，而且引起了关于一般认识论问题的进一步讨论。应该可能用无歧义的方式传达实验上的发现，而正是这一要求就意味着，实验装置和观察结果，必须用我们为了适应环境而采用的普通语言表示出来。例如，量子现象的描述，要求在原理上把所考察的客体和用来确定实验条件的测量仪器区分开来。特别说来，此处遇到的迄今在物理学中如此陌生的这些对立，强调了将获得经验时所处的条件考虑在内的必要性，这种必要性在其他经验领域中是人所共知的。

在谈论我关于旧日的某些追忆时，我首先想到的就是要强调，来自很多国家的整整一代物理学家的密切合作，怎样在一步一步地在一个巨大的新知识领域中创造秩序方面取得了成功。经历物理科学的这一发展时期，是一种妙不可言的探险，而威尔纳·海森伯则在这一期间占据着突出的地位。

索耳威会议和量子物理学的发展

（1962）

恰恰在五十年前在恩耐斯特·索耳威的高瞻远瞩的首倡下开始召集的、并在他所建立的国际物理学研究所的主持下继续召开的一系列会议，对于物理学家们说来，曾经是讨论作为不同时期兴趣中心的那些基本问题的一种独一无二的机会，从而也在许多方面刺激了物理科学的近代发展。

每一届会议上的报告和随后的讨论都有详细的记录；对于想要对在本世纪初期兴起的那些新问题的探索过程有一个印象的治科学史的人们来说，这些记录将来将是最有价值的情报源泉。事实上，通过整整一代物理学家们的共同努力而对这些问题进行的逐步澄清，在随后的年代中不但如此巨大地扩大了我们对于物质原子构造的洞察，而且甚至在物理经验的概括方面也导致了一种新前景。

作为在时间过程中曾经参加过很多次索耳威会议并在最早的几次会议上和许多与会者有过个人接触的人员之一，我欣然接受邀请，来借此机会谈谈我关于各次讨论在阐明我们所面临的问题方面所起作用的若干回忆。在处理这一工作时，我将力图在原子物理学在过去五十年中所经历的多方面发展的背景上来介绍这些讨论。

I

1911年的第一届索耳威会议的题目是"辐射理论和量子",这一题目本身就指示着当时的讨论的背景。上一世纪物理学中最重要的进展,或许就是对辐射现象提供了如此影响深远的解释的麦克斯韦电磁理论的发展以及热力学原理的统计诠释,这种诠释以玻耳兹曼(Boltzmann)对于熵和复杂力学体系的状态几率之间的关系的认识为其顶峰。但是,和周围器壁处于热平衡的空腔辐射,其波谱分布的说明却带来了出人意料的困难,这些困难通过瑞利的精辟分析而得到了特别的显露。

在本世纪的第一年,普朗克关于普适作用量子的发现,形成了发展中的一个转折点;这一发现揭示了原子过程中的一种整体性特色,这是完全超出于经典物理概念之外的,甚至是超越了物质有限可分性这一古代学说的。在这种新背景上,爱因斯坦在早期就强调了在详细描述辐射和物质之间的相互作用的任何企图中都会涉及的表观佯谬;他不但使人们注意到低温下固体比热的研究给普朗克的见解提供的支持,而且,联系到他对光电效应所作的创造性处理,他也引入了基元辐射过程中作为能量和动量的载体的光量子或光子的概念。

事实上,光子概念的引入,意味着牛顿和惠更斯时代关于光的颗粒构造或波动构造的古老两难推论的复活;通过辐射的电磁理论的建立,这种两难推论似乎已经在有利于波动学说的条件下解决了。当时的形势是顶奇特的,因为普朗克恒量乘以辐射的频率或波数就得到的光子能量或光子动量，而这种定义本身就直接牵涉到波动图景的一些特征。于是，我们就面临着经典物理学中不同基本概念的应用之间的一种新颖的互补关系；这种关系的研究，在时间过程中将使决定论描述方式的有限范围的明朗化，并且甚至对最基本的原子过程也要求本质上是统计性的说明。

会上的讨论是由洛仑兹的一次精彩演讲开始的，他说明了一种以经典概念为基础的论证，这种论证导致了能量在物理体系的不同自由度之间的均分原理；这里的自由度不但包括构成体系的各物质粒子的运动，而且也包括附属于粒子电荷的电磁场的简正振模。然而，遵循着瑞利关于热辐射平衡的分析路线，这种论证却导致了众所周知的佯谬结果，那就是，任何温度平衡都是不可能的，因为体系的全部能量都要逐渐传给频率递增的电磁振动。

表面看来，使辐射理论和普通的统计力学原理相互调和的唯一方法，就是金斯提出的下述建议：在实验条件下，我们所遇到的不是真正的平衡，而是一种似稳态，在这种似稳态中我们是看不到高频辐射的产生的。人们在感受到辐射理论中的困难时的那种深切性，可以用会议上宣读的瑞利勋爵的一封来信作为标本，他在信中劝告人们仔细考虑金斯的建议。但是，通过进一步的检查，很快就发现金斯的建议是不可能成立的。

在很多方面，会上的报告和讨论是极有启发性的。例如，在瓦尔堡（Warburg）和鲁滨斯（Rubens）报告了支持普朗克温度辐射定律的实验资料以后，普朗克自己对于引导他发现了作用量子的论证进行了说明。他在评论将这种新特色和古典物理学观念构架调和起来的困难时强调指出，本质性的问题不在于新的能量子假说的引入,而在于作用量概念本身的重新塑造,他并且表示确信,在相对论中也能成立的最小作用量原理,将成为量子理论进一步发展的指南。

在会上的最后一次报告中,爱因斯坦总结了量子概念的很多应用,并且特别处理了他在低温下比热反常性的解释中所用的基本论证。这些现象的讨论,已在能斯特(Nernst)在会上所作的一次报告中被引入了;该报告论及了量子理论对物理学和化学的各种问题的应用,他在报告中特别考虑了很低温度下的物质属性。读一读能斯特的报告是很有兴趣的;他在报告中指出,他从1906年起曾经作了许多重要应用的关于绝对零度下的熵的众所周知的定理,现在成为从量子理论导出的一个更普遍定律的特例了。但是,喀麦林·昂内斯(Kamerlingh Onnes)报告了他所发现的某些金属在极低温度下的超导现象,这却带来了一个很大的疑难,这种疑难在很多年以后才初次得到了解释。

受到各方面评论的一种新特色,就是能斯特关于气体分子的量子化转动的概念;这种概念在红外吸收谱线之精细结构的测量中终于得到了如此美好的证实。量子理论的类似应用,也由郎之万(Langevin)在他关于物质磁性随温度变化的成功理论的报告中提出了;他在报告中特别提到了磁子概念,这种概念是由外斯(Weiss)引入的,目的在于解释由分析他的测量结果而推出的原子基元磁矩强度之间的引人注意的数值关系。事实上,正如郎之万所证明的,磁子的值无论如何可以近似地由一个假设中推出,那就是,电子在原子中是转动的,其角动量和一个普朗克量子相对应。

索末菲描述了在很多物质属性中探索量子特点的另一些生机

勃勃的和目的论的企图,他特别讨论了用高速电子来产生 X 射线的问题,也讨论了有关光电效应中的或由电子撞击而引起的原子电离的问题。在评论后一问题时,索末菲要人们注意他的某些考虑和哈斯在一篇最近论文中所显示的那些考虑的类似性;哈斯企图应用量子概念来说明电子在原子中的键合,他所用的原子模型是涉及一个均匀带正电的球的模型,正如 J. J. 汤姆孙所建议的一样;他曾经得到和光谱频率具有相同数量级的公转频率。至于索末菲自己的意见,他说他不想从这样一些考虑中推出普朗克恒量,而宁愿将作用量子的存在看成原子构造和分子构造问题的任何处理方式的基础。从最近发展趋势的背景上来看,这一说法确实具有差不多是预言的性质。

尽管在开会的当时当然还谈不到概括地处理普朗克的发现时所引起的那些问题,但是人们普遍地理解到,物理科学的巨大的新远景已经升起了。尽管这里需要对无歧义应用基本物理概念的基础进行根本的修正,但是,对于所有的人都是一种鼓励的却是:恰恰是在这些年中,经典方式在处理稀薄气体的属性方面和应用统计起伏来确定原子数方面所得到的新胜利,已经如此突出地证实了建筑基础的巩固性。在会议的进行中,马丁·克努孙(Martin Knudsen)和让·柏伦(Jean Perrin)很恰当地作了有关这些进展的详细报告。

当我于 1911 年在曼彻斯特遇到卢瑟福时,正是他刚刚从布鲁塞尔回来以后,我从他那里听到了关于第一届索耳威会议上这些讨论的生动叙述。然而,在这一场合下,有一件事是卢瑟福没有告诉我而我在最近几个月以前翻阅会议记录时才知道了的,那就是:

在会上的讨论过程中,人们完全没有提到对以后的发展发生了如此深刻影响的新近事件,即卢瑟福自己关于原子核的发现。事实上,卢瑟福的发现用如此出人意料的方式完善了关于原子结构的资料,这种资料可以用简单的力学概念来加以解说,而同时又揭示了这些概念对任何有关原子体系稳定性的问题的不适用性;这一发现不但应该起一种指南的作用,而且在后来的很多量子物理学发展阶段中也仍然是一种挑战。

Ⅱ

1913 年的第二届索耳威会议的题目是"物质结构";当时,通过劳厄在 1912 年关于伦琴射线在晶体中的衍射的发现,已经获得了最重要的新知识。这一发现确实消除了对于必须赋予这种穿透性辐射以波动性质的一切怀疑,而正如威廉·布喇格所特别强调的,这种辐射在和物质相互作用时所显示的颗粒特性则已经由威耳孙云室图片突出地显示了出来,这种图片表示着气体吸收辐射而放出的高速电子的径迹。众所周知,劳厄的发现直接推动了威廉·布喇格和劳伦斯·布喇格对于晶体结构的光辉探索;通过分析单频辐射在晶体点阵中不同序列的原子平行面位形上的反射,他们既能测定辐射的波长又能推求点阵的对称类型。

关于这些发展的讨论,形成了此次会议的主题;这种讨论以 J. J. 汤姆孙一篇有关原子中电子组分的巧妙概念的报告为其先导,利用这些概念,不背离经典物理学原理他就能够至少是用定性的方式来探索物质的许多一般属性。为了理解当时物理学家们的一般态度，有一件事实是很能说明问题的，那就是：卢瑟福关于原子核的发现为上述这种探索提供了基础，而这种基础的唯一性则尚未得到普遍的承认。唯一提到这一发现的是卢瑟福自己，他在汤姆孙报告以后的讨论中坚持了支持有核原子模型的实验资料的丰富性和精确性。

实际上，在会议的几个月以前，我的关于原子构造之量子理论的第一篇论文已经发表了；在这篇论文中，已经开始了最初的几个步骤，以应用卢瑟福原子模型来解释元素的依赖于核周围的电子键合的那些特定属性。正如已经指出的，当用普通的力学概念和电动力学概念来处理时，这一问题带来了一些不可克服的困难；按照这些概念，任何点电荷系都不能有稳定的静态平衡，而电子绕核的任何运动都会通过电磁辐射而引起能量的耗散，伴随着这种耗散，电子轨道将迅速地收缩成远小于由一般物理经验及化学经验推得的原子大小的一个电中性体系。因此，这种形势就暗示着，稳定性问题的处理，要直接建筑在由作用量子的发现所证明了的原子过程的个体性上。

一个出发点已由元素光谱所显示的经验规律性提供了出来；正如里德伯所首先认识到的那样，这种规律性可以用并合原理来表示；按照该原理，任一谱线的频率可以极端准确地表示为一组谱项中两项之差的形式，该组谱项是元素的特征。直接依据爱因斯坦对光电效应的处理，事实上就可能将并合定律解释为一些基元过程的证据；在这种过程中，原子通过单频辐射的发射或吸收而被从原子的一个所谓的定态移入另一定态中。按照这种观点，可以将普朗克恒量和任一谱项的乘积同相应定态中的电子结合能等同起来;这种观点也给线系谱中发射谱线和吸收谱线之间的表观上难以捉摸的关系提供了简单解释,因为在发射谱线中我们面临的是从原子的受激态到某一较低能态的跃迁,而在吸收谱线中我们一般遇到的是从能量最低的基态到受激态之一的跃迁。

暂时将电子体系的这些态描绘为服从开普勒定律的行星运动,我们发现就有可能通过和普朗克原来的谐振子能态表示式进行适当对比而推比里德伯恒量。和卢瑟福原子模型的密切关系,同样表现在氢原子光谱和氦离子光谱之间的简单关系中;在这些光谱中,我们需要处理由一个电子和一个核结合而成的体系,核的体积很小,并分别带有一个或两个基元电荷。在这方面,可以很有兴趣地重提下述事实:恰恰是在开会的时候,莫斯莱就正在用劳厄-布喇格方法研究元素的高频辐射谱,并且已经发现了惊人简单的定律,这些定律不但使我们能够确定任意元素的核电荷,而且甚至后来给出了原子中电子组态的壳层结构的第一种直接的指示,这种壳层结构正是著名的门捷列夫表中显示出来的那种奇特周期性的起因。

Ⅲ

由于第一次世界大战打乱了国际的科学合作,索耳威会议直到1921年春天才算能够重新召开。以"原子和电子"为题的这次会议,是由洛仑兹关于经典电子理论原理的一篇清晰概述开始的;这种理论特别对塞曼效应的基本特点提供了解释,如此直接地指示了作为光谱起源的原子中的电子运动。

作为第二个发言人，卢瑟福对这段时间内通过他的原子模型而得到了如此有说服力的解释的大量现象作出了详细的说明。除了这种模型所提供的对于放射性嬗变的基本特点和同位素的存在的直接理解以外，量子理论对于电子在原子中的键合的应用当时也取得了相当的进步。特别是通过应用不变作用量积分而对量子定态进行的更完善的分类，已经在索末菲及其学派的手中导致了关于光谱结构的很多细节的解释，特别是关于斯塔克效应的解释；斯塔克效应的发现，曾经如此肯定地排除了将线光谱的出现归结为原子中电子的谐振动的那种可能性。

在以后几年中，通过塞班和卡塔兰(Catalan)等人对于高频辐射谱和光谱的继续研究，确实已经能够得到原子基态中电子分布的壳层结构的详细图景，这种结构清楚地反映了门捷列夫表的周期性特点。这样一些进展蕴涵了许多重要问题的澄清，例如等价量子态的泡利不相容原理和电子内禀自旋的发现，这种发现涉及了和电子束缚态的中心对称性的分歧，这对于依据卢瑟福原子模型来说明反常塞曼效应来说是必要的。

当理论概念的这样一些发展尚未到来时，会上却也提出了关于辐射和物质间相互作用之本征特点的最近实验进展的一些报告。例如，茅里斯·德布罗意(Maurice de Broglie)讨论了在他用X射线做的实验中所遇到的某些最有兴趣的效应，这些效应特别揭示了吸收过程和发射过程之间的关系，它使人联想到可见光区域中的光谱所显示的那种关系。而且，密立根(Milikan)报告了他对光电效应的系统研究的继续，众所周知，这种研究在普朗克恒量的经验性测定的精确度方面导致了如此大的改进。

对量子理论基础的一个有着基本重要性的贡献,已于战时由爱因斯坦作出;他已证明怎样可以用同样一些假设简单地导出普朗克辐射公式,那些假设对于解释光谱规律已被证实为如此富有成果,而且在弗朗克和赫兹关于用电子轰击来激发原子的著名研究中已得到如此突出的支持。确实,爱因斯坦关于发生定态间自发辐射跃迁以及由辐射诱发的跃迁的普遍几率定律的巧妙表述,尤其是他对发射过程和吸收过程中的能量和动量的守恒的分析,对于以后的发展已被证实为带有基本性的。

在会议召开时,通过一般论证的应用来保证热力学原理的成立,并保证经典物理学理论描述在所涉及的作用量足够大,以致可以忽略个体量子的极限情况下的渐近处理的成立,已经得到了预备性的进步。在第一个方面,爱伦菲斯特已经引入了定态的浸渐不变性原理。后一要求已经通过所谓对应原理的表述而得到了表达;这一原理从一开始就给很多不同的原子现象的定性探索提供了指导,而该原理的目的则在于要使个体量子过程的统计说明成为经典物理学的决定论描述的一种合理推广。

在这一场合,我曾被邀提出有关量子理论的这些最近发展的一般概述,但是,由于我因病不能参加会议,所以爱伦菲斯特很可感谢地担任了宣读我的论文的工作,他在该论文后面增加了一篇关于对应论证的要点的很清晰的总结。通过对于缺点的敏锐认识和对即使是很平常的进展的满怀热诚(这是爱伦菲斯特的整个态度的特征),他的介绍忠实地反映了当时我们的思想活动状况,同样也反映了期待着决定性进步即将到来的那种感觉。

Ⅳ

为了得到关于物质属性的更概括的描述，在能够发展适当方法之前还有多少工作要做，这一点，已由 1924 年的下一届索耳威会上的讨论表明了；这次会议的题目是“金属导电问题”。洛仑兹针对利用经典物理学原理来处理这一问题的可能手续进行了概述，他在一系列著名论文中追寻了一个假设的推论，该假设就是：金属中的电子表现得像服从麦克斯韦速度分布定律的气体一样。尽管这种考虑在开始时是成功的，但是，对于基本假设的适用性的严重怀疑却逐渐升起了。这些困难在会上的讨论中得到了进一步的强调；在会议上，由布瑞治曼(Bridgman)、喀麦林·昂内斯、罗森赫恩(Rosenhain)和豪耳(Hall)这一些专家作了关于实验进展的报告，而当时形势的理论方面则特别受到了里查孙(Richardson)的评论，他也试探性地按照在原子问题中所用的方式应用了量子理论。

但是，在会议召开时，问题已经变得越来越明显了：当处理更复杂的问题时，甚至在对应处理中一直保留下来的那种力学图景的有限应用都是不能成立的。回顾那些年月，想到对于以后的发展将有巨大重要性的各种进步在当时都已开始，这确实是很有兴趣的。例如，阿塞·康普顿(Arthur Compton)已于 1923 年发现了 X 射线受到自由电子散射时的频率改变，而且，同德拜一样，他自己也强调了这一发现对爱因斯坦光子概念给予的支持，虽然按照解释原子光谱时所用的简单方式来描绘电子吸收光子及发射光子这两种过程之间的关联是困难更多了。

然而,不到一年,这样一些问题就通过路易·德布罗意对于粒子运动和波动传播的巧妙对比而被刷新了面貌;这种对比很快就在戴维孙和革末的以及乔治·汤姆孙的关于电子在晶体中发生衍射的实验中得到了惊人的证实。我在这里不需要详细回顾德布罗意的创造性见解后来怎样在薛丁谔手中成为建立普遍波动方程的基础;通过高度发展的数理物理学方法的新颖应用,这种波动方程后来给阐明形形色色的原子问题提供了如此有力的工具。

正如每个人都知道的,对于量子物理学基本问题的另一处理曾由克喇摩斯于 1924 年开始,他在召开会议的一个月以前就已经成功地发展了一种由原子体系引起的辐射色散的普遍理论。色散的处理从一开始就曾经是辐射问题的经典处理的重要部分,而且,可以很有兴趣地回想到,洛仑兹本人就曾反复地指出量子理论中缺少这样的指导。然而,依靠着对应论证,克喇摩斯已经证明,色散效应可以怎样和爱因斯坦所表述的关于自发的和诱发的个体辐射过程的几率定律直接联系起来。

为了将电磁场对原子体系态的微扰所引起新效应包括在内,克喇摩斯和海森伯进一步发展了色散理论;事实上,正是在这种理论中,海森伯竟然找到了发展一种量子力学表述形式的阶梯;在这种表述形式中,超出渐近对应性以外的任何有关经典图景的说法都完全被消除了。通过玻恩、海森伯和约尔丹的工作,同样也通过狄喇克的工作,这一大胆而巧妙的观念不久就得到了普遍的表述;在这种表述中,经典的运动学变量和动力学变量被换成了服从涉及普朗克恒量的非对易代数学的一些符号性的算符。

量子理论问题的海森伯处理和薛丁谔处理之间的关系,以及这些表述形式的诠释的全部能力，不久以后就由狄喇克和约尔丹进行了最有教育意义的阐明，他们利用了变量的正则交换，遵循的路线和哈密顿对经典力学问题的原始处理相同。特别说来，这种考虑完成了澄清波动力学中的叠加原理和基元量子过程的个体性公设之间的表观对立的任务。狄喇克甚至在把这些考虑应用于电磁场问题方面得到了成功；通过用电磁场谐振分量的振幅和周相来作为共轭变量，他发展了一种辐射的量子理论，而把爱因斯坦的原始光子概念很合理地纳入了这一理论之中。整个这一革命性的发展，应该成为下届会议的背景；该次会议是我能够参加了的第一次索耳威会议。

V

1927 年的会议是以“电子和光子”为主题的；这次会议以劳伦斯·布喇格和阿塞·康普顿的关于电子对高频辐射的散射方面的丰富新实验资料的报告作为开头；这种电子牢固地结合在重物质的晶体结构中，它们和在轻气体原子中实际上处于自由状态时显示着很不相同的特点。在这些报告以后，路易·德布罗意、玻恩和海森伯，同样还有薛丁谔，都对量子理论的无矛盾表述方面的巨大进展作了最有教育意义的说明；关于这些进展我已经谈到过了。

讨论的一个主题就是新方法所蕴涵的对于形象化的决定论描述的放弃。特别有争论的是这样一个问题：从一开始，作用量子的发现就引起了很多佯谬，在解决这些佯谬问题的一切企图中，人们都觉察到必须根本地离开普通的物理描述，波动力学究竟在多大程度上指示着离开得更少一些的可能性呢？但是，不但波动图景对物理经验所进行的诠释的本质统计性已经在玻恩对碰撞问题的成功处理中显示得很清楚，而且，整个观念的符号性特点，也许可以最突出地由下述必要性中看出：必须将普通的三维空间中的标示，换成在一个位形空间中用一个波函数来表示多粒子体系的态，该空间的坐标个数和体系的总自由度数一样多。

在讨论过程中，上述问题受到了特别的重视，这和在处理涉及同质量、同电荷及同自旋粒子的体系方面已经得到的巨大进步有关；在这种“等同”粒子的情况下，这种进步揭示了蕴涵在经典颗粒概念中的那种粒子个性方面的局限性。关于电子，这种新颖特点的指示已经包括在不相容原理的泡利表述中了；而且，联系到辐射量子的粒子概念，玻色(Bose)甚至在更早的阶段就已指出了通过应用一种统计学来推导普朗克温度辐射公式的简单可能性，这种统计学包括着和玻耳兹曼在计算多粒子体系的配容数时所用方法的一种分歧，而玻耳兹曼的方法对于经典统计力学的很多应用是如此适用的。

早在 1926 年，海森伯对氦光谱的奇特双线性的解释就对处理多电子原子作出了决定性的贡献，这种双线性多少年来一直是原子构造之量子理论的主要障碍之一。海森伯探索了波函数在位形空间中的对称性质，而狄喇克也独立地进行了这种考虑，后来费密又继续进行了这种考虑；通过这种研究，海森伯成功地证明了下述事实：氦原子的定态分为两类，和两组不相并合的谱项相对应，并且分别用和反向电子自旋及平行电子自旋相联系的对称的和反对称的空间波函数来表示。

我几乎用不着重述这一惊人成就如何引起了后续进步的真正“雪崩”(avalanche),以及海特勒和伦敦关于氢分子电子构造的类似处理怎样在一年之内就给出了理解非极性化学键的第一个线索。此外,转动氢分子的质子波函数的类似考虑也引导人们给质子指定了一个自旋,并从而导致了对于正态和仲态之间的差距的理解;正如邓尼孙所证明的,这种差距就对氢气在低温下的比热中的那些一直很神秘的反常性提供了解释。

整个这一发展,通过认识到两类粒子的存在而达到了顶点,这两类粒子现在称为费密子和玻色子。例如,对于由具有半整数自旋的粒子(例如电子或质子)组成的体系,任一态都必须用反对称的波函数来表示,所谓反对称,其意义如下:当把两个同类粒子的坐标互相交换时,波函数就变号。相反地,对于光子,则只有对称波函数需要加以考虑;按照狄喇克的辐射理论,必须认为光子的自旋为1;对于像α粒子这样的无自旋的客体,情况也相同。

这种情况很快就被莫特很优美地阐明了,他在等同粒子之间、例如α粒子和氦核之间或质子和氢核之间的碰撞情况下,解释了所得到的和卢瑟福著名散射公式之间的显著偏差。随着表述形式的这样一些应用,我们确实不但面临着轨道图景的不适用性,而且甚至面临着对于所涉及粒子之间的区分的放弃。事实上,每当可以通过确定粒子在相互分离的空间域中的定位而将习见的关于粒子个体性的见解保留下来时,费密—狄喇克统计学和玻色—爱因斯坦统计学就会导致相同的粒子几率密度表示式;在这种意义上,两种统计学的一切应用就都是无可无不可的了。

仅仅在召开会议的几个月以前,海森伯就通过表述所谓测不准原理而在阐明量子力学的物理内容方面作出了一次最重要的贡献，该原理表示着确定正则共轭变量时的成反比的变动范围。这一限制不但作为这些变量之间的对易关系式的直接推论而出现，而且也直接反映着被观察体系和测量工具之间的相互作用。然而，对上述这一决定性问题的充分认识，却牵涉到在说明原子现象时无歧义地应用经典物理概念的范围问题。

为了引导有关这种问题的讨论，我应邀在会上作了关于我们在量子物理学中所遇到的认识论问题的报告，而且借此机会谈到了适当术语问题并强调了互补性观点。主要的论证在于，物理资料的无歧义传达，要求利用已用经典物理学词汇适当改进了的普通语言来表达实验装置和观察记录。在一切实际的实验过程中，这一要求是通过应用光阑、透镜和照相底片之类的物体作为测量仪器来加以满足的；这些物体足够重和足够大，因此，尽管作用量子在这些物体的稳定性和各种属性方面起着决定性的作用，但是在说明各该物体的位置及运动时却可以完全不考虑任何量子效应。

在经典物理学范围之内，我们所处理的是一种理想化，按照这种理想化，一切现象都可以任意地加以划分，而测量仪器和所观察的客体之间的相互作用则可以忽略不计或至少是可以设法予以补偿；但是，我却强调指出，这种相互作用在量子物理学中却代表着现象的一个不可分割的部分，它不能分开来加以说明，如果仪器应该起到定义获得观察结果时所处条件的作用的话。与此有关，也必须记得，观察结果的记录，归根结底要以测量仪器上产生永久性的记号为依据，例如由于光子或电子的撞击而在照相底片上产生一个斑点。这种记录牵涉到本质上不可逆的物理过程和化学过程，这并不会引入任何特别的麻烦，而是强调了观察概念本身所蕴涵的不可逆性这一要素。量子物理学中所特有的新特色仅仅是现象的有限可分性，为了无歧义地描述这些现象，这种有限可分性要求我们指明实验装置的一切重要部件。

既然在同一装置中一般会观察到很多不同的个体效应，那么，在量子物理学中应用统计学就是在原理上不可避免的了。而且，不论在表观上有多么对立，在不同条件下得到的并且不能概括于单独一个图景中的那些资料，必须在下述意义下被认为是互补的：它们的总和就详尽无遗地包括了关于原子客体的一切明确定义的知识。按照这种观点，量子理论表述形式的整个目的，就在于导出在给定实验条件下得到各种观测结果的期许值。与此有关，我们强调了这种事实：一切矛盾的消除，是由表述形式的数学一致性来保证的，而这种描述在它自己的范围内的详尽无遗性则由其对于任意可设想的实验装置的适用性指示了出来。

洛仑兹以其广阔的胸怀和不偏不倚的态度尽力沿有成果的方向引导了有关这些问题的很活跃的讨论；在讨论中，术语上的歧义性给在认识论问题上取得一致造成了很大的困难。这种形势由爱伦菲斯特很幽默地表示了出来，他在黑板上写下了圣经中描述扰乱了通天塔(Babel tower)的建筑的那种语言混乱的句子*。

在会场上开始的观点的交换，在晚间也在较小的圈子中热烈

---

* 据《圣经》创世记第十一章的记载，人类起源于巴比伦，他们计划建筑一个高塔以便和天上往来。“上帝”为了保持天庭的尊严，就在人民之间制造语言分歧，遂使通天塔未能建成，而人类遂分散于整个地球之上。——译者注

地继续进行了，而且，对我来说，和爱因斯坦及爱伦菲斯特长谈的机会乃是一种最可欢迎的经验。爱因斯坦特别表示不同意在原理上放弃决定论的描述，他用一些论证向我们挑战，那些论证暗示着将原子客体和测量仪器之间的相互作用更明显地考虑在内的可能性。虽然我们关于这种前景的无效性所作的答辩并没有说服爱因斯坦，以致他在下一届会议上又回到了这些问题上来，但是，那些讨论却是一种启示，使我们进一步探索了关于量子物理学中的分析和综合方面的形势，探索了这种形势在其他的人类知识领域中的类例，在那些领域中，习见的术语蕴涵着对于获得经验时所处条件的注意。

Ⅵ

在1930年的会议上，在洛仑兹逝世以后，郎之万第一次主持了会议并且谈到了索耳威研究所由于恩耐斯特·索耳威的逝世而遭受的损失，该研究所就是在索耳威的倡议和慷慨资助下创立起来的。主席也谈到了洛仑兹在领导以前各届索耳威会议方面所采用的无与伦比的方式，并谈到了洛仑兹继续其光辉的科学研究直至平生最后一日的那种精力。会议的题目是“物质的磁性”；对于理解这种问题，郎之万本人就做过非常重要的贡献，而关于这种问题的实验知识在那几年中也有了很大的增加，特别是通过外斯及其学派的研究。

会议是以索末菲的有关磁性和光谱学的报告开始的；在报告中，他特别讨论了关于角动量和磁矩的知识，这种知识是由对于原子的电子构造进行的研究导出的，这种研究导致了周期表的解释。至于磁矩在稀土族元素中的奇特变化这一有趣问题，范弗来克(van Vleck)也作了关于最近的结果及其理论解释的报告。费密也作了关于原子核的磁矩的报告；正如泡利所首次指出的，谱线的所谓超精细结构的根源，正是要到这种磁矩中去找。

卡布瑞喇(Cabrera)和外斯，在报告中对于有关物质磁性的迅速增长的实验资料进行了一般的概述；他们讨论了铁磁性材料的物态方程，方程中概括了这种材料的属性在居里点之类的确定温度下的突然变化。从前人们曾经企图将这些效应联系起来，特别是外斯曾经引入了和铁磁态相联系的一种内磁场；撇开这些不谈，理解这些现象的线索，新近刚由海森伯的创造性的对比初次得出，他将铁磁性材料中的电子自旋的整齐排列和支配着波函数对称性质的量子统计学进行了对比，而在海特勒和伦敦关于分子的形成的理论中，化学键就是起源于波函数的这种对称性质的。

在会议上，泡利在一篇报告中对磁现象的理论处理作了概括的说明。他也用特有的清晰和对本质问题的强调，讨论了狄喇克的巧妙的关于电子的量子理论所引起的问题；在这种理论中，克莱恩和戈登(Gordon)所提出的相对论波动方程，被换成了一组一次方程，这些一次方程可以将电子的内禀自旋和内禀磁矩很协调地包括在内。在这方面经过讨论的一个特殊问题就是，人们可以在多大程度上在和测量电子质量、电子电荷相同的意义下认为自旋和磁矩是可以测量的；要知道，电子质量和电子电荷的定义是建筑在完全可以用经典术语来说明的现象的分析上的。然而，正如作用量子本身的应用一样，自旋概念的任何合理应用都涉及不能这样加以分析的现象,特别说来,自旋概念就是使我们可以得到角动量守恒的推广表述的一种抽象。这一形势起源于测量自由电子磁矩的不可能性,泡利在报告中详细地讨论了这种不可能性。

在会上,寇唐(Cotton)和卡匹察报告了最近实验技术的发展给进一步考察磁现象开拓的前景。通过卡匹察的大胆制造,已经可能在有限的空间范围和时间阶段中产生当时无法超过的强磁场,而寇唐很巧妙地设计的巨大永久磁铁则使人们可以得到比直至当时所能应用的磁场更稳定的和范围更大的磁场。在对于寇唐报告的补充发言中,居里夫人使人们特别注意了这种磁铁在研究放射过程方面的应用;特别是通过罗森布鲁姆(Rosenblum)的工作,这种研究后来在 α 射线谱的精细结构方面是给出了重要的新结果的。

尽管会议的主题是磁现象,但也可以很有兴趣地回想到,当时对于物质属性的其他方面的处理也已经得到了巨大的进展。例如,人们在 1924 年会议的讨论中如此深切感到的阻碍着对金属中电传导的理解的很多困难,在这一期间已被克服了。早在 1928 年,通过将电子的麦克斯韦速度分布换成费密分布,索末菲就在阐明这一问题上得到了最有希望的结果。众所周知,在这种基础上,通过波动力学的适当应用,布洛赫(Bloch)在发展一种详细的金属导电理论方面得到了成功;这种理论可以解释很多特点,特别是现象对温度的依赖关系方面的特点。但是,这种理论却不能说明超导性;理解超导性的线索,只是在最近几年,通过处理多体体系中各种相互作用的精密方法的发展才找到了的。这种方法似乎也适于用来说明近来得到的关于超流的量子化性质的惊人资料。

然而，关于1930年会议的一种特殊回忆，是和它所提供的继续讨论在1927年会议上争论过的那些认识论问题的机会联系着的。在这一场合下，爱因斯坦提出了新的论证；利用这种论证，他试图通过应用由相对论导出的能量和质量的等效性来驳倒测不准原理。例如，他建议说，通过称量一件仪器的重量，应该能够以无限的精确度来测定一个定时辐射脉冲的能量；该仪器中含有一个和放出该脉冲的快门相连的时钟。然而，通过较详细的考虑，这种表观佯谬因为认识到引力场对时钟快慢的影响而得到了解决；利用这种影响，爱因斯坦本人在早先曾经预言了重天体所发光的光谱分布中的红移。但是，这个最有教育意义地强调了在量子物理学中明确区分客体和测量仪器的必要性的问题，多年以来却仍然是热烈争论的对象，特别是在哲学界。

在德国的政治发展迫使爱因斯坦迁居美国以前，这是他参加了的最后一次会议。在1933年的次一届会议前不久，我们大家都受到了爱伦菲斯特过早逝世的消息的震动；当我们重新聚会时，郎之万用动人的词句谈到了爱伦菲斯特的感人的性格。

Ⅶ

1933年的会议特别致力于“原子核的结构和属性”，在会议召开时这一课题正处于最迅速和最丰富的发展阶段中。这次会议是以考克劳夫的报告开始的；在报告中，在简短地谈到了关于卢瑟福及其合作者们在前些年得到的用 α 粒子撞击而引起的核蜕变的丰富资料以后，考克劳夫详细地描述了用已加速质子来轰击核时所得到的重要的新结果，这种质子是用适当的高压设备加速到很大速度的。

众所周知，考克劳夫和瓦耳顿关于用质子撞击锂核而得到高速 α 粒子的开创性的实验，给能量和质量之间的爱因斯坦普遍关系式提供了第一次直接的验证，这一关系式在以后的年月里在原子核的研究中提供了坚实的指导。而且，考克劳夫也描述了关于过程中截面随质子速度的变化的精确测量和波动力学的预言符合得如何密切；这种预言是伽莫夫联系到他自己和别人发展起来的自发 α 衰变理论而得出的。在包括着当时所有的关于所谓人工核蜕变的全部资料的这篇报告中，考克劳夫也比较了在剑桥用质子轰击得到的实验结果和刚刚在伯克利用在劳伦斯新制成的回旋加速器中加速了的氘核轰击所得到的结果。

随之而来的讨论是由卢瑟福开始的；他在表示了他所常说的近代炼金术的最近发展所给予他的巨大快乐以后，谈到了某些最有兴趣的新结果，这是他和奥里凡在用质子和氘核轰击锂时刚刚得到的。事实上，这些实验提供了关于存在前所未知的原子质量为 3 的氢同位素和氦同位素的证据，这些同位素的属性近年以来吸引了很多的注意。劳伦斯在更加详细地描述他的回旋加速器的构造时也论述了伯克利集体的最近的研究。

另一极端重要的进步就是查德维克的发现中子，这代表着一种如此戏剧化的发展，其结果证实了卢瑟福关于原子核中的重的中性成分的预见。查德维克的报告，在开始时描述了在剑桥怎样有目的地寻索了 α 散射中的反常性，而在结束时则非常恰当地考虑了中子在核结构中所占的地位以及它在引起核嬗变方面所起的重要作用。在人们在会上讨论这一发展的理论方面以前，与会者们又听到了另一种决定性的进步，那就是由人工控制的核蜕变引起的所谓人工放射性的发现。

这一发现是在会前仅仅几个月的时候得出的；这一发现的说明，包括在菲德利·约里奥和爱伦·居里的一篇报告中；该报告包含着关于他们的有成果研究的很多方面的概述；在这些研究中，发射正电子和发射负电子的β衰变过程都被肯定了。在报告以后的讨论中，布拉开特讲了他自己和安德孙在宇宙射线的研究中发现正电子的故事，并且谈到了借助于狄喇克的相对论式的电子理论来对正电子进行的解释。人们在这里确实面临着量子物理学发展中一个新阶段的开始，这关系到物质粒子的产生和湮灭，它们和光子形成及光子消失的发射辐射及吸收辐射的过程相类似。

众所周知，狄喇克的出发点，是他对于下述事实的认识：他的相对论不变式的量子力学表述，当应用于电子时，除了普通的物理态之间的跃迁几率以外，也包含了从这些态到负能态的跃迁的期许值。为了避免这种不需要的推论，他引入了所谓狄喇克海(Dirac sea)这种巧妙的想法；在狄喇克海中，一切负能态都已在等价定态的不相容原理所允许的程度下充分被占满了。在这种图景中，电子的产生是成对地进行的，其中带有通常的[负]电荷的一个电子只是简单地从海中脱出，而另一个带异号电荷的电子则用海中的一个空穴来代表。众所周知，这一观念为后来的反粒子的概念做好了准备；反粒子具有相反的电荷和相对于自旋轴而言的反向磁矩，这被证实为物质的一种基本属性。

在会议上，讨论了放射过程的许多特点，而且伽莫夫也作了关于γ射线谱的解释的最有教育意义的报告;这种解释是建筑在他的关于自发的和诱发的α射线发射和质子发射以及它们和α射线谱精细结构的关系的理论上的。经过热烈讨论的一个特殊问题就是连续β射线谱的问题。艾理士对由于吸收被发射出来的电子而引起的热效应的研究,似乎和β衰变过程中细致的能量平衡及动量平衡特别不能调和。而且,关于过程中所涉及的那些核的自旋的资料,也似乎和角动量的守恒相矛盾。事实上,正是为了避免这样一些困难,泡利才引入了对于以后的发展最富有成果的大胆想法,那就是:在β衰变中,和电子一起,还发射出一种穿透性很强的辐射,这种辐射由静止质量极小而自旋为二分之一的粒子即所谓中微子构成。

海森伯在一篇最有分量的报告中处理了关于原子核的结构和稳定性的整个问题。从测不准原理的观点出发,他深切地感到设想在像原子核那样小的空间范围内存在像电子那样轻的粒子是很困难的。因此,他把握住中子的发现,来作为只把中子和质子看成真正的核组分的那种看法的基础,而且,在这种基础上,他发展了关于核的很多属性的解释。特别说来,海森伯的观念意味着将β射线衰变现象看成下述事实的证据:当伴随着从中子到质子或从质子到中子的变化而释放能量时,会产生正电子和中微子或负电子和中微子。事实上,在会议以后不久,费密就在这种方向上得到了巨大的进步;他在这种基础上发展了一种前后一致的β衰变理论,该理论在以后的发展中要成为最重要的指南。

卢瑟福以惯有的精力参加了很多的讨论,他在1933年的索耳威会议上当然是一个中心人物,这是他在1937年逝世以前有机会参加的最后一次索耳威会议，他的逝世结束了在物理科学史上很少先例的硕果累累的终生事业。

Ⅷ

导致第二次世界大战的那些政治事件，使索耳威会议的正常进程中断了很多年，只有到了 1948 年会议才重新召开。在这些混乱的年月中，核物理学的进步并没有放慢，而且甚至导致了释放储藏在原子核中的巨大能量的可能性的实现。虽然每个人的心中都想到了这一发展的严重含义，但在会议上人们并没有提到这些问题；这次会议的主题是“基本粒子”问题；由于静止质量介于电子质量和核子质量之间的那些粒子的发现，基本粒子问题是其中已经开辟了新前景的一个领域。众所周知，在安德孙于 1937 年在宇宙射线中发现这样的介子以前，介子的存在已经作为核子间短程力场的量子而由汤川秀树预见到了，这种力场和在量子物理学的早期处理中所研究的电磁场有着非常本质的不同。

恰恰在召开会议以前，粒子问题的这些新方面的丰富性，已经由鲍威耳(Powell)及其同事们在布里斯托对暴露于宇宙射线中的照相底片上的径迹所作的系统考察揭示了出来，并且也由关于在伯克利巨型回旋加速器中初次产生的高能核子碰撞效应的研究揭示了出来。事实上，问题已经很清楚，这种碰撞直接导致所谓 π 介子的产生，这种 π 介子随后就发射中微子而衰变为 μ 介子。和 π 介子有所不同，人们发现 μ 介子并不显示对核子的强耦合，而且它们自己会发射两个中微子而衰变为电子。在会议上，在关于新实验资料的详细报告之后,从很多方面对资料的理论解释进行了最有兴趣的评论。尽管在各种方向上都得到了有希望的进展,但是,大家却普遍理解到,人们正面临着一种发展的开端,这种发展需要新的理论观点。

所讨论的一个特殊问题,就是如何克服和量子电动力学中发散性的出现有关的那些困难,这种发散性在带电粒子的自身能量问题中更为突出。对于对应处理方式有着基本重要性的通过重新表述经典电子理论来解决问题的企图,很清楚地受到了奇点强度对被研究粒子所服从的量子统计类型的依赖性的阻碍。事实上,正如外斯考普夫(Weisskopf)所首次指出的,在费密子的情况下,量子电动力学中的奇点是大大地减弱了的,而在玻色子的情况下,自身能量却比在经典电动力学中发散得还要强烈;正如在 1927 年会议的讨论中已经强调的那样,在经典电动力学的构架内,不同量子统计学之间的一切区别都是被排除了的。

尽管我们在这儿所涉及的是和决定论形象化描述的根本分歧,但是,通过将那些竞争着的个体过程和在一个普通时空范围内定义的波函数的简单叠加联系起来,我们却在对应处理方式中保留了关于因果性的习见想法的基本特色。然而,正如在讨论中所强调的那样,这样处理的可能性是以粒子和场之间的比较弱的耦合为基础的;这种耦合的微弱性用无量纲常数 $\alpha=e^2/\hbar c$。的微小值来表示,它使我们有可能在高级近似下将电子系的态和它对电磁场的辐射反作用区分开来。至于量子电动力学,当时却刚刚由许文格(Schwinger)和朝永振一郎(Tomonaga)的工作而引起了巨大的进步;这种进步导致了涉及和 α 同数量级的改正项的所谓重正化手续，这在兰姆(Lamb)效应的发现中表现得特别突出。

然而，核子和 π 介子场之间的强耦合，却阻碍了简单的对应论证的适当应用，而且，其中有很多 π 介子产生的那种碰撞过程的研究，特别指示了离开基本方程之线性特点的必要性，而且，正如海森伯所建议的，这种研究甚至指示了引入代表着时空标示本身的最终界限的一个基本长度的必要性。从观察的观点看来，这种界限可能是和一切仪器的原子构造对时空测量所加的限制密切联系着的。关于在物理经验的任何明确定义了的描述中不可能将所考察的原子客体同观察仪器之间的相互作用明显地考虑在内，当前的形势当然和这种论证绝不冲突，而只是给这种论证提供了逻辑地概括更进一步规律性的充分范围。

在召开会议时，人们还没有企图实现那些前景，它们涉及作为整个处理方式之一致性的条件来定出常数 α 的可能性，也涉及基本粒子质量和耦合常数之间的其他无量纲关系式的导出。然而，同时，人们在对称性关系的研究中寻求了前进的途径，而且，从那时起，通过很多种粒子的迅速的相继发现，这种途径已被提到了重要的地位；所发现的那些粒子显示着如此出人意料的性能，以致人们用不同度数的“奇异性”来表征了它们。想到最近的发展，大家知道，一个巨大的进展已经由李政道和杨振宁开始了，他们于 1957 年提出了关于宇称守恒的有限适用范围的大胆建议，这种建议得到了吴健雄女士及其合作者们的优美实验的验证。中微子螺性(helicity)的证明，确实重新提出了自然现象的描述中的左右之间的区别这一古老问题。但是，这方面的认识论佯谬，却由于认识到时空反射对称性和粒子—反粒子对称性之间的关系而得到了避免。

当然,我并不企图通过这些粗略的评述,来在任何方面预言行将形成本届会议的讨论主题的那些问题;这次会议是在得到了新的重大的实验进展和理论进展的时候召开的,关于这些进展,我们大家都热诚地希望从青年一代的与会者们那里听到。但是,我们将常常因为得不到我们已经逝世的同道和朋友们,例如克喇摩斯、泡利和薛丁谔等人的帮助而感到遗憾,他们都参加了 1948 年的会议,那是我迄今参加的最近一次会议。同样,我们也为了马科斯·玻恩因病不能出席而深感遗憾。

在结束时,我愿意表示这样的希望:希望关于历史发展的某些特点的这一回顾,能够表明物理学家们对索耳威研究所的谢意,也能够表明我们大家对该研究所的今后活动的期望。

附录　尼耳斯·玻尔年谱简编
(Niels Henrik David Bohr,1885—1962)

戈 革 辑

1815—1820 年

德国物理学家夫琅和费(Joseph Fraunhofer,1787—1826)注意到几种元素的光谱线,得到了第一个光栅光谱,并观察到太阳光谱的吸收线。

1869 年

俄国化学家门捷列夫(Dmitri Ivanovich Mendelèyev,1834—1907)和德国化学家迈耶尔(Julius Lothar Meyer,1830—1895)独立地引入了元素周期表,作为若干年来实验化学和理论化学的一种简练的总结。

1884 年

瑞士人巴耳末(Johann Jokob Balmer,1825—1898)发现了氢光谱中一个线系的波长经验公式。这是光谱学上发现的第一个线系公式。

1885 年

十月七日,玻尔诞生于丹麦首都哥本哈根。父亲 Christian Bohr,是生理学家,哥本哈根大学教授,对玻尔的一生影响很大。

1892 年　玻尔七岁

开始上学,在 Gammelholm 学校学习期间,数学、物理的学习成绩优异。

在家里,他的父亲引导他观察自然,阅读歌德、狄更斯等人的作品。

1895 年　玻尔十岁

德国物理学家伦瑟(Wilhelm Conrad Roentgen,1845—1923)发现 X 射线。

法国物理学家柏伦(Jean Perrin,1870—1942)决定性地证实阴极射线是带负电的。

1896年 玻尔十一岁

法国物理学家贝克勒耳(Antoine Henri Becquerel,1852—1908)首次发现铀的天然放射性。

荷兰物理学家塞曼(Pieter Zeeman,1865—1943)发现磁场能够引起光谱线的劈裂。这种效应后来由荷兰物理学家洛仑兹(Hendrik Antoon Lorentz,1853—1928)按照经典理论作出了初步解释。

1897年 玻尔十二岁

英国物理学家J.J.汤姆孙(Joseph John Thomson,1856—1940)测定了阴极射线的荷质比,由此而逐步证实了电子的存在;他往往被称为电子的发现者。

英国物理学家卢瑟福(Ernest Rutherford,1871—1937,原籍新西兰)证实放射线中包含"软"、"硬"不同的成分。他后来成为玻尔的导师和亲密的朋友,对玻尔的学术活动影响最大。

1900年 玻尔十五岁

英国物理学家瑞利(即斯特拉特 John William Strutt,1842—1919)初次导出黑体辐射公式。

德国物理学家普朗克(Max Karl Ernst Ludwig Planck,1858—1947)在研究辐射问题时引入能量子的概念。

1903年 玻尔十八岁

在哥本哈根大学数学和自然科学系学习。物理导师克里斯先森(Christiansen)是他父亲的好友,在教学中兼重英、德两国的物理传统,对玻尔影响很大。

卢瑟福和英国物理学家索迪(Frederic Soddy,1877—1956)证实每一放射过程都是元素的嬗变过程。

1905年 玻尔二十岁

丹麦王国科学文学院就"液体的表面张力"问题发起征文。玻尔决意应征。

爱因斯坦(Albert Einstein,1879—1955)发表狭义相对论,同年并发表关于布朗运动和关于光电效应的论文。在后一论文中，他引入了光子的概念。

1907 年　玻尔二十二岁

玻尔应征论文获得丹麦王国科学院的金奖章。该文用自行设计的实验方法验证了瑞利关于表面张力的理论。这一工作，无意中为他以后关于原子核裂变的研究准备了线索。

1908 年　玻尔二十三岁

应征论文的修订本在英国《哲学学报》(*Philosophical Transactions*)上发表。

瑞士物理学家里兹(Walter Ritz，1878—1909)提出了关于光谱线频率的并合原理。

1909 年　玻尔二十四岁

以金属电子理论的论文获得哥本哈根大学硕士学位。

洛仑兹正式提出“电子”名称。

1910 年　玻尔二十五岁

完成以金属电子理论为主题的博士论文。该文发展了当时的理论，并首次接触到普朗克理论的含义问题。

1911 年　玻尔二十六岁

春季，获得哥本哈根大学博士学位。当时丹麦学者对新发展的电子理论多不熟悉，不理解论文内容，无法提问，论文答辩历时之短(约一个半小时)破该校纪录。夏季，与马格丽特(Margrethe Nørlund)订婚。九月，赴英国剑桥大学，在 J. J. 汤姆孙主持的开文迪什实验室学习和工作。他的博士论文指出了汤姆孙理论中的错误，结果论文未能在英国发表。

卢瑟福在曼彻斯特，经长期探索，于三月间确定原子有核。十月，赴剑桥参加开文迪什实验室的年会，并作报告，受到热烈欢迎。十一月，玻尔赴曼彻斯特，与卢瑟福会见。

1912 年　玻尔二十七岁

三月中旬开始在曼彻斯特研究原子有核模型，七月即向卢瑟福汇报论文内容，认为有可能依据有核模型解释元素周期表乃至化学反应。

七月底，玻尔回丹麦。八月一日，与马格丽特结婚。同年秋，任哥本哈根大学副教授，讲授“热力学的力学基础”等课程。

1913 年 玻尔二十八岁

一月底将有关 α 散射的论文稿寄给卢瑟福。三月六日，将有关原子结构的第一篇论文稿寄给卢瑟福。卢瑟福复信，建议删减。为此，玻尔赴曼彻斯特与卢瑟福商讨，回国后继续写论文，于六月和八月间寄出第二篇和第三篇论文底稿。这三篇论文经卢瑟福推荐，先后在《哲学杂志》(*Philosophical Magazine*)上发表，成为原子物理学中划时代的文献。九月七日，英国科学促进协会在伯明翰开会。玻尔经卢瑟福推荐，应邀参加。会上讨论了玻尔的新理论，老一辈学者多未深信，但是金斯(James Hopwood Jeans，1877—1946)表示赞成。在讨论中，玻尔预言了氚的存在。

英国物理学家莫斯莱(Henry Gwyn Jeffrey Mosley，1884—1915)发表关于 X 射线谱的研究工作，建立了莫斯莱定律，引入了原子序数的概念。

德国物理学家斯塔克(Johannes Stark，1874—1957)观察了强电场引起的光谱线的劈裂。

德国物理学家(后入美籍)弗朗克(James Franck，1882—1964)和赫兹(Gustav Hertz，1887—1975)通过测量共振电势和电离电势而确证了原子定态的存在。

英国物理学家伊万士(Evans)在实验上证实二十年前发现的匹克灵线系不是氢光谱而是氦光谱，突出地证实了玻尔的预言，轰动一时。

1914 年 玻尔二十九岁

卢瑟福聘请玻尔任"舒斯特讲师"。八月四日，德军侵入比利时，欧战爆发。九月初，玻尔夫妇冒险渡海赴英。

1915 年 玻尔三十岁

莫斯莱阵亡于加里玻里，玻尔等人深感痛惜。

德国物理学家索末菲(Arnold Johannes Wilhelm Sommerfeld，1868—1951)改进玻尔理论，引入椭圆轨道概念及相对论效应。

爱因斯坦发表广义相对论。

哥本哈根大学决定设立理论物理学教授职位，邀请玻尔回国，玻尔反复考虑后同意。

1916 年 玻尔三十一岁

玻尔夫妇回国。玻尔在哥本哈根继续研究光谱线的多重性问题，并建议创办理论物理学研究所。他很赞赏索末菲的理论。

十一月,玻尔长子克利斯蒂安(Christian)生。

1917 年　玻尔三十二岁

玻尔被选为丹麦王国科学文学院院士。

十二月九日,卢瑟福在给玻尔的信中说准备做实验,分裂原子核以引起原子的人工嬗变。

1918 年　玻尔三十三岁

哥本哈根大学决定筹办研究所。

玻尔次子汉斯(Hans)出生。

1919 年　玻尔三十四岁

三月,J. J. 汤姆孙就任剑桥大学三一学院院长。该校聘请卢瑟福任开文迪什实验室主任教授。

卢瑟福在剑桥用 α 粒子轰击氮原子,得到了氢原子和氧原子;这是第一次人工核嬗变。

英国物理学家阿斯顿(Francis William Aston,1877—1945)发明质谱仪,初次精确测定了同位素的质量。

玻尔应邀赴荷兰莱顿大学讲学,同洛仑兹和奥国物理学家爱伦菲斯特(Paul Ehrenfest)等人会见。

1920 年　玻尔三十五岁

玻尔应邀赴柏林讲学,同普朗克、爱因斯坦等人会见。在认识论上初次和爱因斯坦发生分歧。

玻尔三子伊瑞克(Erik)生。

1921 年　玻尔三十六岁

3 月 3 日,研究所正式落成。

正式迁入研究所工作。当时在该所工作的有荷兰物理学家克喇摩斯(Hans Kramers)、瑞典物理学家克莱恩(Oscar Klein)和匈牙利物理学家(后入瑞典籍)赫维斯(George Charles de Hevesy,1885—1966)等人。这个研究所后来成为研究量子物理学的重要中心。

德国物理学家(后入美籍)施特恩(Otto Stern,1888—1969)和盖拉赫(Walter Gerlach,1889—1979)证实银原子在磁场中的"空间量子化"。

苏联物理学家卡匹察到剑桥大学开文迪什实验室工作,凡十三年。

1922 年 玻尔三十七岁

玻尔四子奥格(Aage)出生。此人后成著名核物理学家,和另外两人同获1975年度诺贝尔物理奖金。玻尔逝世后,哥本哈根理论物理学研究所于1965年改名为尼耳斯·玻尔研究所,奥格长期主持该所工作。

六月,玻尔赴德国哥廷根大学讲学,同海森伯(Werner Heisenberg,1901—1976)和奥地利籍学生(后入瑞士籍)泡利(Wolfgang Pauli,1900—1958)会见。秋季,泡利即赴哥本哈根作短期逗留。

按照玻尔的安排,赫维斯和考斯特(Coster)于年底发现第72号元素。该元素按哥本哈根古名Hafina定名为铪。

十二月十日,诺贝尔诞生百周年,玻尔在瑞典首都斯德哥尔摩接受诺贝尔物理奖金。

1923 年 玻尔三十八岁

在英国接受曼彻斯特大学和剑桥大学名誉博士学位,后即去美国访问。

1924 年 玻尔三十九岁

海森伯到哥本哈根。

法国物理学家德布洛意(Louis Victor de Broglie,1892—1987)在学位论文中提出物质波的观点,这是波动力学的起点。

玻尔五子恩耐斯特(Ernest)出生。

1925 年 玻尔四十岁

泡利发现原子中每一个定态轨道上最多只能容纳两个电子。这就是"不相容原理"的最初形式。

荷兰物理学家(后入美籍)乌冷白克(George Eugene Uhlenbeck,1900—1988)和高德斯密(Samuel Abraham Goudsmit,1902—1978)受泡利的启发,分析了光谱线的精细结构,引入了电子自旋的概念。

海森伯和克喇摩斯一起研究光的散射问题。七月,海森伯用一种新的数学形式表述了玻尔的对应原理,引起玻尔的极大注意。这就是矩阵力学的开端。海森伯和玻恩(Max Born,1882—1970)、约尔丹(Pascual Jordan, 1902—)合作,在三个星期的短时间内,把他的发现用矩阵论的形式表示了出来,成为新量子力学的最初形式。

狄喇克(Paul Adrien Maurice Dirac,1902—1984)受到海森伯的启发,开始发展他自己的量子力学形式。

玻尔和他的同事们热烈讨论量子力学。海森伯主张完全放弃轨道概念而只研究"可观测的量"。

英国物理学家布拉开特(Patrick Maynard Stuart Blackett,1897—1974)获得人工核嬗变的云室照片。

八月,玻尔在斯堪底纳维亚数学会议上发表题为《量子论和力学》的演讲,概括地叙述了量子理论的发展过程,提到了海森伯的工作。

1926 年　玻尔四十一岁

薛丁谔(Erwin Schroedinger,1887—1962)提出氢原子的波动力学。消息传到哥本哈根,引起极大震动。许多学者先后从欧洲各国赶来哥本哈根,分析、讨论新出现的矩阵力学和波动力学。经过研究,逐渐证实了二者的等价性。狄喇克到哥本哈根,发展了"变换理论",约尔丹在哥廷根也作了类似的工作;玻恩提出波函数的统计解释。于是量子力学的理论体系逐渐完善。九月,玻尔邀请薛丁谔到哥本哈根讲学。薛丁谔详细介绍了自己的理论,很受重视;但是,他在报告结尾提出,应放弃量子跃迁概念,而代之以三维空间中的波(他一直不赞成统计解释)。这种观点引起许多人的反对或疑问,会场大乱。玻尔和薛丁谔展开激烈的辩论。

1927 年　玻尔四十二岁

海森伯提出测不准原理。玻尔分析量子力学的哲学含义,提出互补原理。

九月,为纪念伏打诞辰百周年,在意大利科莫城举行国际物理学会议。玻尔在会上宣读长篇论文:《量子公设和原子理论的晚近发展》,系统阐述了互补原理。

十月,比利时首都布鲁塞尔的索耳威研究所召开第五届物理学会议。爱因斯坦和玻尔就互补原理问题初次交锋,进行了热烈的辩论。

美国物理学家戴维孙(C. J. Davison,1881—1958)和革末(L. H. Germer,1896—1971)得到电子注的单晶衍射;英国物理学家汤姆孙(G. P. Thomson,1892—1975)得到电子注的粉末衍射;从而在实验上证明了微观客体的波粒二象性。

1928 年　玻尔四十三岁

狄喇克提出电子的相对论式波动方程，预见了正电子的存在。

1929 年　玻尔四十四岁

海森伯、泡利和比利时物理学家罗森菲耳德(Lèon Rosenfeld，1904—1974)研究量子电动力学；罗森菲耳德当时是玻尔的助手，精通数学。玻尔仍致力于量子力学基础的分析。

1930 年　玻尔四十五岁

秋季，在第六届索耳威会议上，爱因斯坦提出所谓“爱因斯坦盒”的论证来向玻尔挑战；玻尔大为震动，但经过思索和研究，终于得出了答案。

1931 年　玻尔四十六岁

苏联物理学家朗道(L. D. Landau)提出电磁场量的可观测性问题和玻尔辩论。为了解决这一问题，玻尔和罗森菲耳德进行了两年多的紧张工作。

泡利在研究 β 衰变时提出，应有一种“新的”、小的中性粒子和电子一起放出。

1932 年　玻尔四十七岁

八月，在哥本哈根召开国际光疗会议，玻尔在开幕式上发表演讲：《光和生命》，开始把互补性观点用于物理学以外的学科。

英国物理学家查德维克(James Chadwick，1891—1974)发现中子。

美国物理学家安德孙(Carl David Anderson，1905—1991)在研究宇宙射线时发现了正电子。

美国物理学家劳伦斯(Ernest Orlando Lawrence，1901—1958)制成回旋加速器。

英国物理学家考克劳夫(John Douglas Cockcroft，1897—1967)和爱尔兰物理学家瓦耳顿(E. T. S. Walton，1903—　)利用人工加速的质子轰击锂而得到了核嬗变，证实了爱因斯坦的质量—能量关系式。

1933 年　玻尔四十八岁

一月三十日，希特勒任德国总理，迫害共产党，迫害犹太人。玻尔赴德了解学术界的情况，归国后积极从事援助德国流亡知识分子的工作。

1934 年　玻尔四十九岁

法国物理学家爱伦·居里(Irene Joliot-Curie，1897—1956)和她的丈夫约里奥(Frederic Joliot,1900—1958)发现人工放射性。

意大利物理学家(后入美籍)费密(Enrico Fermi,1901—1954)发展了泡利的β衰变理论,并正式命名那一小的中性粒子为"中微子"。

玻尔访问苏联。

在玻尔倡议下,哥本哈根大学设立数学研究所,由其弟哈拉德·玻尔主持。

夏季,玻尔长子克利斯蒂安于乘船出游时溺死,玻尔不胜痛悼。

1935年　玻尔五十岁

日本物理学家汤川秀树(Hideki Yukawa,1907—1981)在研究核力时提出一种假说,认为有一种质量约比电子质量大二百倍的粒子。这就是后来的介子。

爱因斯坦及其合作者在美国《物理评论》(Physical Review)上发表论文《能够认为物理实在的量子力学描述是完备的吗?》,反驳哥本哈根学派的观点。玻尔用相同的题目撰文答辩。

1936年　玻尔五十一岁

玻尔的注意力逐渐转向原子核物理学;二月,提出原子核的液滴模型。

安德孙及其合作者在宇宙射线中发现 μ 粒子。起初以为这就是汤川所假设的粒子,后来才知道不是;汤川假设的粒子后来也被发现,现在叫做 π 介子。

1937年　玻尔五十二岁

年初,玻尔同夫人及次子汉斯周游世界。先到美国,在各大学发表演讲。由美国到日本,然后到中国,游历了北京、南京、杭州等地,并发表了学术演讲。后由西伯利亚铁路去苏联。九月底,应邀去意大利参加学术会议,发表题为《生物学和原子物理学》的演讲。十月十九日,卢瑟福逝世。玻尔闻讯急从意赴英,参加葬礼。

1938年　玻尔五十三岁

三月,希特勒吞并奥地利。奥籍犹太女物理学家迈特纳逃到瑞典。

夏季,希特勒大肆宣扬反动的日耳曼人优越论。八月,在丹麦召开国际人类学及人种学会议,玻尔发表题为《自然哲学和人类文化》的演讲,一方面推广他的互补论点,一方面提出和希特勒针锋相对的关于人类文化的观点。

演讲中间，德国代表退场抗议。

德国物理学家哈恩(Otto Hahn，1879—1968)及其合作者，法国物理学家爱伦·居里及其合作者在用中子轰击铀时发现了奇特的现象，使当时的学者感到困惑。十二月，迈特纳的外甥弗里什(Otto Robert Frisch，1904—1979)从哥本哈根到瑞典和她共度圣诞时提出了原子核裂变概念。玻尔得悉后十分激动。

费密全家在玻尔的协助下，以领取诺贝尔奖奖金为名，逃出意大利，先到哥本哈根，后去美国。

1939年 玻尔五十四岁

年初，玻尔赴美访问，罗森菲耳德同行。二人在船上研究裂变理论，获初步结果。美国科学家了解裂变现象后纷纷进行实验。当年，美国期刊发表这方面的论文达百篇左右。

三月，玻尔在普林斯顿。丹麦科学文学院选举玻尔为该院主席。这时，费密等已证实每次裂变可以放出两个中子。人们认识到有可能实现链式反应，制造原子弹。四月，玻尔回国。九月，玻尔和惠勒(John Archibald Wheeler，1911—)合写的关于裂变的文章在《物理评论》上发表。

1940年 玻尔五十五岁

二月，罗森菲耳德回比利时，波兰物理学家罗森塔耳(S. Rozental)继任玻尔的助手。这时，外籍物理学家几乎已经全部离开研究所。四月，德军侵占丹麦，丹麦不战而降。玻尔留在丹麦，继续研究裂变碎片问题。

邓宁(John Ray Dunning，1907—)及其合作者证实了玻尔的预见，慢中子引起裂变的不是铀^{238}而是铀^{235}。

西伯格(Glenn Theodore Seaborg，1912—)和马克米兰(Edwin Mattison MacMillan，1907—)制成并分离出最初的两种铀后元素——镎和钚。

1941年 玻尔五十六岁

玻尔应丹麦学会的邀请，为《丹麦文化》一书撰写《前言》，并与丹麦人民地下抗战组织有密切联系，因而受到德国秘密警察的严密监视。

六月，希特勒德国大举进攻苏联。

秋，海森伯去哥本哈根演讲，会晤玻尔，二人话不投机，留下了终生的裂痕。

八月,美总统罗斯福和英首相丘吉尔在加拿大魁北克会谈,决定联合研制原子弹。

1942 年　玻尔五十七岁

费密和匈牙利物理学家(后入美籍)西拉德(Leo Szilard,1898—1964)等人一起在芝加哥大学建成了第一座原子反应堆,功率稍小于 0.5 瓦。

1943 年　玻尔五十八岁

英国政府秘密邀请玻尔去英国。八月二十八日,德国法西斯迫使丹麦傀儡政府下台,并决定逮捕玻尔。玻尔夫妇在抗战组织的协助下于夜间乘渔船到瑞典。十月六日,英国政府派专机迎接。一周以后,奥格·玻尔也到伦敦,作为玻尔助手。玻尔在英国停留了两个月,年底即与奥格一同赴美。

十月二十八日,苏联物理学家卡匹察致函玻尔,邀请玻尔去苏联。玻尔直到次年四月才接到这封信。

十二月,德国法西斯突然进入哥本哈根理论物理学研究所,后又撤出。

1944 年　玻尔五十九岁

玻尔到美国,参加制造原子弹的工作。

玻尔在英时即曾与英国官方接触,建议将原子情报通知各盟国。至美后,又作相同宣传。四月,玻尔去英,拟与丘吉尔会晤。但当时丘吉尔因卡匹察信件等问题对玻尔发生误会,后至五月中旬,二人始晤面,话不投机,不欢而散。玻尔回美后,又设法与罗斯福接触,晤谈甚洽。当时苏军向德寇发动强大夏季攻势,德寇节节败退。九月,丘、罗又在魁北克秘密会谈;罗为丘所动,有意拘捕玻尔。但知情人士都不同意,争相为玻尔辩护,事遂作罢。

1945 年　玻尔六十岁

其时原子弹接近完成,玻尔提出了引爆钚弹的"爆聚"(implosion)方法。

二月,斯大林、罗斯福、丘吉尔在雅尔塔商谈战后问题。玻尔来往英美间,宣传自己的主张。四月十二日,罗斯福病逝,杜鲁门继任美国总统。

五月四日,丹麦的德军总部投降;次日,英美驻军空降哥本哈根。五月七日,德国最高司令部无条件投降。尽管科学家们反复宣传原子能的国际化,美英决策人却仍置若罔闻。玻尔不得已,遂离美返英;本拟即回本国,但仍需等待原子弹试验结果。

七月十六日，斯大林、杜鲁门、丘吉尔在波茨坦开会，商谈战后问题。同日清晨，在美国新墨西哥州的沙漠中举行了世界上第一颗原子弹爆炸试验；试验结果，立即电告杜鲁门和丘吉尔。七月二十四日，三巨头会议即将结束时，杜鲁门采用突然袭击方式，口头通知斯大林，谓已有一种威力非凡的新武器。斯大林神情自若，不置可否。杜、丘二人以为斯大林被他们愚弄，对原子弹迄无所知，实则苏联自 1943 年即已开始从在美国工作的某一科技人员获得经常的情报。

八月六日，美军单机向日本广岛投掷原子弹；欧美震动，各阶层人士皆感焦虑。玻尔认为向公众公开呼吁的时机已到，立即草拟给《泰晤士报》的信。八月九日，美机又在日本长崎投掷原子弹。八月十一日，《泰晤士报》发表玻尔的信，题为《科学和文明》。其时玻尔夫人已从瑞典来到伦敦。

八月底，玻尔夫妇返回丹麦。二十五日，玻尔回到研究所，受到全体人员的热烈欢迎，玻尔深受感动，他接受了研究所的钥匙，巡视了各处。战争结束后，研究所进行了很大的扩建，但巨大设备皆在地下，研究所的外貌仍甚优美，玻尔为此事费尽心力。

1946 年　玻尔六十一岁

荷兰人派斯(Abraham Pais)来到哥本哈根；这是战后来到研究所的第一位外国研究生。当时玻尔将去剑桥，在基本粒子物理学国际会议上致开幕词，他请派斯为助手，共同起草这篇文稿。

十月，玻尔赴美，参加美国科学院主办的“科学的当前趋势和国际问题”讨论会，并参加普林斯顿大学二百周年庆祝活动。十月二十一日，在讨论会上宣读题为《原子物理学和国际合作》的论文。在普林斯顿，应哲学家希耳普(P. A. Schilpp)的邀请为庆贺爱因斯坦七十寿辰的文集撰写文章。事后即去纽约，与政界人士会晤，阐明自己的观点。十一月底离美回国。

1947 年　玻尔六十二岁

英国物理学家鲍威耳(Cecil Frank Powell，1903—　)及其合作者发现 π 介子。英国物理学家罗彻斯特(George Dixon Rochester，1908—　)及其合作者发现 V 粒子和超子。

美国物理学家费曼(Richard P. Feynman，1918—1988)发表别具一格的量子理论。

1948 年　玻尔六十三岁

二月，玻尔去美国普林斯顿高级研究所，与爱因斯坦相晤，继续争论。

1949 年　玻尔六十四岁

庆祝爱因斯坦寿辰的论文集《阿耳伯特·爱因斯坦：哲学家—科学家》出版。爱因斯坦在文集末尾撰长篇《答词》，尖锐地反驳玻恩、泡利、海特勒(Heitler)、玻尔等人的观点。

德国物理学家迈耶(女)(Maria Goeppert Mayer，1906—　)以及哈克塞耳(Otto Haxel，1909—　)、金森(J. H. D. Jensen)、许士(Hans Eduard Suess，1909—　)三人，独立地提出了原子核的壳层模型。

1950 年　玻尔六十五岁

六月十二日，玻尔发表《致联合国的公开信》，呼吁和平，反对军备竞争。

玻尔支持募集"以色列基金"，用以救济迁往以色列的犹太人。

1951 年　玻尔六十六岁

在研究所旧友的一次集会上报告原子物理学的发展，历时两小时，提到许多人的贡献，却一次也没提到自己。

1952 年　玻尔六十七岁

奥格·玻尔和莫特耳孙(B. R. Mottlelson)提出原子核的集体壳层模型。

在玻尔的倡议下，欧洲十四国代表在哥本哈根开会，商议建立欧洲原子核研究组织(CERN)，由玻尔任主席；决定在瑞士日内瓦建造巨大加速器，只用于学术研究，不用于商业或军事目的；其理论部暂设哥本哈根，亦由玻尔负责。

1953 年　玻尔六十八岁

访问以色列。

海森伯提出非线性场论。

美国物理学家盖耳曼(Murray Gell-Mann，1929—　)引入重粒子的奇异数，并提出强相互作用下的奇异数守恒定律。

1954 年　玻尔六十九岁

十二月，联合国通过决议，设立国际原子能机构。

1955 年　玻尔七十岁

四月十八日，爱因斯坦在美逝世，玻尔撰文纪念。

八月，来自72国的1200名代表在日内瓦举行"和平利用原子能"会议。在开幕式上，玻尔应邀作了题为《物理科学和人的地位》的演讲。

十月七日，玻尔七十岁生日，泡利编选的祝寿文集《尼耳斯·玻尔和物理学的发展》出版。十四日，丹麦科学院举行庆祝会，玻尔在会上发表了题为《原子和人类知识》的演讲。

丹麦设立原子能委员会，玻尔任主席。

瑞典政府邀请斯堪底纳维亚各国科学家开会，协议成立北欧理论原子物理学研究所(NORDITA)，设在哥本哈根，玻尔任管理委员会主席，罗森塔耳任主任。

1956年　玻尔七十一岁

玻尔致函联合国秘书长哈马舍耳德，提倡国际合作。

美国物理学家莱因斯(Frederic Reines，1918—　)和柯万(Clyde Lorrain Cowan，Jr，1919—　)等在实验上证实了中微子的存在。

中国物理学家(后入美籍)李政道(1926—　)和杨振宁(1922—　)提出弱相互作用下宇称不守恒的理论。

1957年　玻尔七十二岁

玻尔在马萨诸塞理工学院(MIT)，为纪念康普顿(Carl T. Compton)发表六次演讲，题为《量子力学和互补性》。

玻尔到格陵兰，为原子能委员会了解铀矿勘探情况。

中国物理学家(后入美籍)吴健雄(1915—1997)及其合作者在实验上证实了弱相互作用下宇称不守恒。

1958年　玻尔七十三岁

六月六日，丹麦原子能委员会的研究中心在瑞索落成。

1959年　玻尔七十四岁

四月三日，玻尔最后一次连任丹麦科学院主席。

1960年　玻尔七十五岁

八月和十月，先后在两次学术会议上发表演讲，题目为《各门科学间的联系》和《人类知识的统一性》。

1961年　玻尔七十六岁

五月，玻尔访问苏联。

九月，英国纪念卢瑟福发现原子核五十周年。玻尔应邀发表演讲。

海森伯六十岁，友人出版文集庆祝，玻尔为撰《量子力学的创立》一文。

十月，参加第十二届索耳威会议，发表演讲历述各届索耳威会议的概况。

1962 年　玻尔七十七岁

七月，玻尔夫妇去德国参加学术会议；玻尔偶患轻微脑溢血，中途折回，休养三周后痊愈。

十一月十六日，玻尔主持丹麦王国科学（文学）院一次会议。十八日，与夫人及几个友人共进午餐，偶觉头痛，于午睡中逝世。

十二月十四日，丹麦科学院举行追悼会。

参 考 文 献

1. S. Rozental 编：Niels Bohr：*His Life and Work as Seen by His Friends and Colleagues*.（《尼耳斯·玻尔，友人及同道们所见的他的生活和工作》），North-Holland Co. ，1967.

2. Ruth Moore：Niels Bohr：*The Man，His Science，and the World They Changed*.（《尼耳斯·玻尔：他的为人，他的科学及其所改变了的世界》），Alfred A. Knopf，Inc. ，1966.

3. M. R. Wehr &. J. A. Richards：*Physics of the Atom*.（《原子物理学》），Addison-Wesley Co. ，1960.

4. Jagdish Mehra 编：*The Physicist's Conception of Nature*.（《物理学家的自然观》），D. Reidel Co. ，1973.

5. *Physics Today*（期刊，《今日物理》）.

图书在版编目(CIP)数据

尼耳斯·玻尔哲学文选/(丹)玻尔(Bohr,N.H.D.)著;戈革译.—北京:商务印书馆,1991.1(2018.7重印)
(汉译世界学术名著丛书)
ISBN 978-7-100-02692-5

Ⅰ.①尼… Ⅱ.①玻… ②戈… Ⅲ.①哲学理论—丹麦—现代 ②原子物理学—文集 Ⅳ.①B534 ②O562

中国版本图书馆CIP数据核字(2011)第142639号

汉译世界学术名著丛书
尼耳斯·玻尔哲学文选
〔丹麦〕N.玻尔 著
戈 革 译

商 务 印 书 馆 出 版
(北京王府井大街36号 邮政编码100710)
商 务 印 书 馆 发 行
北京市艺辉印刷有限公司印刷
ISBN 978-7-100-02692-5

1999年1月第1版　　开本850×1168 1/32
2018年7月北京第3次印刷　　印张12¼
定价:35.00元